Lovesick Ellie

#4

Fujimomo

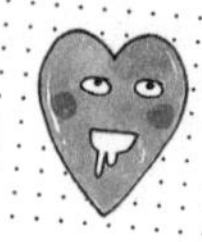

Lovesick Ellie @ellie__lovesick

Mein Freund guckt mich manchmal total unanständig an. ♡ Ich frage mich, was für eine sexy Göttin er wohl in mir sieht! (≧▽≦) Der Zauber der Liebe vermag einfach alles! ♡ #habgarkeinenfreund

Lovesick Ellie

#4

Fujimomo

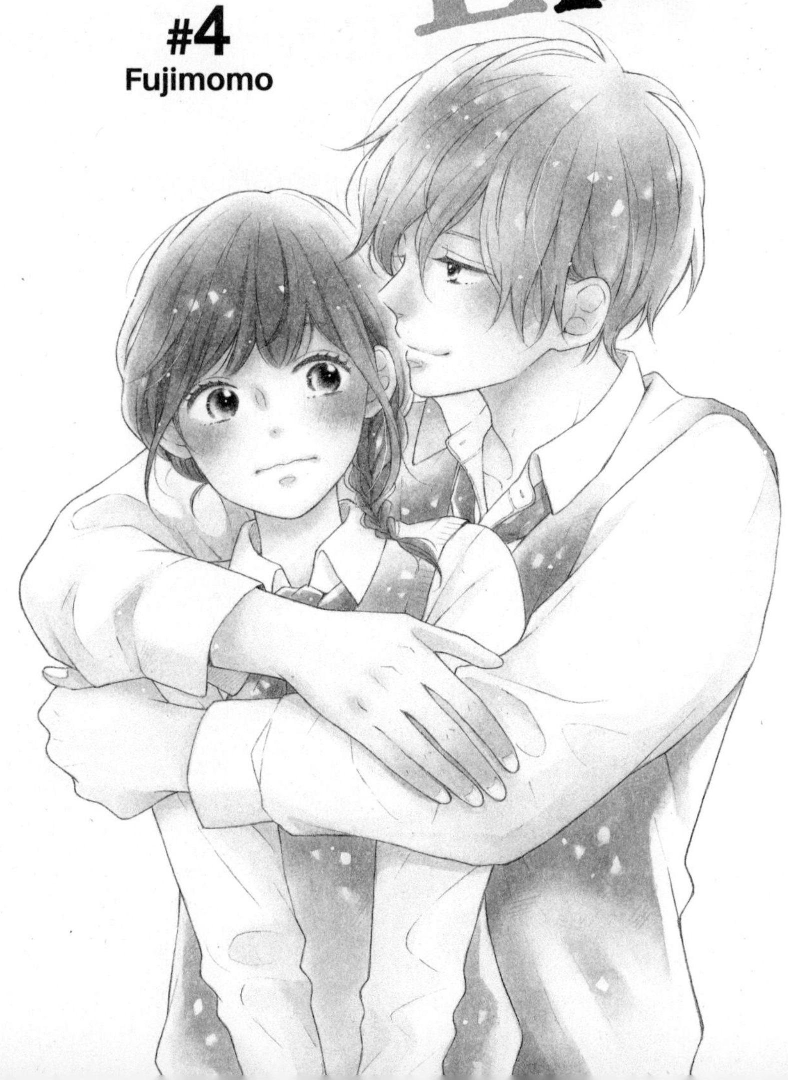

Inhalt

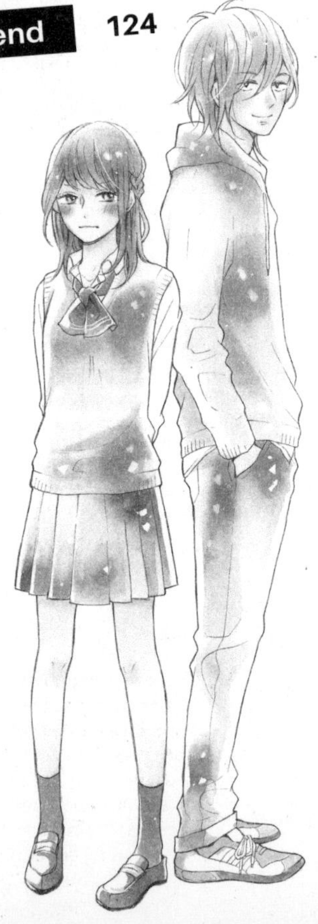

Charaktere

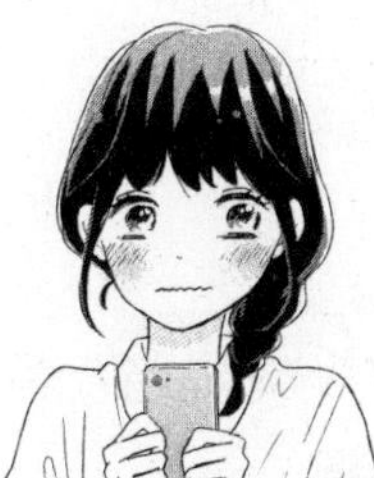

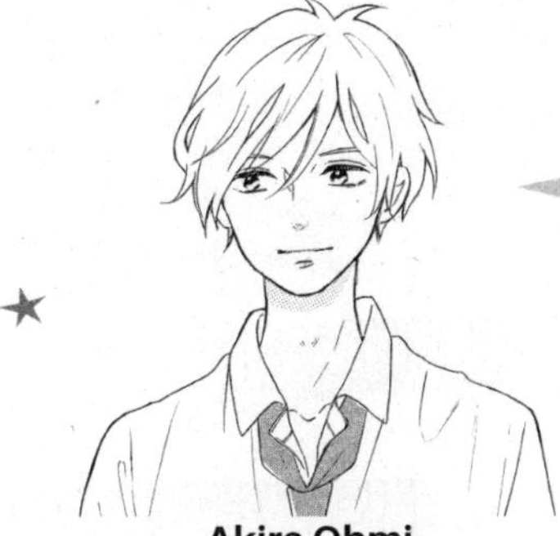

Eriko Ichimura
Ellie

Eriko ist eine unscheinbare Highschool-Schülerin, die ihre Tage am liebsten damit verbringt, Fantasien über Ohmi auf Twitter zu posten.

Akira Ohmi
Ohmi-kun

Nach außen ist Ohmi der beliebte Musterschüler, doch in Wahrheit ist er ziemlich unreif und schnell von seinen Mitmenschen genervt.

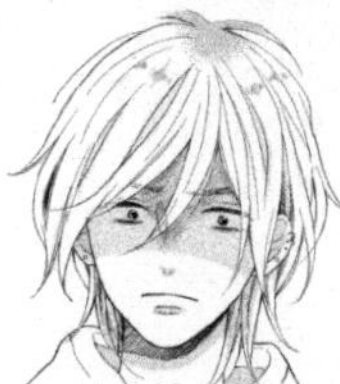

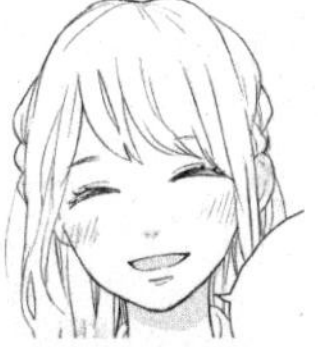

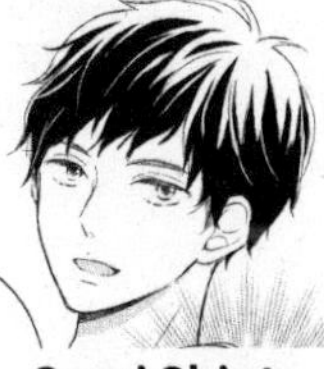

Leo Takagi

Ein Kindheitsfreund von Sara-chan, der wie ein Schulrebell aussieht.

Sara Misaki

Sara-chan ist Erikos allererste Freundin.

Sumi Shiota

Shiota-sensei ist Erikos Klassenlehrer und Ohmis Onkel.

Story

Die unscheinbare Ellie und der Schulschwarm Ohmi sind sich nähergekommen, nachdem er ihre Liebesfantasien auf Twitter gelesen hat. Obwohl Ellie mit ihrer blühenden Fantasie Ohmis Leben ganz schön auf den Kopf stellt, fühlt er sich immer mehr zu ihr hingezogen. Die beiden werden ein Paar. ♡ Während Ellie sich immer mehr danach sehnt, Ohmi für sich allein zu haben, zeigt dieser ihr die kalte Schulter. Nach einer Reihe von Missverständnissen können die zwei sich auf dem Ballsportfest endlich aussprechen. Seitdem sprudelt Ellie förmlich über vor Liebe!

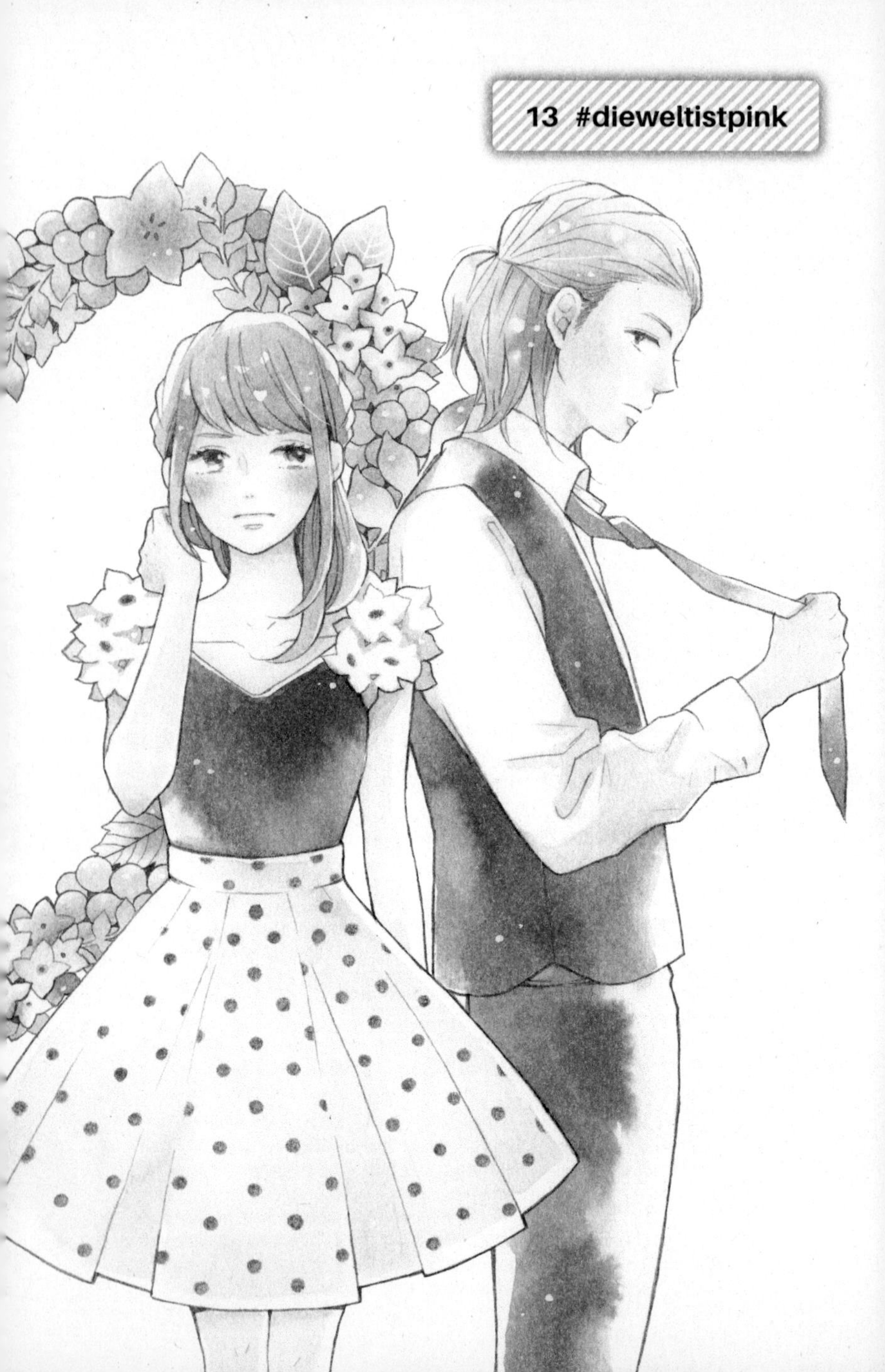
13 #dieweltistpink

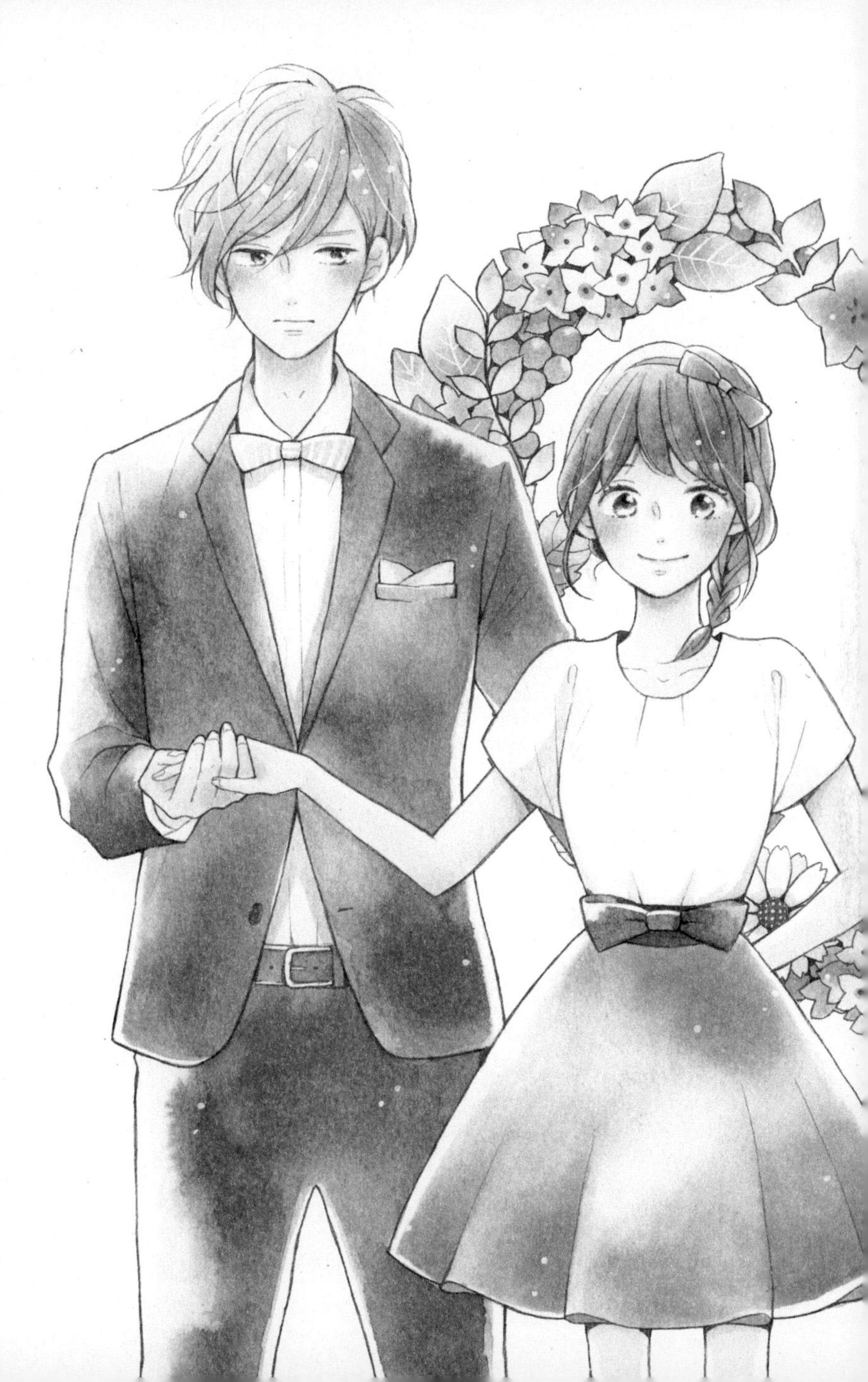

Lovesick @ Ellie

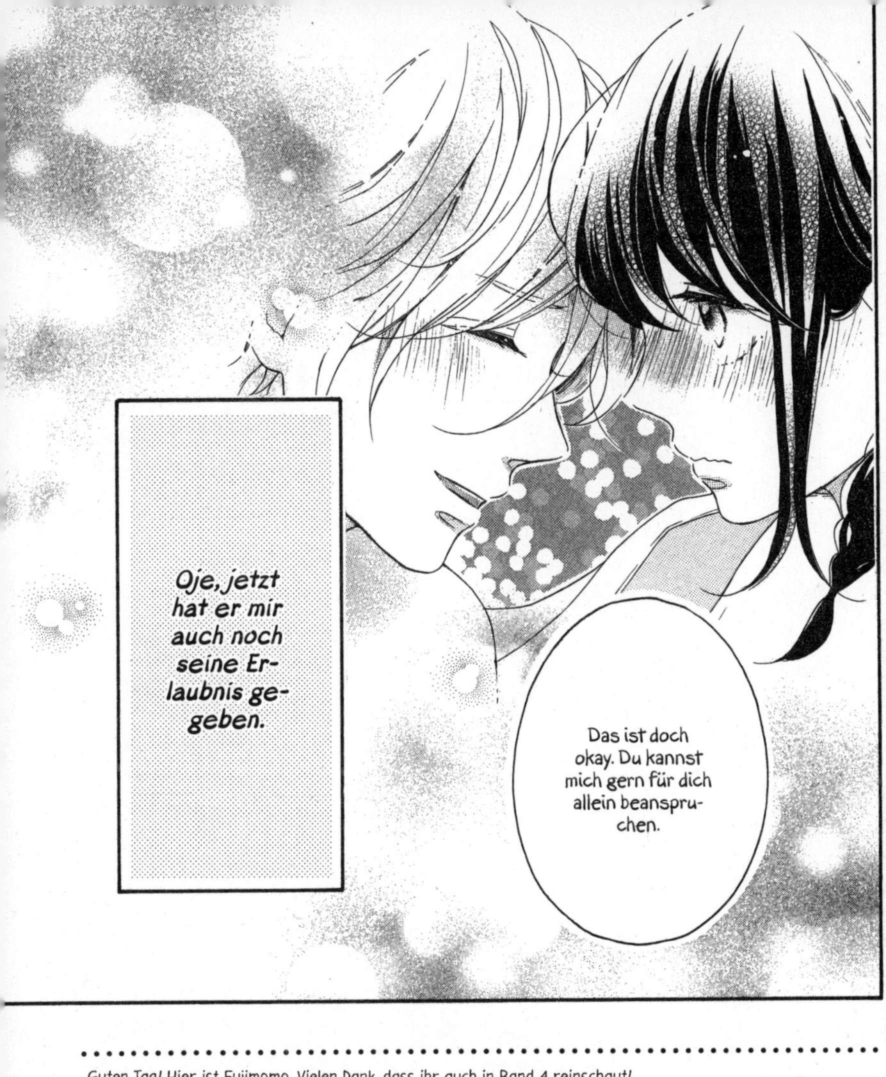

Oje, jetzt hat er mir auch noch seine Erlaubnis gegeben.

Das ist doch okay. Du kannst mich gern für dich allein beanspruchen.

Guten Tag! Hier ist Fujimomo. Vielen Dank, dass ihr auch in Band 4 reinschaut!
Wenn ich zeichne ...

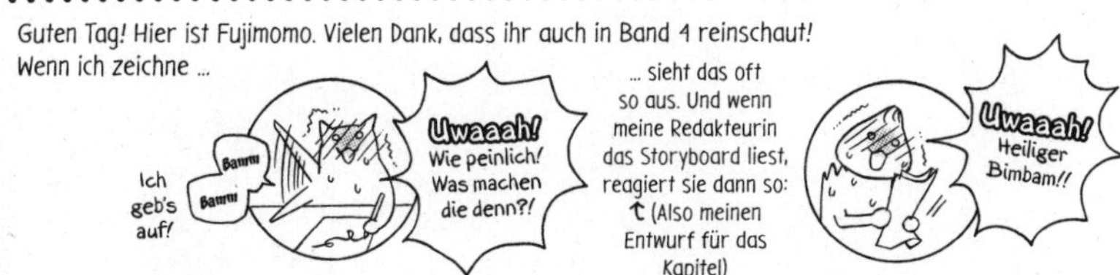

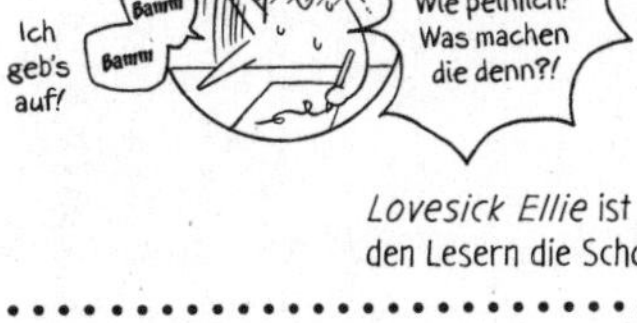

... sieht das oft so aus. Und wenn meine Redakteurin das Storyboard liest, reagiert sie dann so: ↑ (Also meinen Entwurf für das Kapitel)

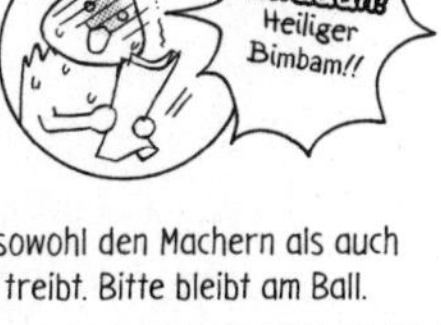

Lovesick Ellie ist also ein Manga, der sowohl den Machern als auch den Lesern die Schamesröte ins Gesicht treibt. Bitte bleibt am Ball.

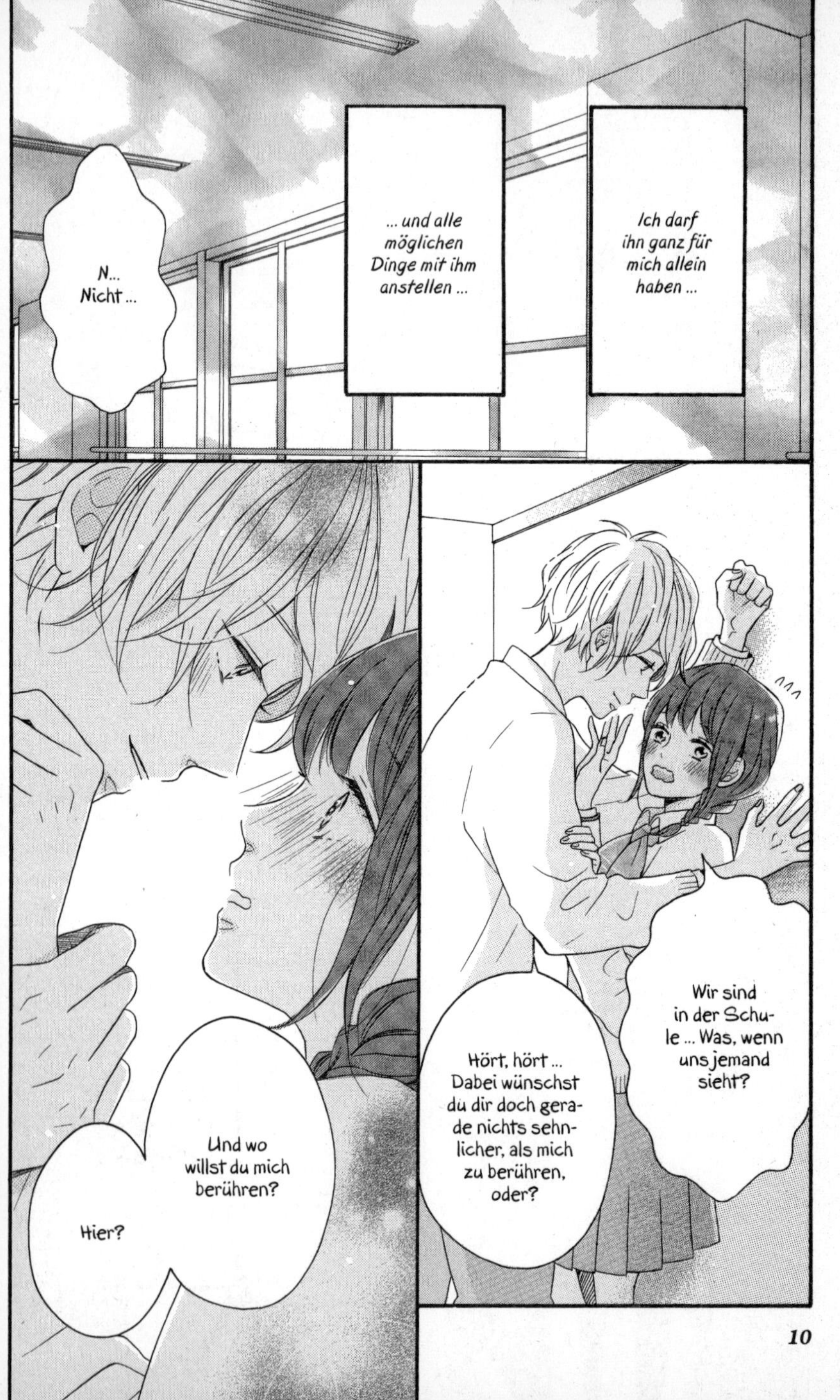

Ich darf ihn ganz für mich allein haben ...
... und alle möglichen Dinge mit ihm anstellen ...
N... Nicht ...
Wir sind in der Schule ... Was, wenn uns jemand sieht?
Hört, hört ... Dabei wünschst du dir doch gerade nichts sehnlicher, als mich zu berühren, oder?
Und wo willst du mich berühren?
Hier?

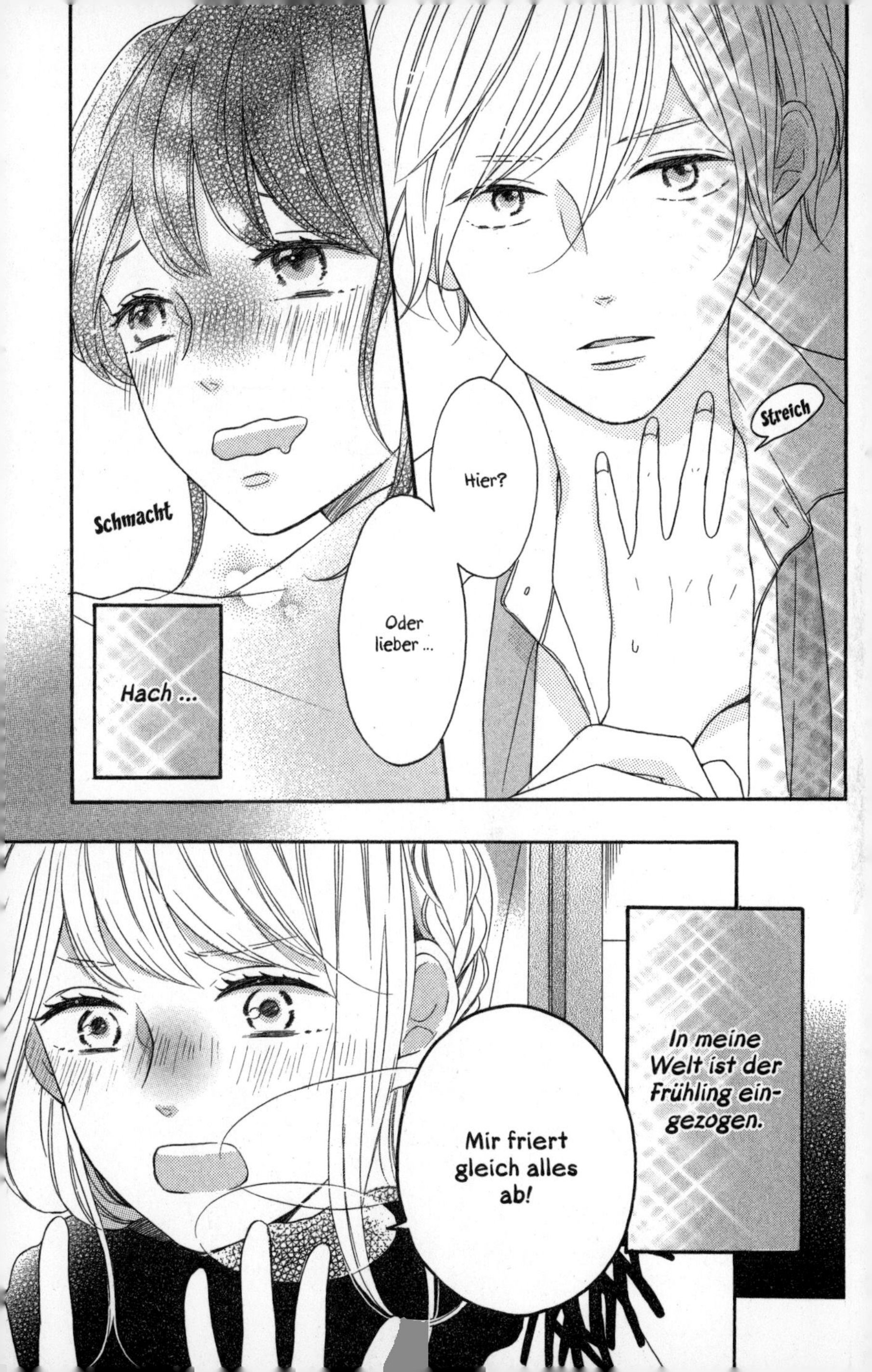

Streich
Hier?
Oder lieber ...
Schmacht
Hach ...
In meine Welt ist der Frühling eingezogen.
Mir friert gleich alles ab!

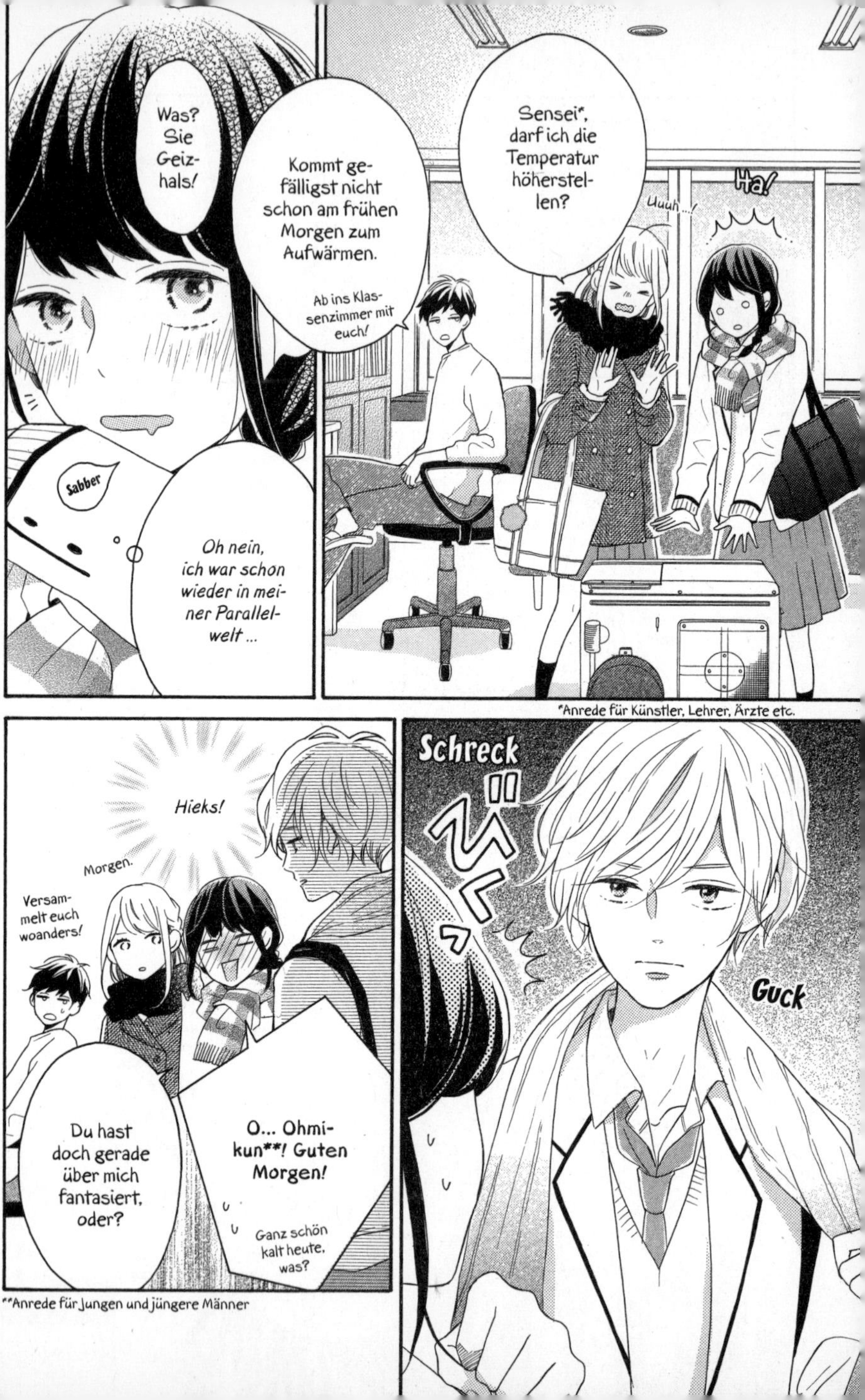

Sensei*, darf ich die Temperatur höherstellen?
Uuuh ...!
Ha!
Kommt gefälligst nicht schon am frühen Morgen zum Aufwärmen.
Ab ins Klassenzimmer mit euch!
Was? Sie Geizhals!
Sabber
Oh nein, ich war schon wieder in meiner Parallelwelt ...

*Anrede für Künstler, Lehrer, Ärzte etc.

Schreck
Guck
Hieks!
O... Ohmi-kun**! Guten Morgen!
Ganz schön kalt heute, was?
Du hast doch gerade über mich fantasiert, oder?
Morgen.
Versammelt euch woanders!

**Anrede für Jungen und jüngere Männer

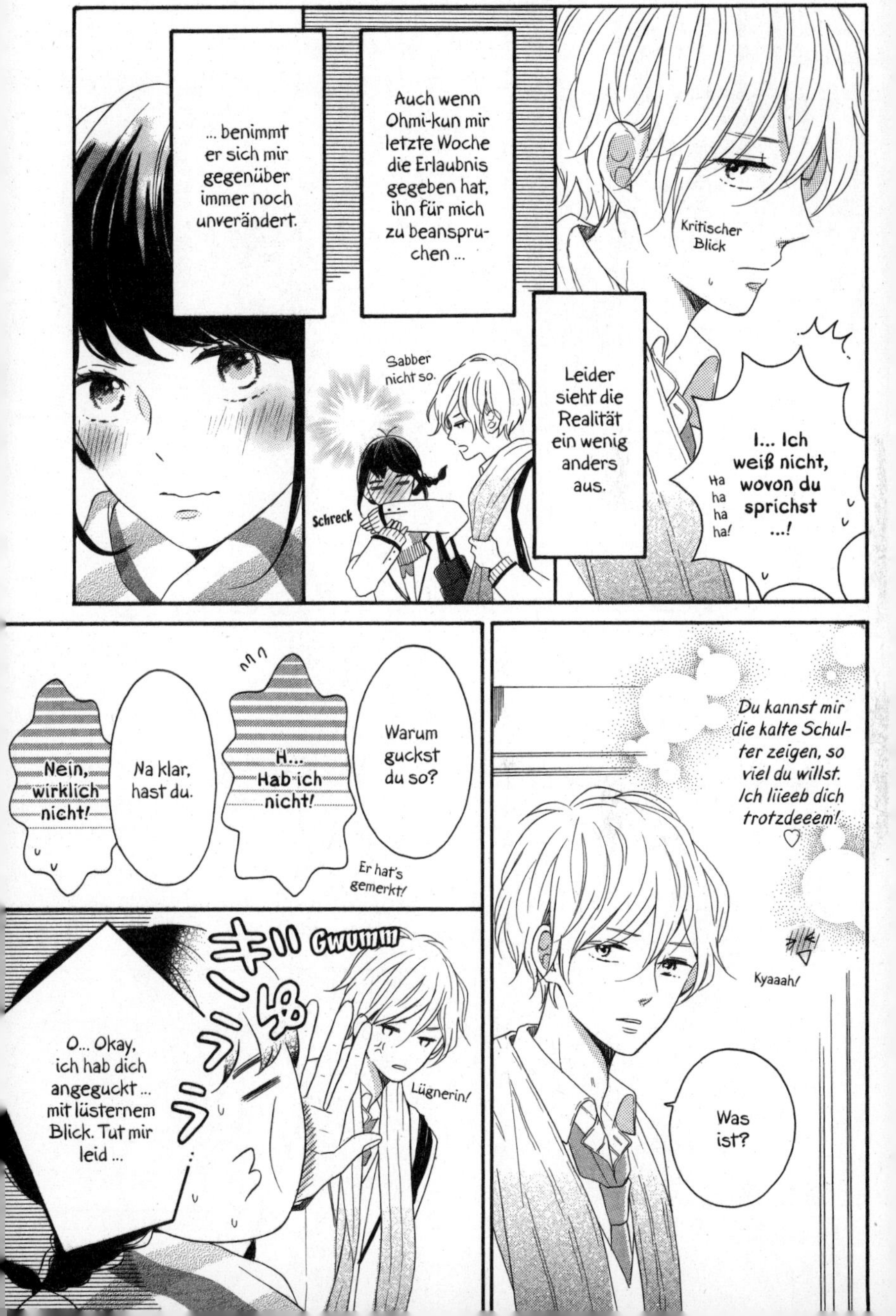

Auch wenn Ohmi-kun mir letzte Woche die Erlaubnis gegeben hat, ihn für mich zu beanspruchen ...

... benimmt er sich mir gegenüber immer noch unverändert.

Sabber nicht so.

Schreck

Leider sieht die Realität ein wenig anders aus.

Kritischer Blick

I... Ich weiß nicht, wovon du sprichst ...!

Ha ha ha ha!

Du kannst mir die kalte Schulter zeigen, so viel du willst. Ich liieeb dich trotzdeeem! ♡

Kyaaah!

Was ist?

Warum guckst du so?

H... Hab ich nicht!

Er hat's gemerkt!

Na klar, hast du.

Nein, wirklich nicht!

Gwumm

O... Okay, ich hab dich angeguckt ... mit lüsternem Blick. Tut mir leid ...

Lügnerin!

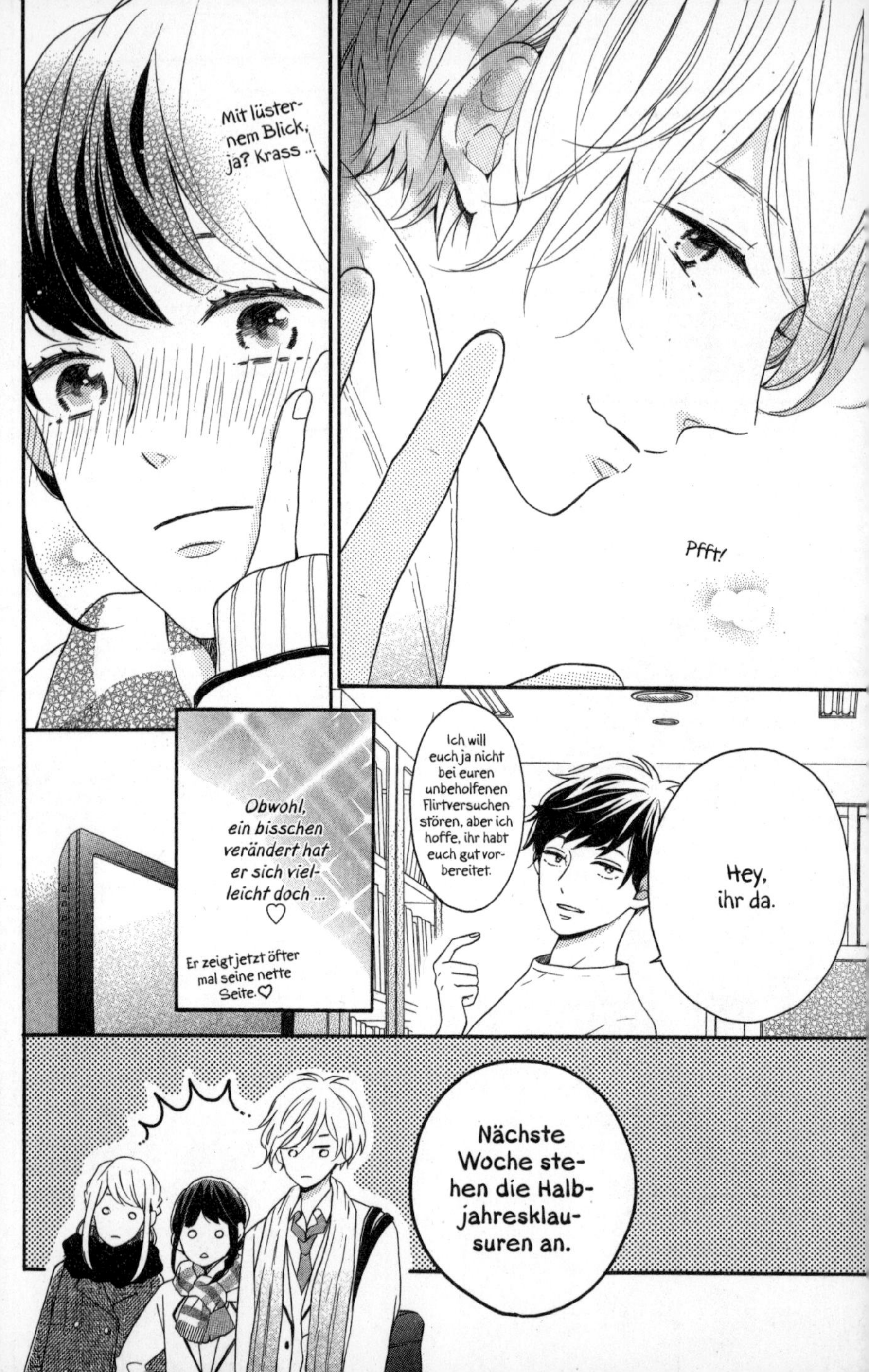
Pfft!
Mit lüster-nem Blick, ja? Krass ...
Hey, ihr da.
Ich will euch ja nicht bei euren unbeholfenen Flirtversuchen stören, aber ich hoffe, ihr habt euch gut vorbereitet.
Obwohl, ein bisschen verändert hat er sich vielleicht doch ... ♡
Er zeigt jetzt öfter mal seine nette Seite. ♡
Nächste Woche stehen die Halbjahresklausuren an.

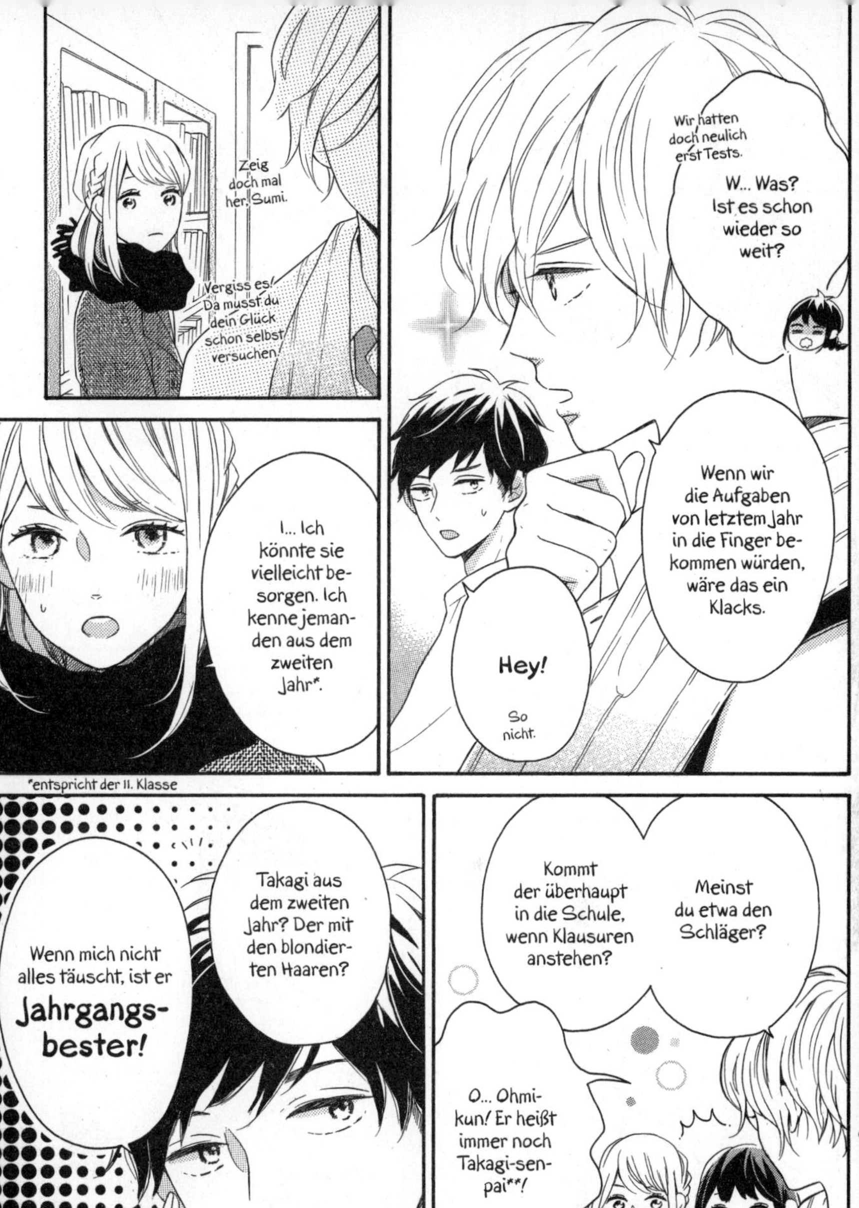

*entspricht der 11. Klasse

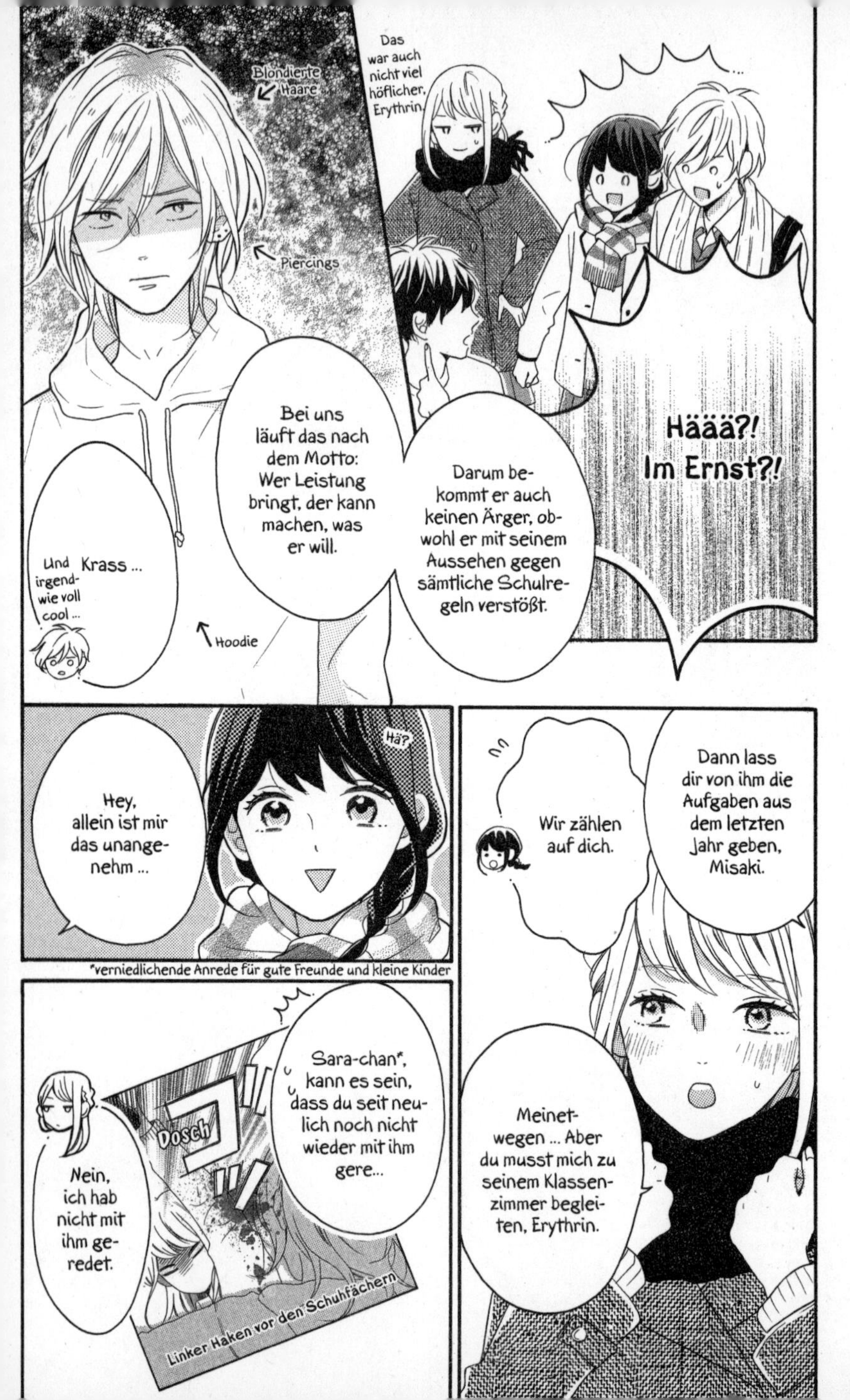

*verniedlichende Anrede für gute Freunde und kleine Kinder

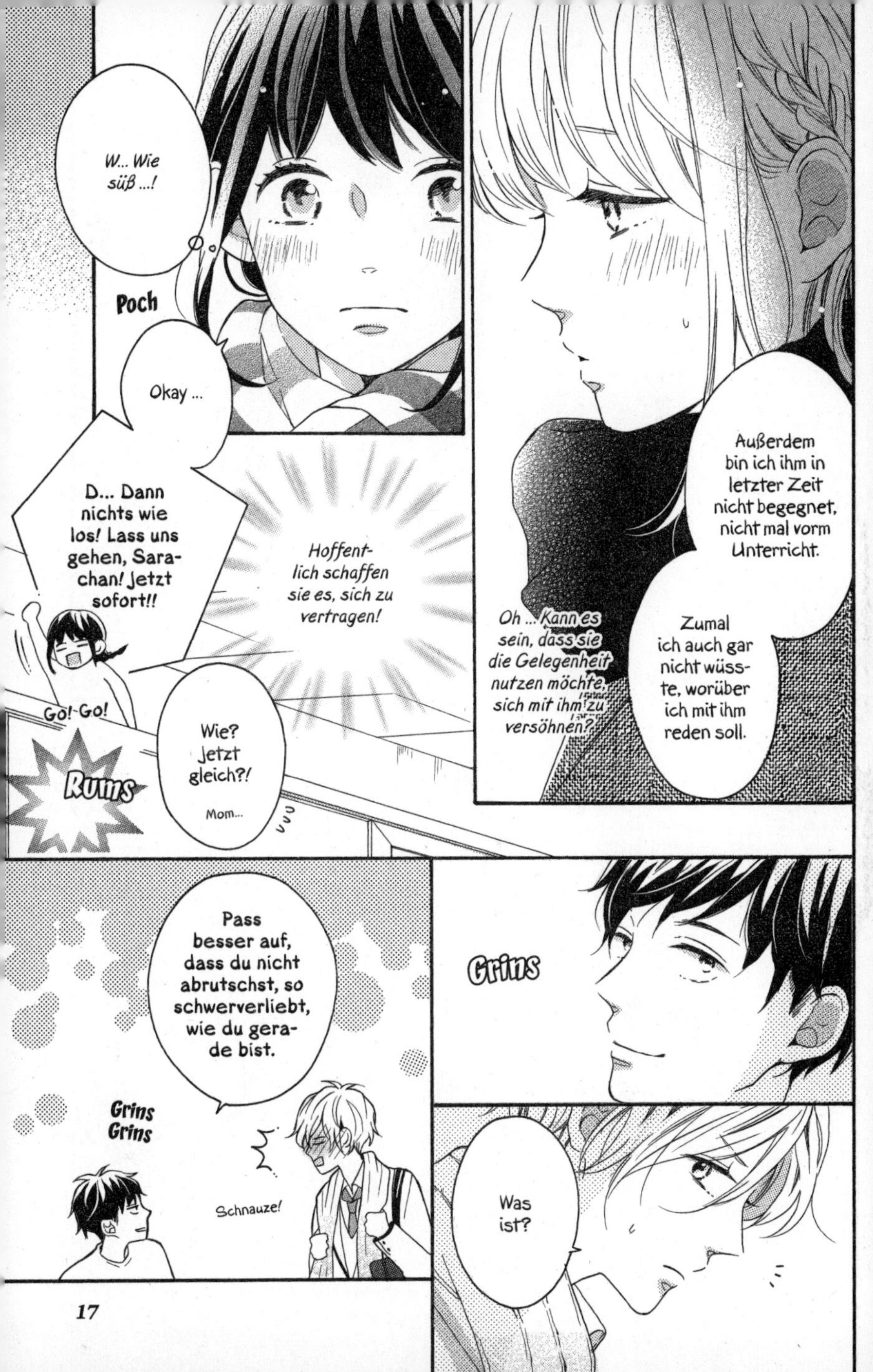
Außerdem bin ich ihm in letzter Zeit nicht begegnet, nicht mal vorm Unterricht.
Zumal ich auch gar nicht wüsste, worüber ich mit ihm reden soll.
Oh ... Kann es sein, dass sie die Gelegenheit nutzen möchte, sich mit ihm zu versöhnen?
W... Wie süß ...!
Poch
Okay ...
Hoffentlich schaffen sie es, sich zu vertragen!
D... Dann nichts wie los! Lass uns gehen, Sara-chan! Jetzt sofort!!
Go! Go!
Wie? Jetzt gleich?!
Mom...
Rums
Grins
Was ist?
Pass besser auf, dass du nicht abrutschst, so schwerverliebt, wie du gerade bist.
Grins Grins
Schnauze!

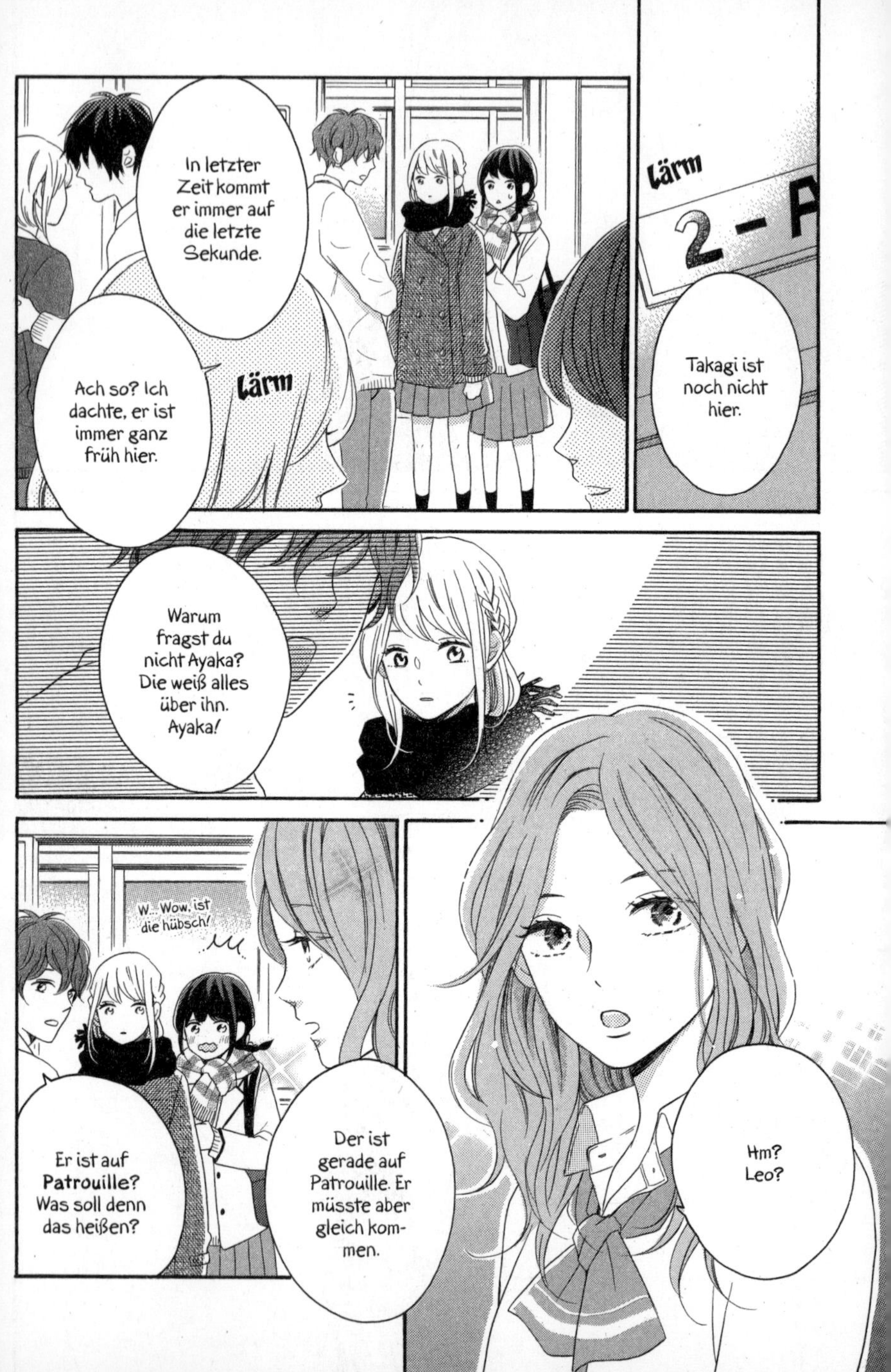

Lärm
2-A
Takagi ist noch nicht hier.
In letzter Zeit kommt er immer auf die letzte Sekunde.
Lärm
Ach so? Ich dachte, er ist immer ganz früh hier.
Warum fragst du nicht Ayaka? Die weiß alles über ihn. Ayaka!
Hm? Leo?
W... Wow, ist die hübsch!
Der ist gerade auf Patrouille. Er müsste aber gleich kom-men.
Er ist auf **Patrouille?** Was soll denn das heißen?

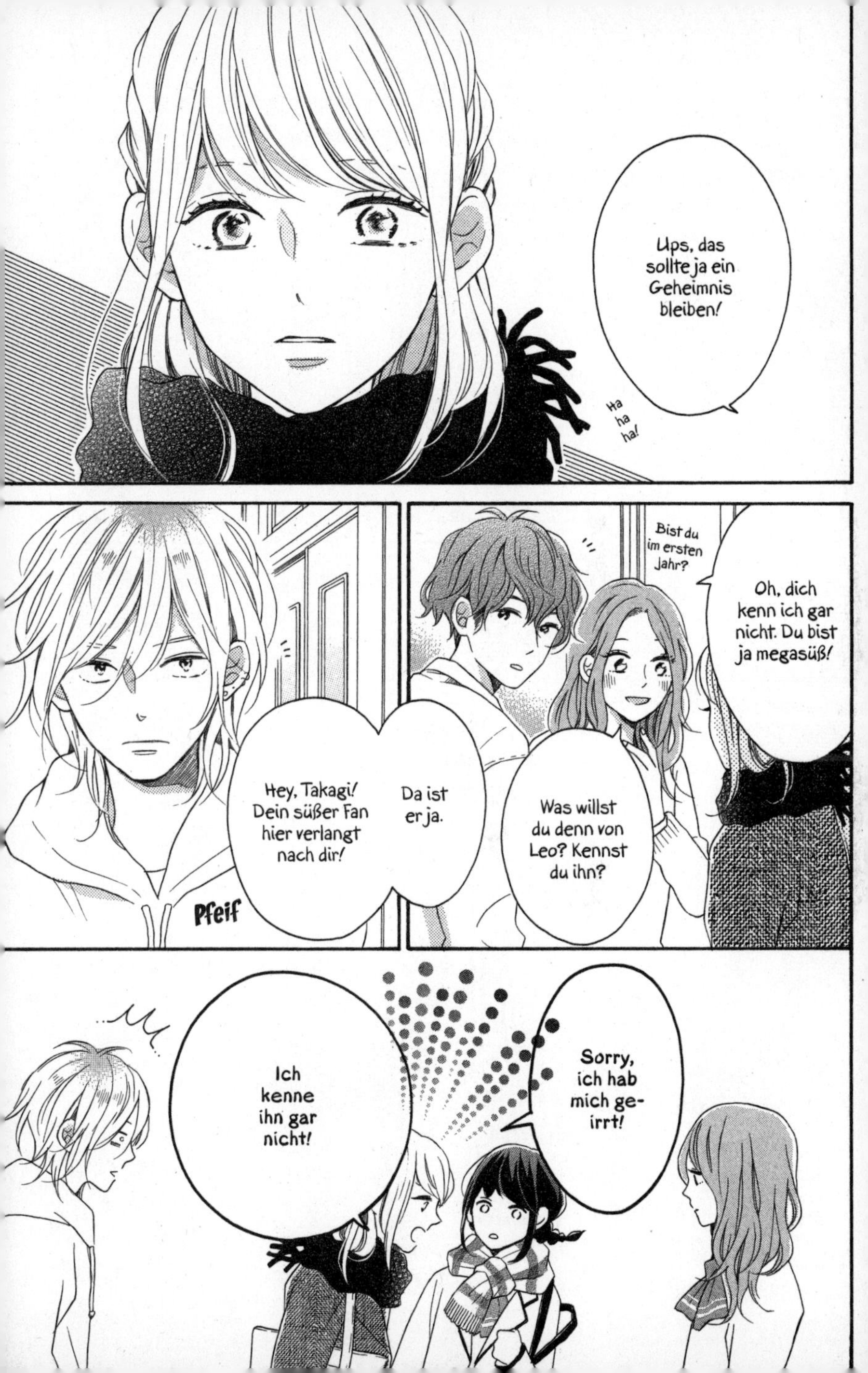
Ups, das sollte ja ein Geheimnis bleiben!
Ha ha ha!
Oh, dich kenn ich gar nicht. Du bist ja megasüß!
Bist du im ersten Jahr?
Was willst du denn von Leo? Kennst du ihn?
Da ist er ja.
Hey, Takagi! Dein süßer Fan hier verlangt nach dir!
Pfeif
Sorry, ich hab mich ge-irrt!
Ich kenne ihn gar nicht!

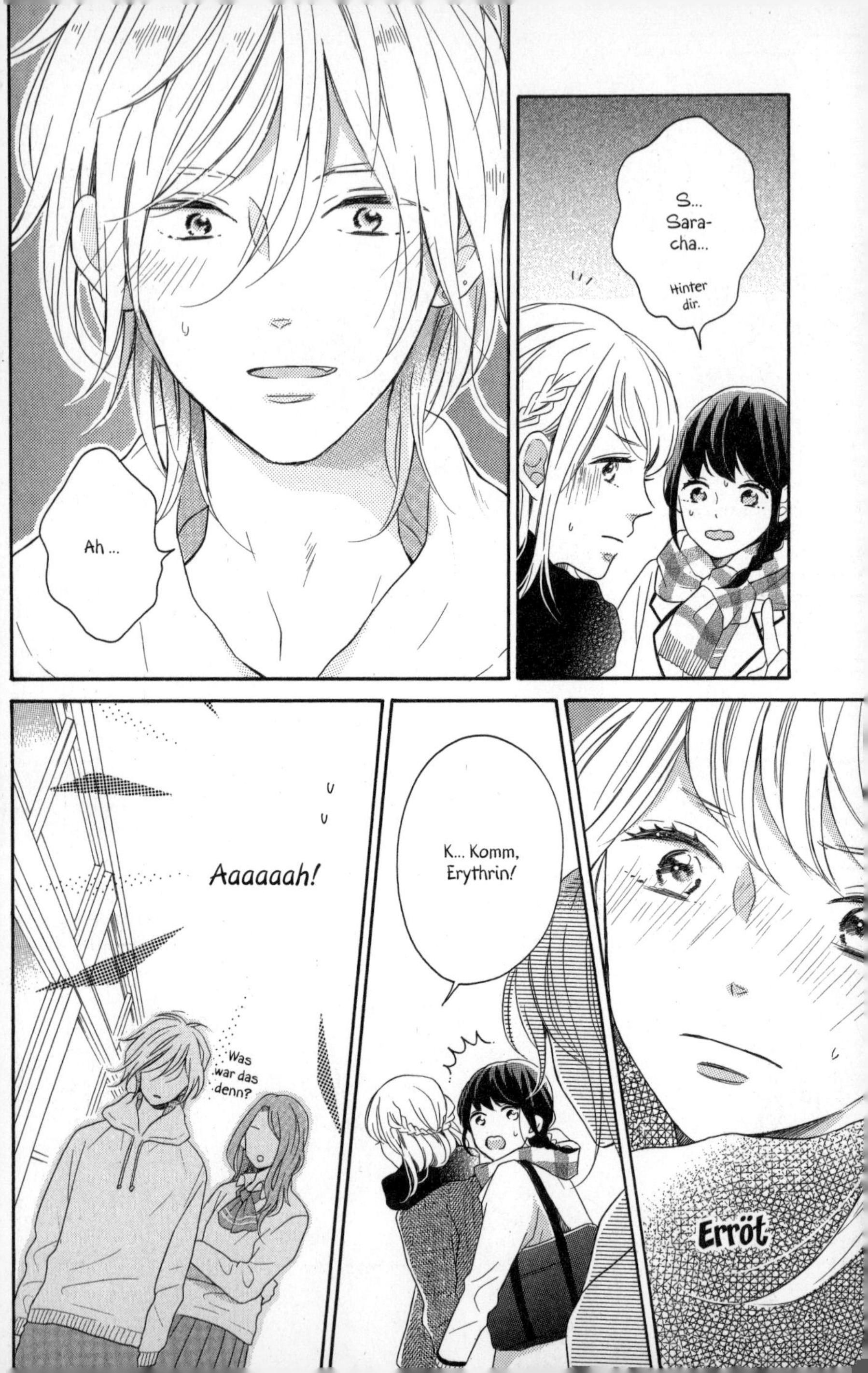

S... Sara-cha... Hinter dir.

Ah ...

Erröt

K... Komm, Erythrin!

Aaaaaah!

Was war das denn?

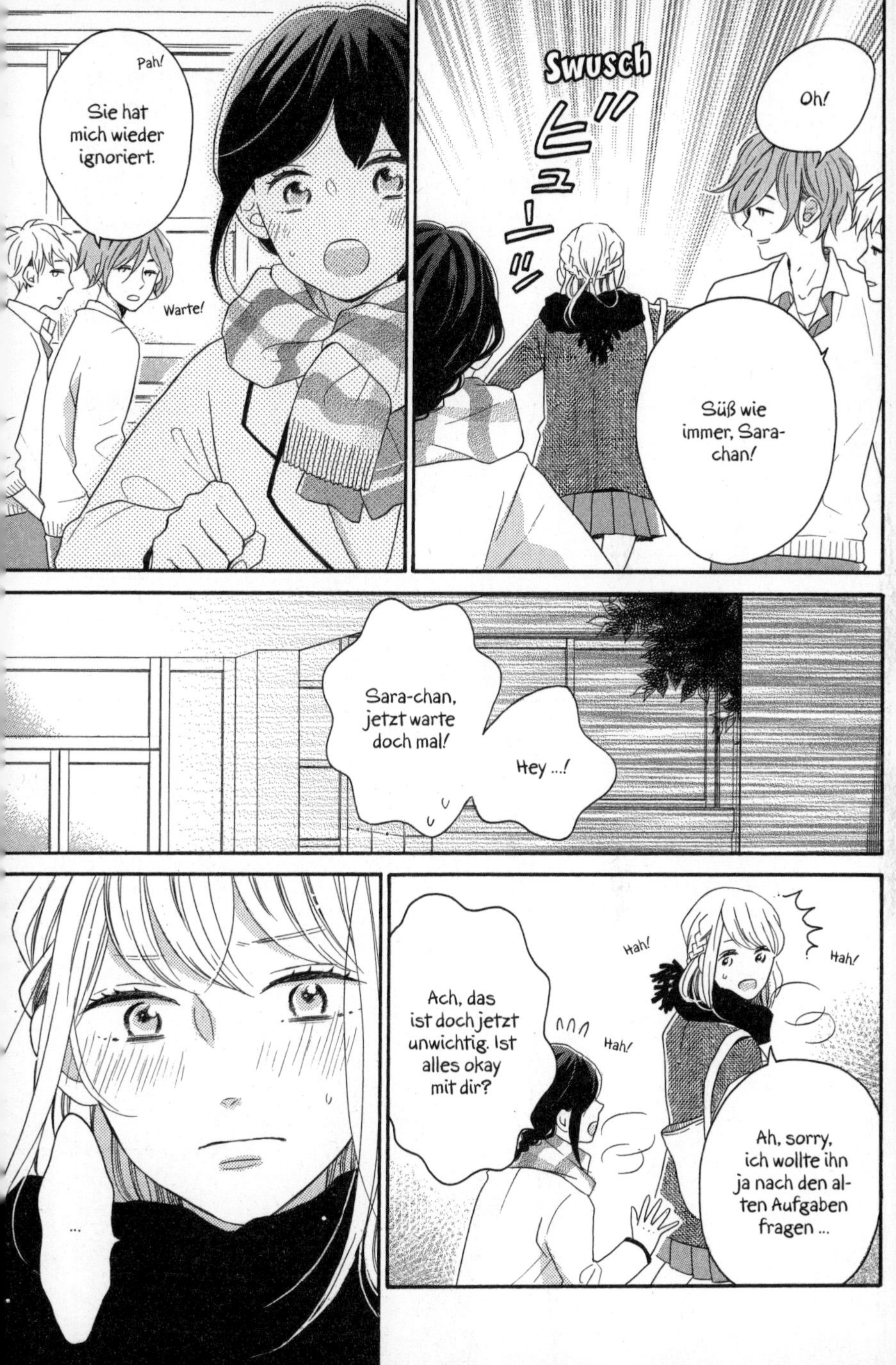

Swusch
Oh!
Süß wie immer, Sara-chan!
Pah!
Sie hat mich wieder ignoriert.
Warte!
Sara-chan, jetzt warte doch mal!
Hey ...!
Hah!
Hah!
Hah!
Ah, sorry, ich wollte ihn ja nach den alten Aufgaben fragen ...
Ach, das ist doch jetzt unwichtig. Ist alles okay mit dir?
...

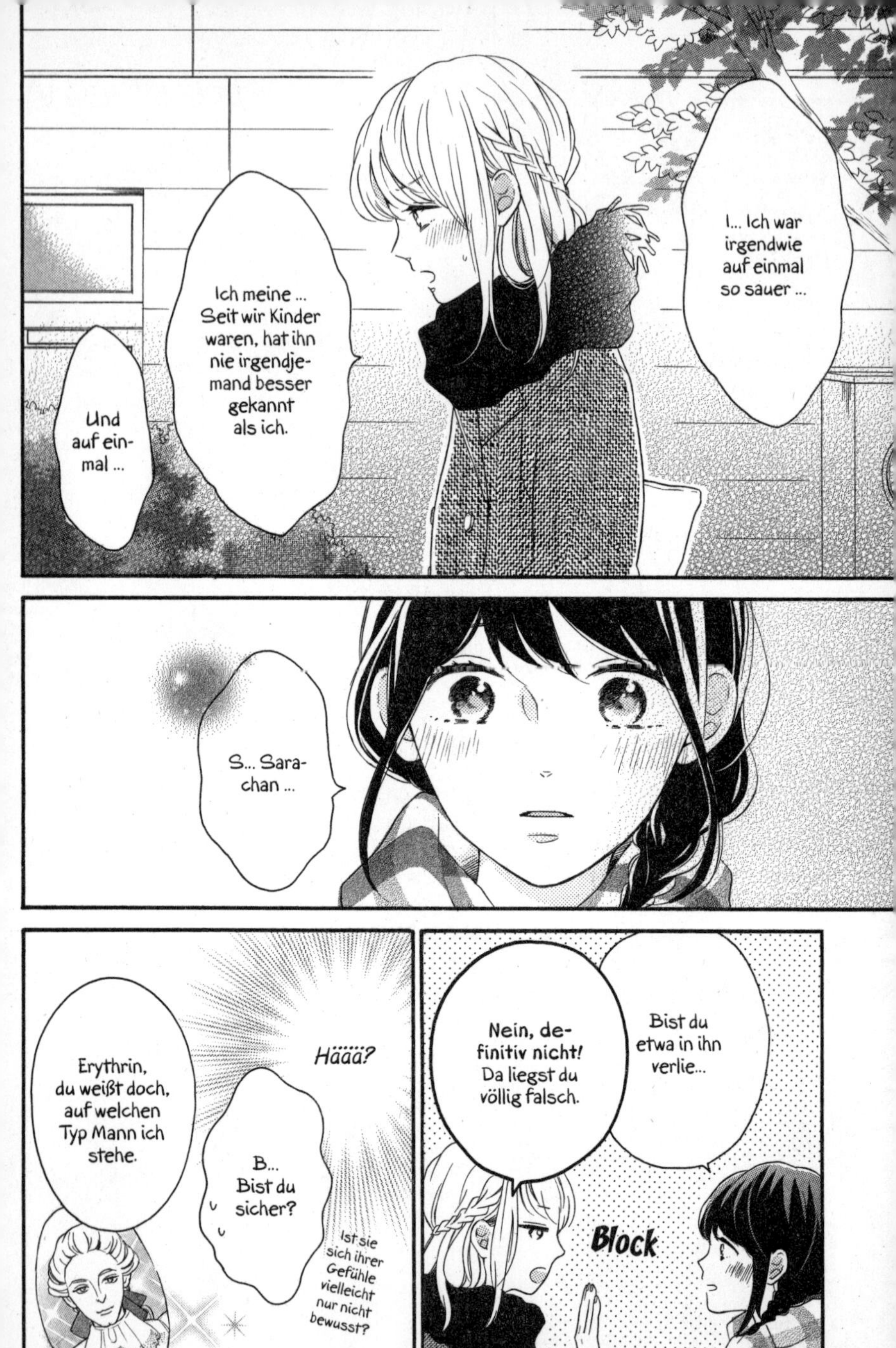
I... Ich war irgendwie auf einmal so sauer ...
Ich meine ... Seit wir Kinder waren, hat ihn nie irgendjemand besser gekannt als ich.
Und auf einmal ...
S... Sara-chan ...
Bist du etwa in ihn verlie...
Nein, definitiv nicht! Da liegst du völlig falsch.
Block
Erythrin, du weißt doch, auf welchen Typ Mann ich stehe.
Hääää?
B... Bist du sicher?
Ist sie sich ihrer Gefühle vielleicht nur nicht bewusst?

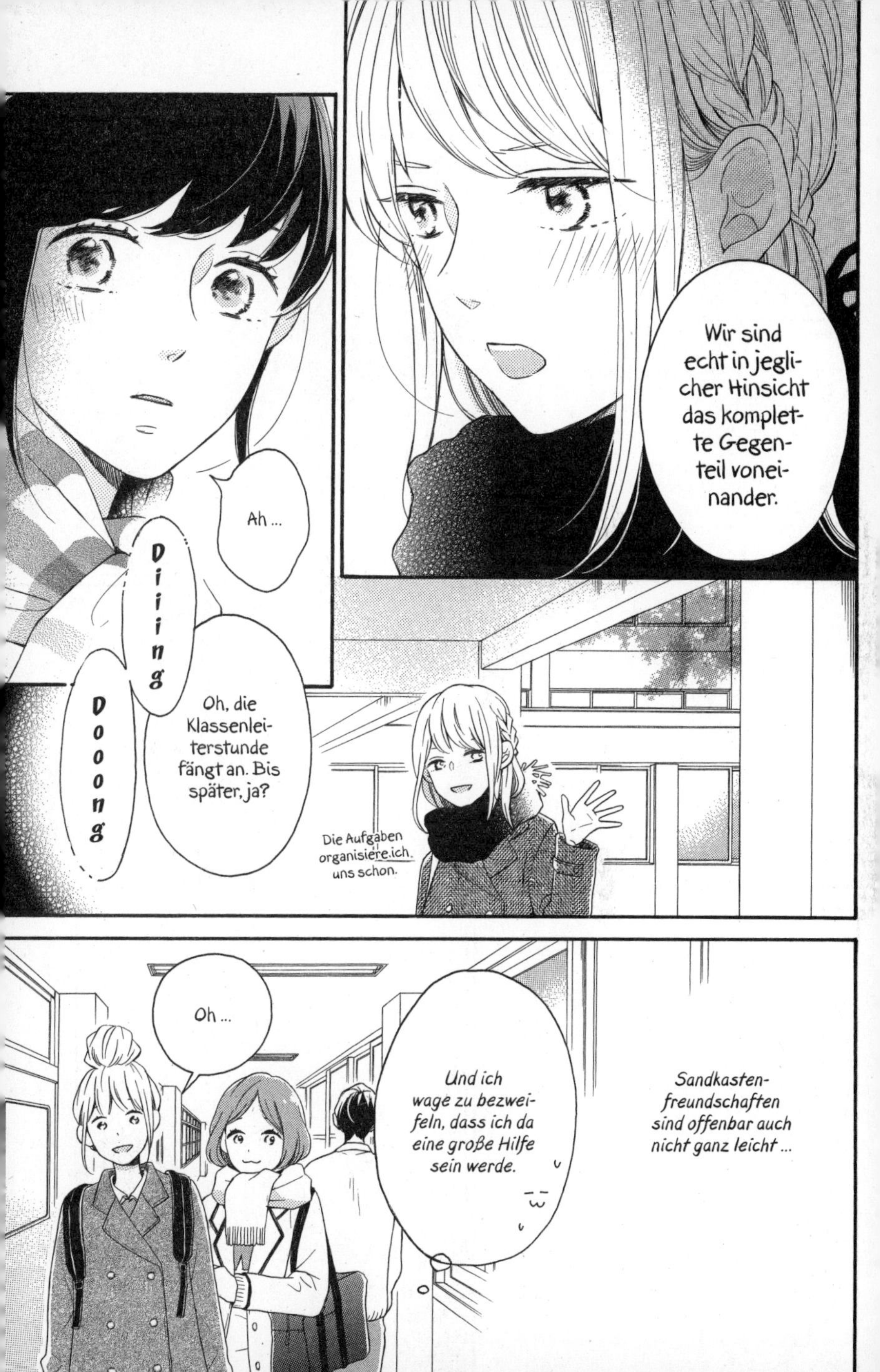
Wir sind echt in jeglicher Hinsicht das komplette Gegenteil voneinander.
Ah …
Diiing
Doooong
Oh, die Klassenleiterstunde fängt an. Bis später, ja?
Die Aufgaben organisiere ich uns schon.
Sandkastenfreundschaften sind offenbar auch nicht ganz leicht …
Und ich wage zu bezweifeln, dass ich da eine große Hilfe sein werde.
Oh …

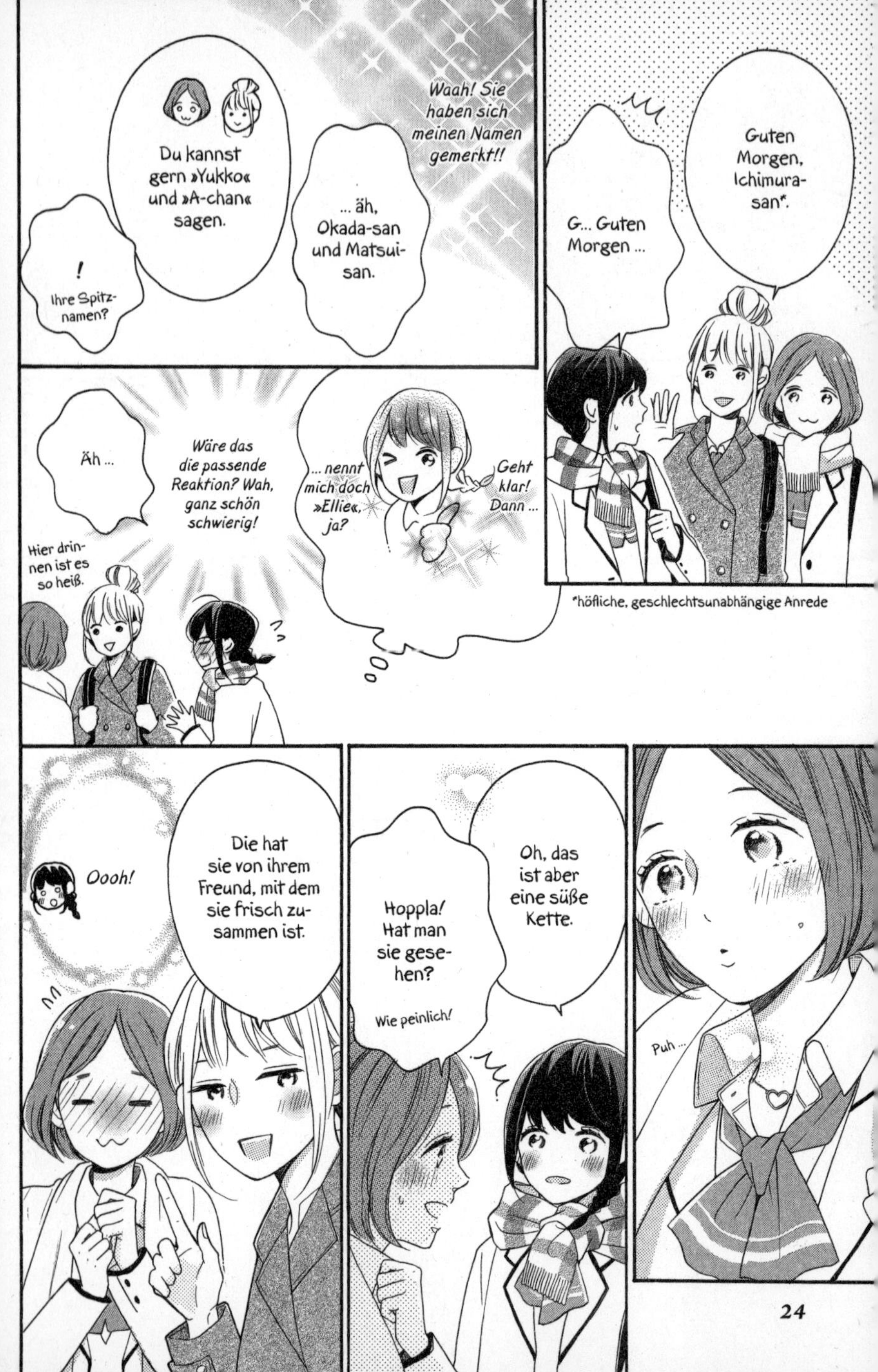

*höfliche, geschlechtsunabhängige Anrede

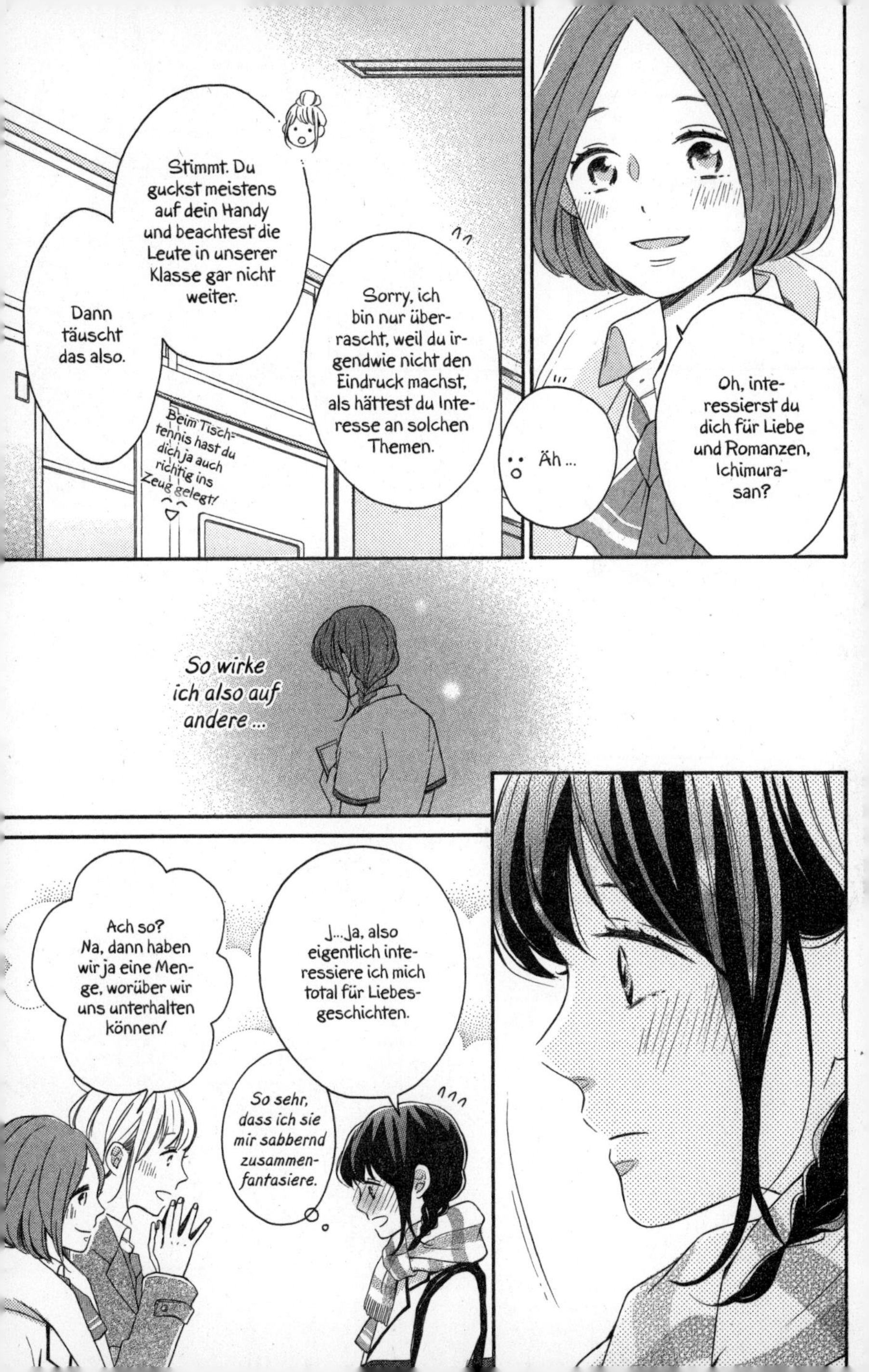

Oh, interessierst du dich für Liebe und Romanzen, Ichimura-san?

Äh ...

Sorry, ich bin nur überrascht, weil du irgendwie nicht den Eindruck machst, als hättest du Interesse an solchen Themen.

Stimmt. Du guckst meistens auf dein Handy und beachtest die Leute in unserer Klasse gar nicht weiter.

Dann täuscht das also.

Beim Tischtennis hast du dich ja auch richtig ins Zeug gelegt!

So wirke ich also auf andere ...

J...Ja, also eigentlich interessiere ich mich total für Liebesgeschichten.

So sehr, dass ich sie mir sabbernd zusammenfantasiere.

Ach so? Na, dann haben wir ja eine Menge, worüber wir uns unterhalten können!

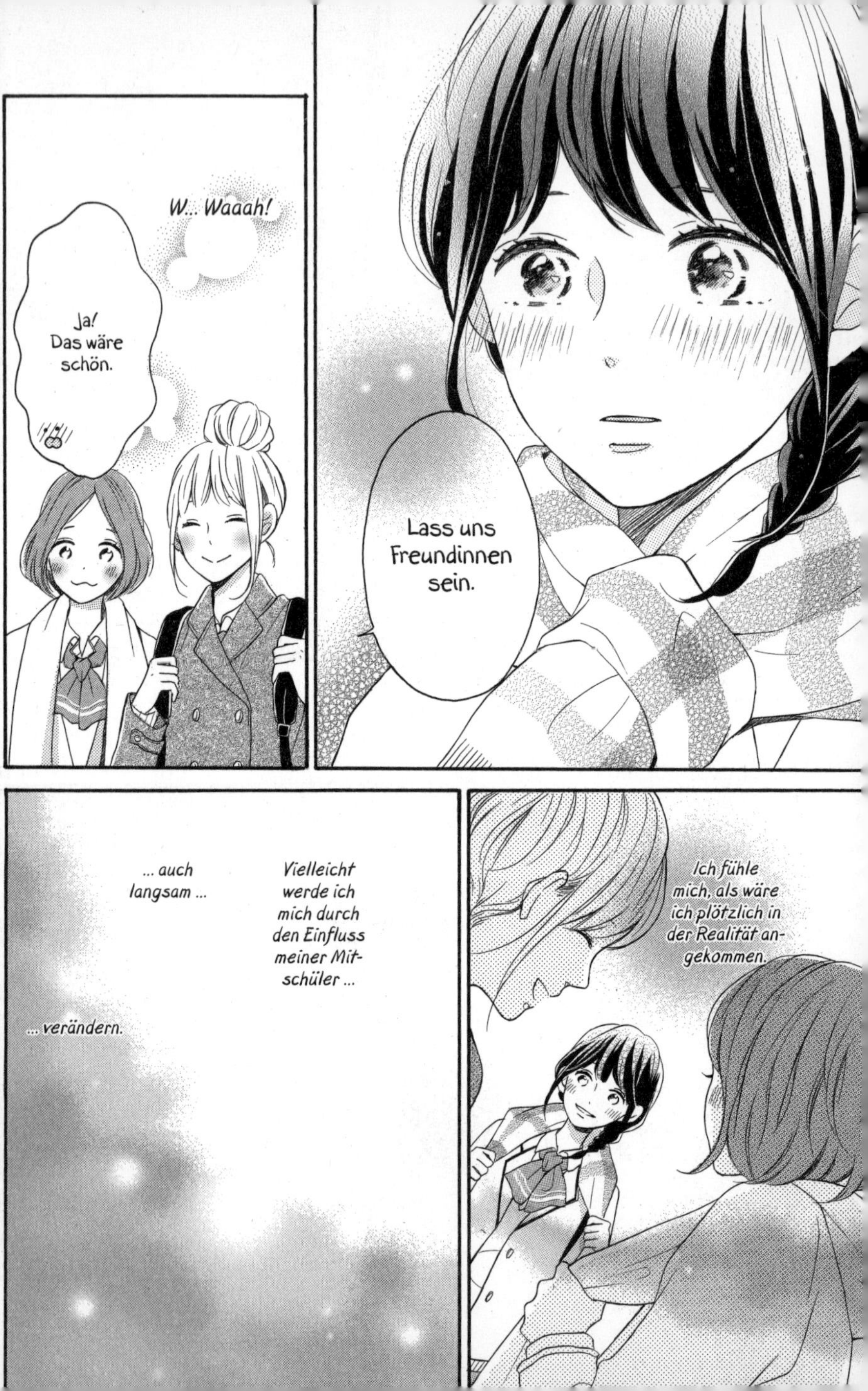

Lass uns Freundinnen sein.

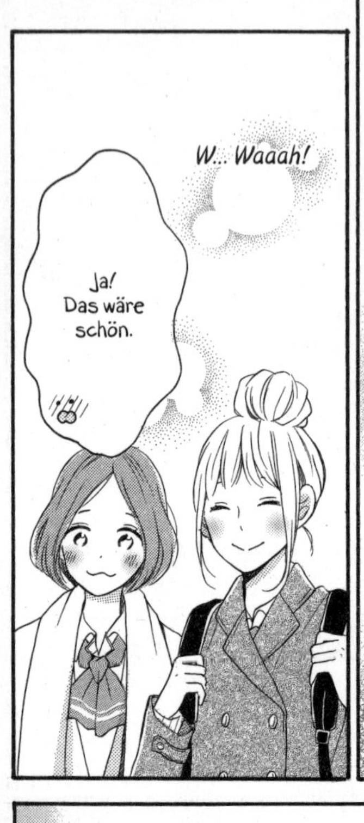

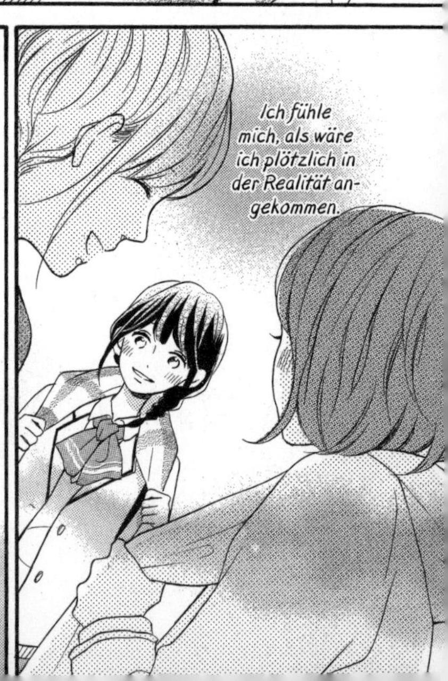

Vielleicht werde ich mich durch den Einfluss meiner Mitschüler ...

... auch langsam ...

... verändern.

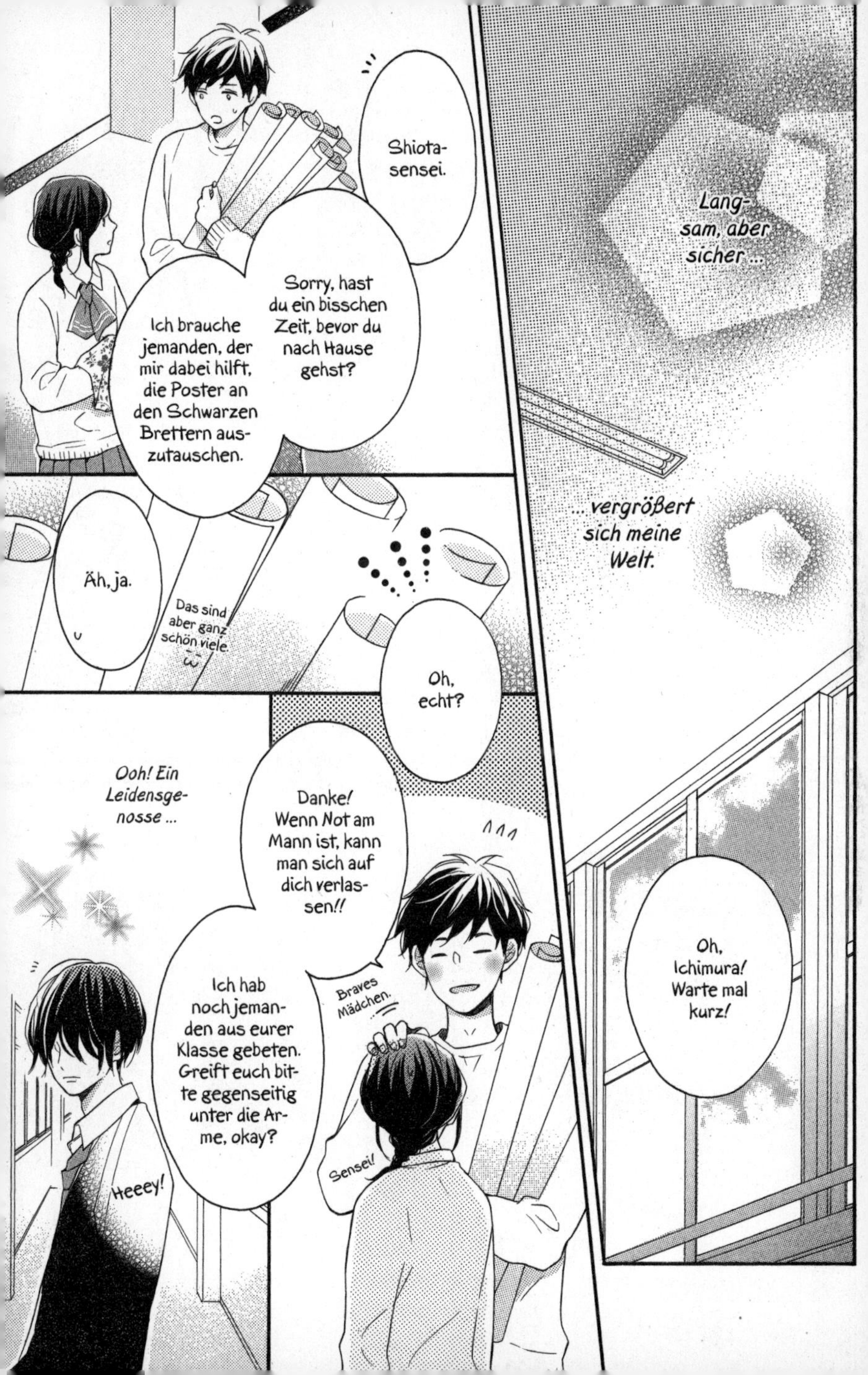
Langsam, aber sicher ...
... vergrößert sich meine Welt.
Oh, Ichimura! Warte mal kurz!
Shiota-sensei.
Sorry, hast du ein bisschen Zeit, bevor du nach Hause gehst?
Ich brauche jemanden, der mir dabei hilft, die Poster an den Schwarzen Brettern auszutauschen.
Oh, echt?
Das sind aber ganz schön viele.
Äh, ja.
Danke! Wenn Not am Mann ist, kann man sich auf dich verlassen!!
Braves Mädchen.
Sensei!
Ooh! Ein Leidensgenosse ...
Ich hab noch jemanden aus eurer Klasse gebeten. Greift euch bitte gegenseitig unter die Arme, okay?
Heeey!

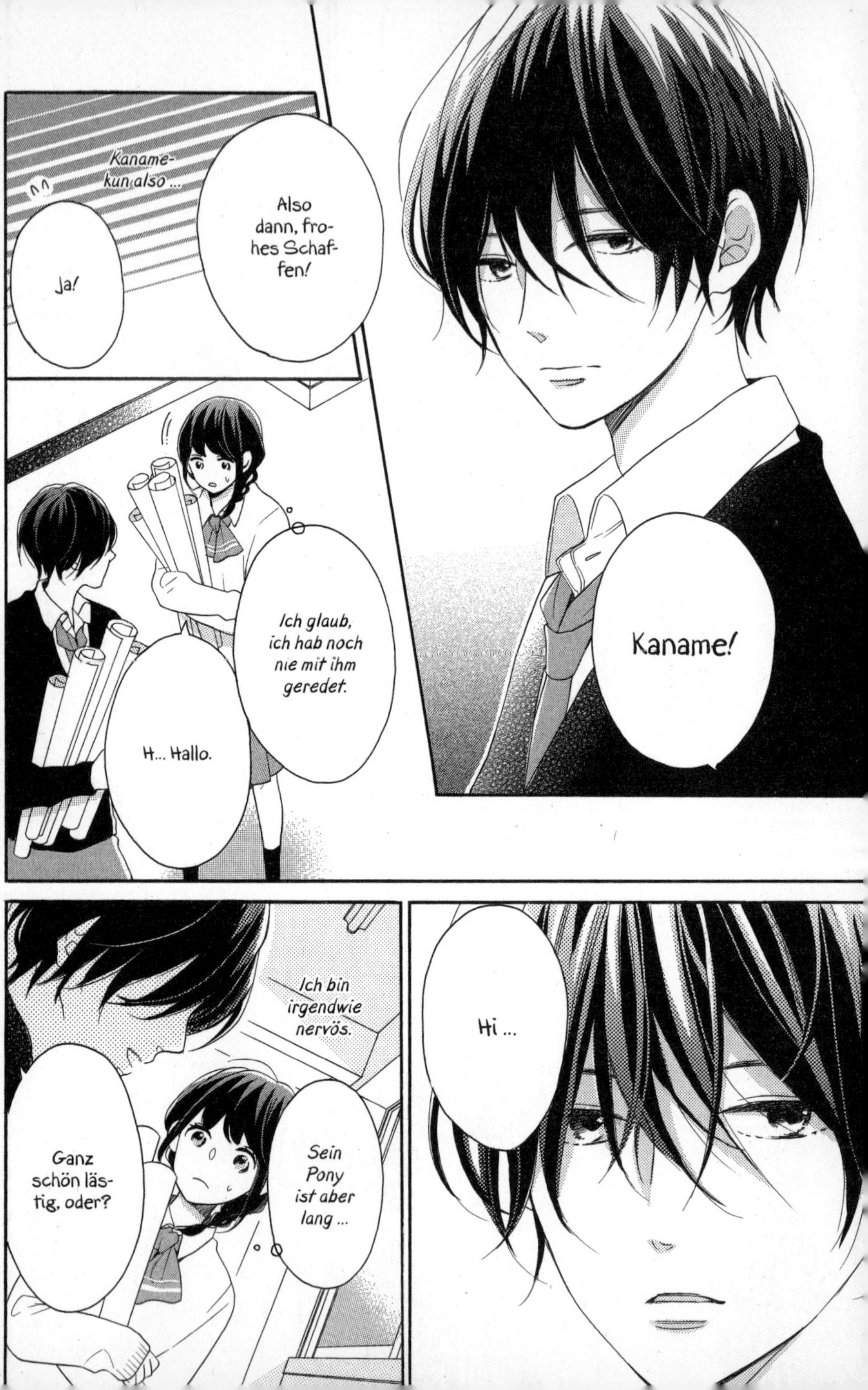

Also dann, frohes Schaffen!
Ja!
Kaname-kun also ...
Kaname!
Ich glaub, ich hab noch nie mit ihm geredet.
H... Hallo.
Hi ...
Ich bin irgendwie nervös.
Sein Pony ist aber lang ...
Ganz schön lästig, oder?

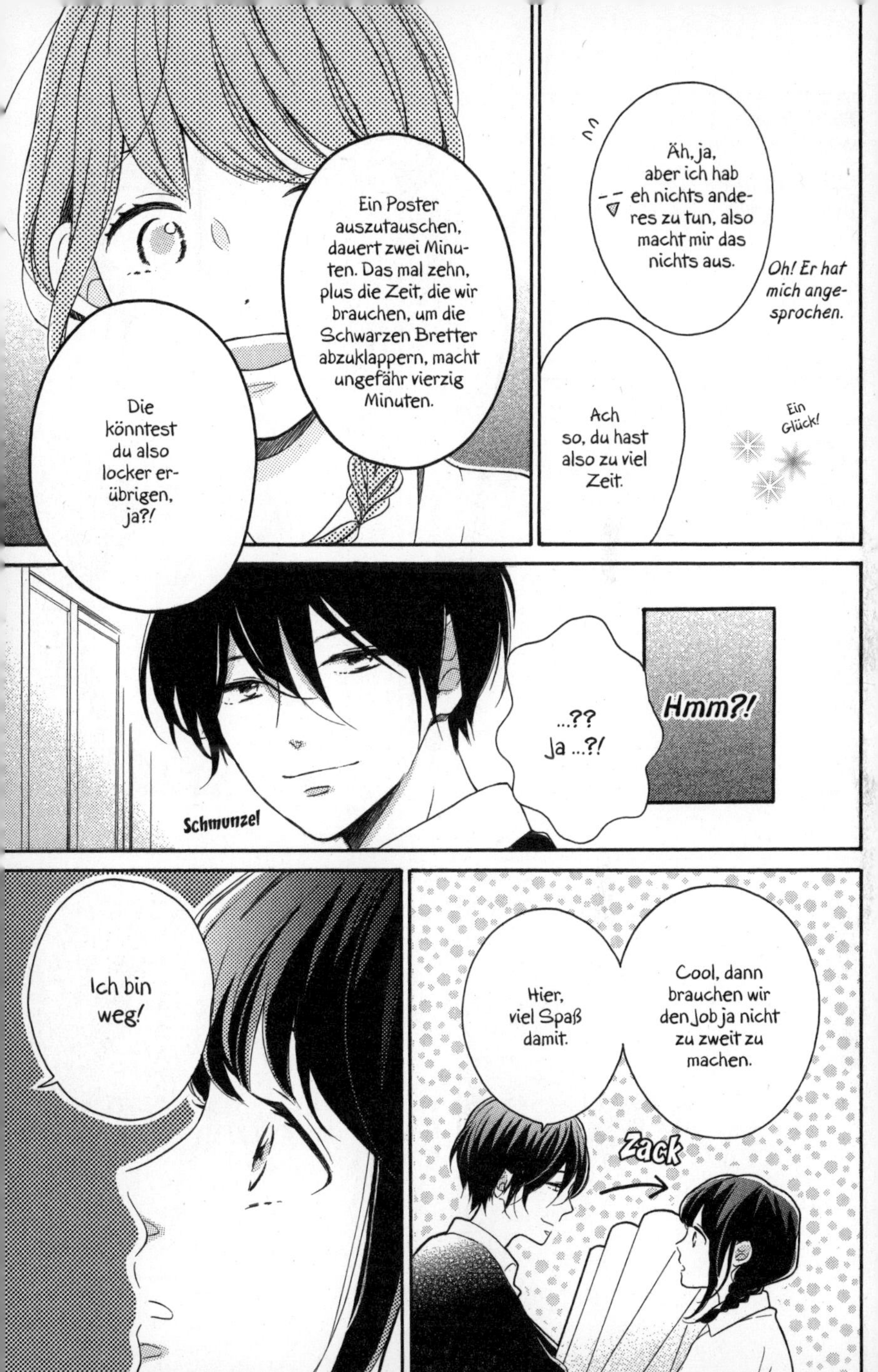
Äh, ja, aber ich hab eh nichts anderes zu tun, also macht mir das nichts aus.
Oh! Er hat mich angesprochen.
Ein Glück!
Ach so, du hast also zu viel Zeit.
Ein Poster auszutauschen, dauert zwei Minuten. Das mal zehn, plus die Zeit, die wir brauchen, um die Schwarzen Bretter abzuklappern, macht ungefähr vierzig Minuten.
Die könntest du also locker erübrigen, ja?!
Hmm?!
...?? Ja ...?!
Schmunzel
Cool, dann brauchen wir den Job ja nicht zu zweit zu machen.
Hier, viel Spaß damit.
Zack
Ich bin weg!

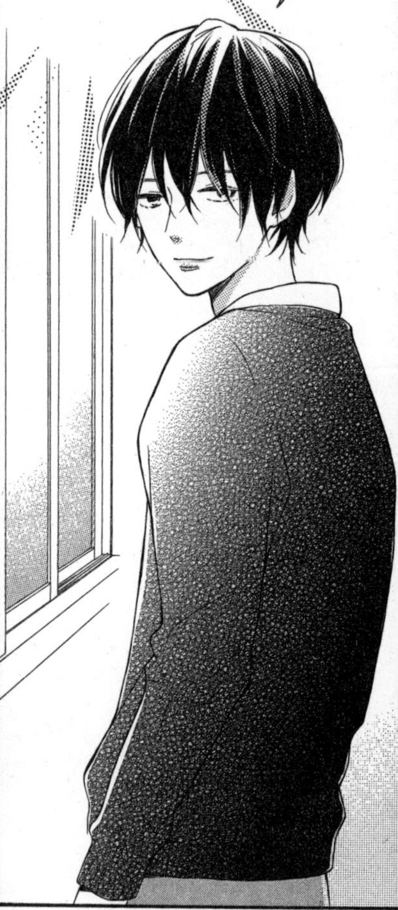
Danke.

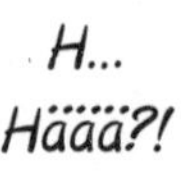
H...
Häää?!

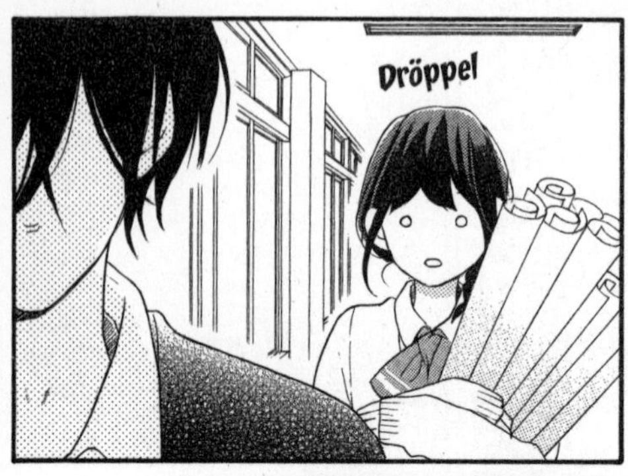
Dröppel

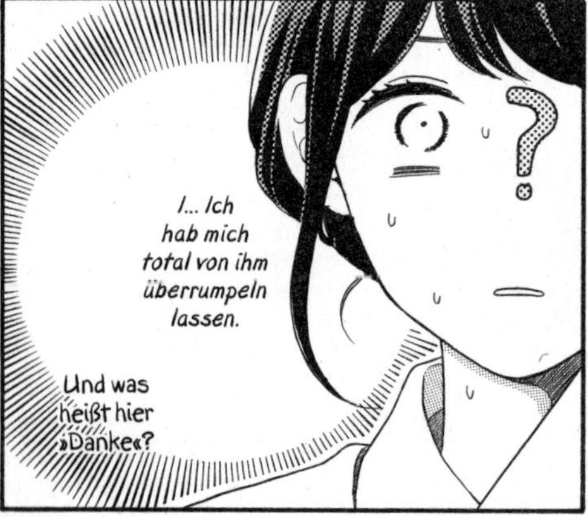
I... Ich hab mich total von ihm überrumpeln lassen.
Und was heißt hier »Danke«?

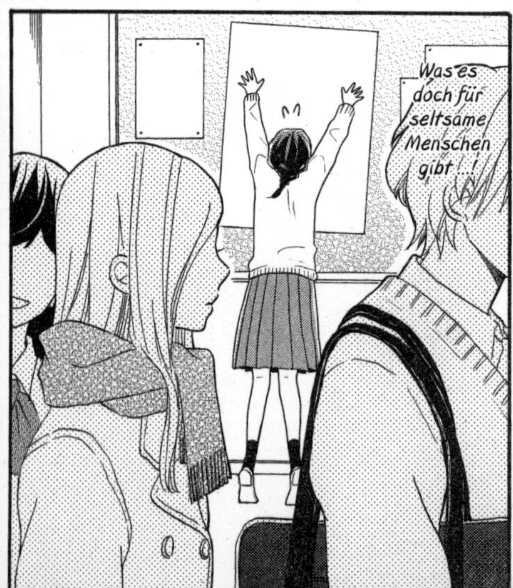
Was es doch für seltsame Menschen gibt ...!

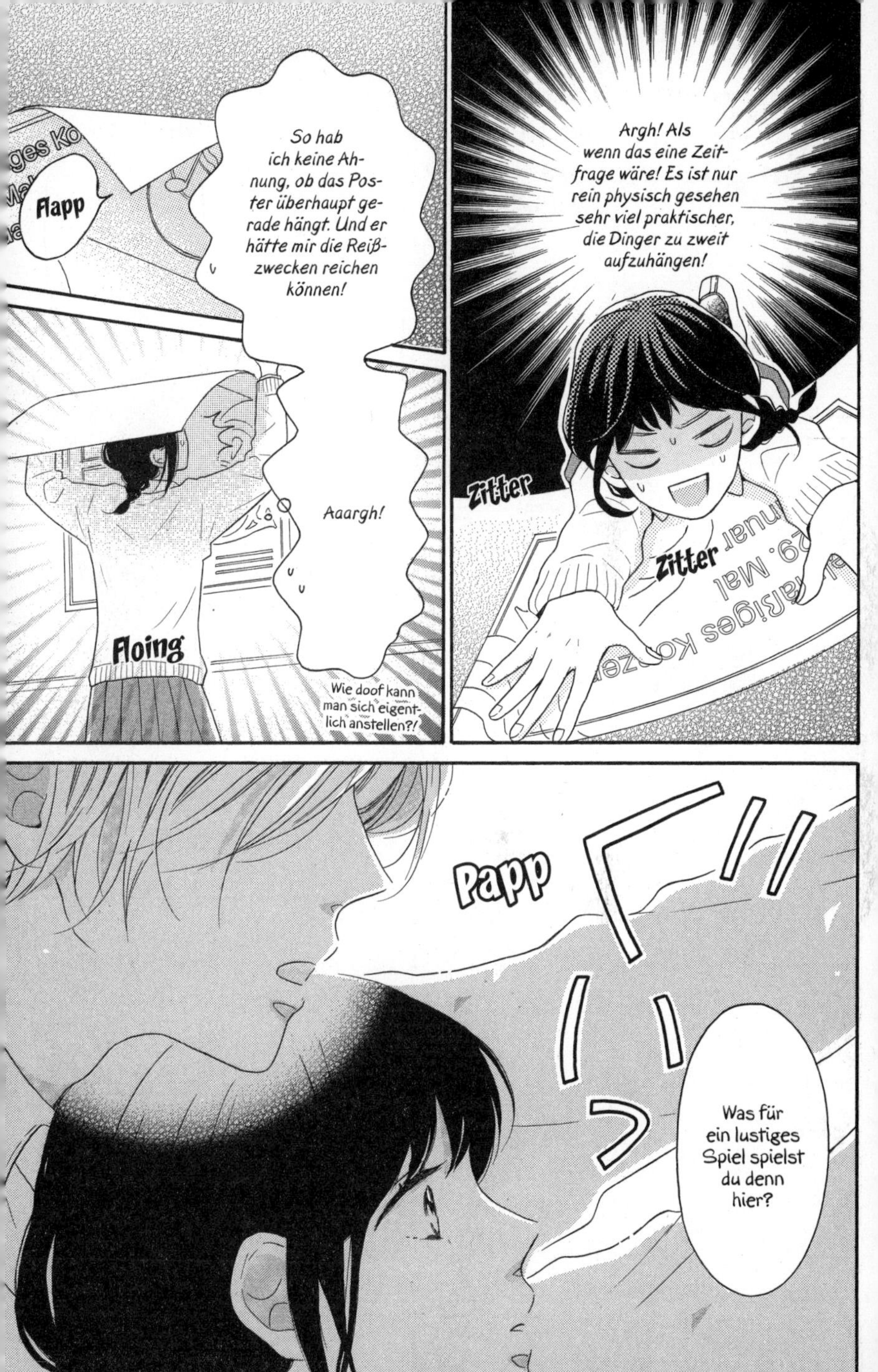
Argh! Als wenn das eine Zeitfrage wäre! Es ist nur rein physisch gesehen sehr viel praktischer, die Dinger zu zweit aufzuhängen!
Zitter
Zitter
So hab ich keine Ahnung, ob das Poster überhaupt gerade hängt. Und er hätte mir die Reißzwecken reichen können!
Flapp
Aaargh!
Floing
Wie doof kann man sich eigentlich anstellen?!
Papp
Was für ein lustiges Spiel spielst du denn hier?

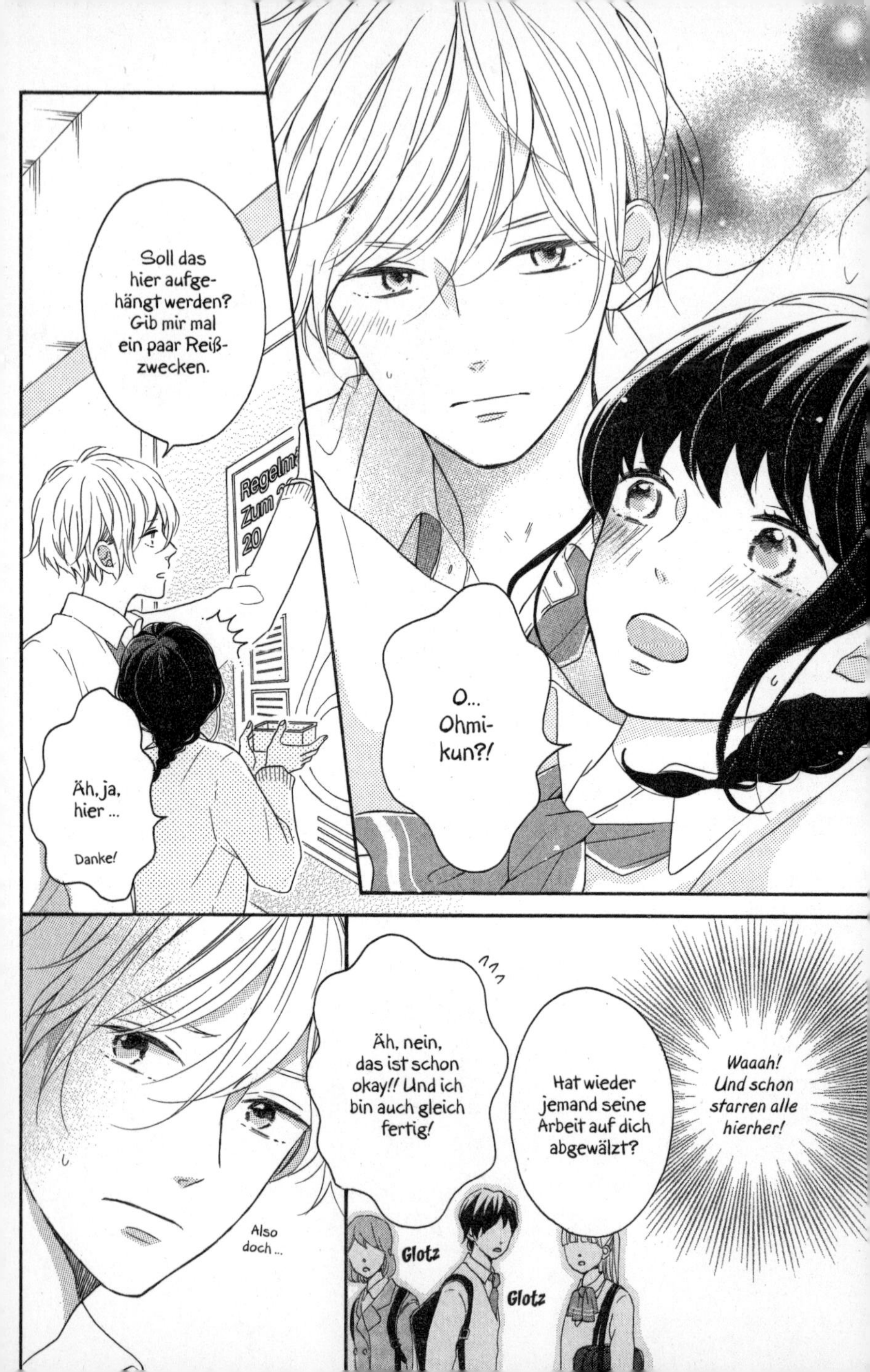
O... Ohmi-kun?!
Soll das hier aufgehängt werden? Gib mir mal ein paar Reißzwecken.
Äh, ja, hier ...
Danke!
Waaah! Und schon starren alle hierher!
Hat wieder jemand seine Arbeit auf dich abgewälzt?
Äh, nein, das ist schon okay!! Und ich bin auch gleich fertig!
Glotz
Glotz
Also doch ...

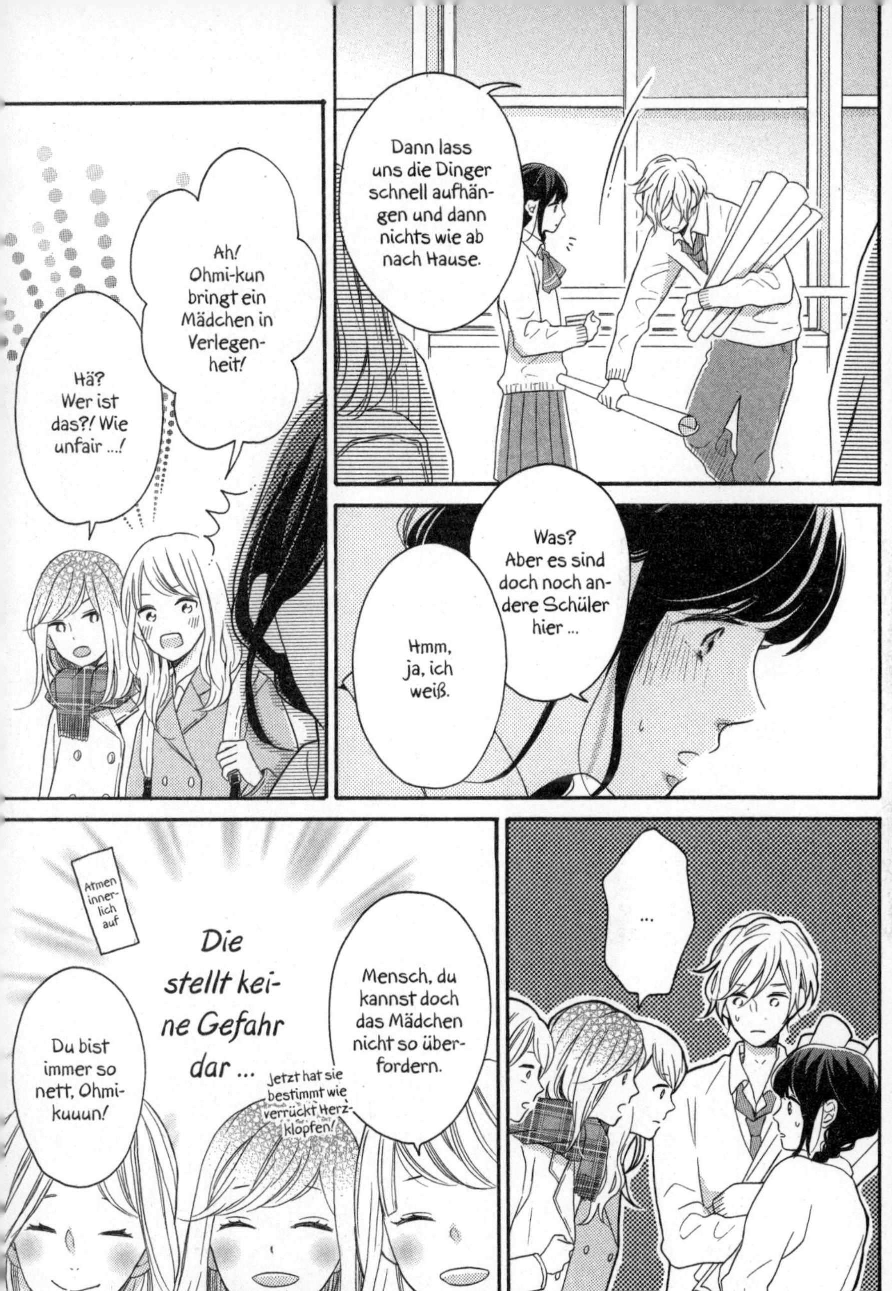
Dann lass uns die Dinger schnell aufhängen und dann nichts wie ab nach Hause.
Ah! Ohmi-kun bringt ein Mädchen in Verlegenheit!
Hä? Wer ist das?! Wie unfair ...!
Was? Aber es sind doch noch andere Schüler hier ...
Hmm, ja, ich weiß.
...
Mensch, du kannst doch das Mädchen nicht so überfordern.
Die stellt keine Gefahr dar ...
Atmen innerlich auf
Jetzt hat sie bestimmt wie verrückt Herzklopfen!
Du bist immer so nett, Ohmi-kuuun!

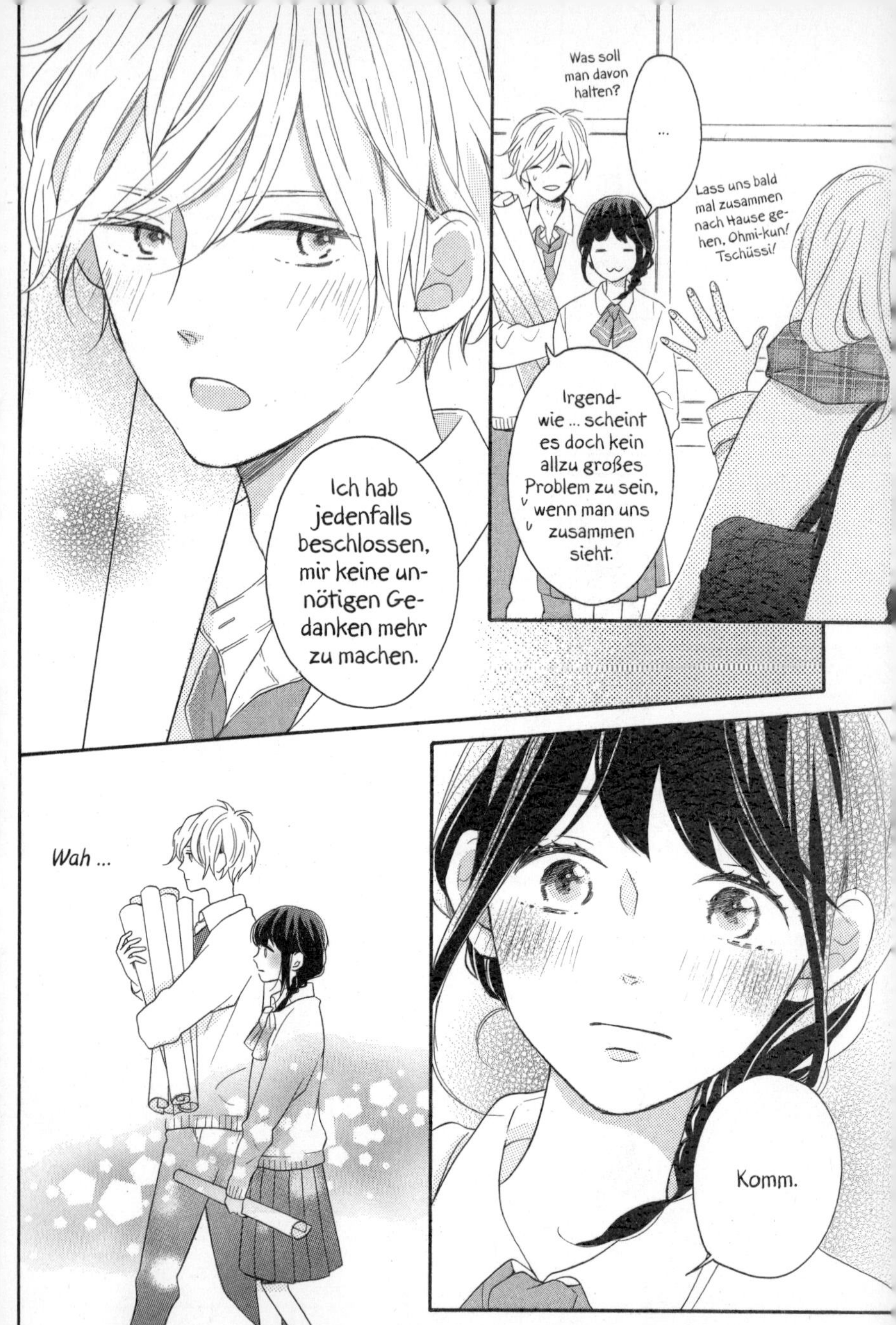

Lass uns bald mal zusammen nach Hause gehen, Ohmi-kun! Tschüssi!
Was soll man davon halten?
...
Irgendwie ... scheint es doch kein allzu großes Problem zu sein, wenn man uns zusammen sieht.
Ich hab jedenfalls beschlossen, mir keine unnötigen Gedanken mehr zu machen.
Komm.
Wah ...

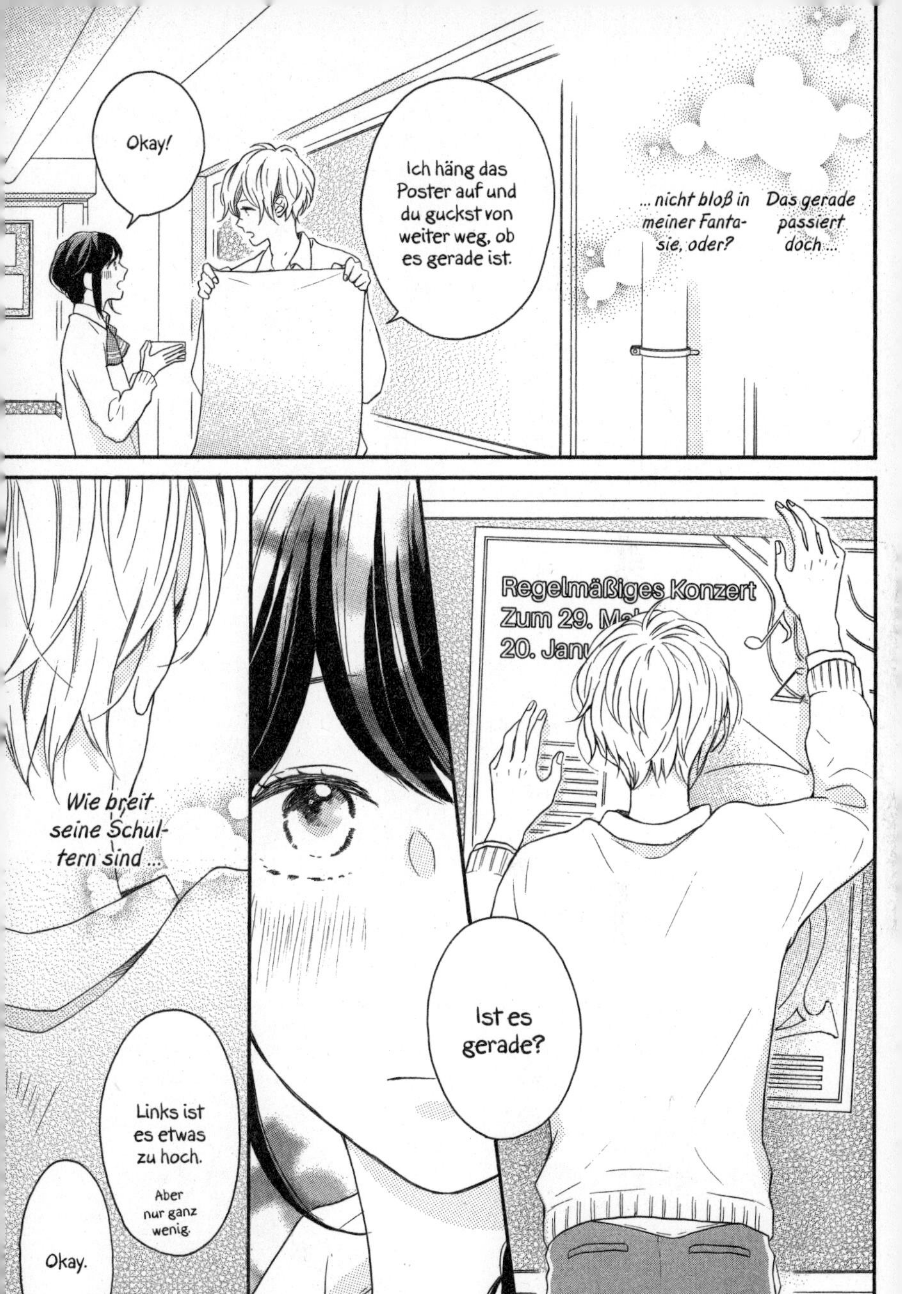
Das gerade passiert doch ...
... nicht bloß in meiner Fantasie, oder?
Ich häng das Poster auf und du guckst von weiter weg, ob es gerade ist.
Okay!
Regelmäßiges Konzert
Zum 29. Ma
20. Janu
Ist es gerade?
Wie breit seine Schultern sind ...
Links ist es etwas zu hoch.
Aber nur ganz wenig.
Okay.

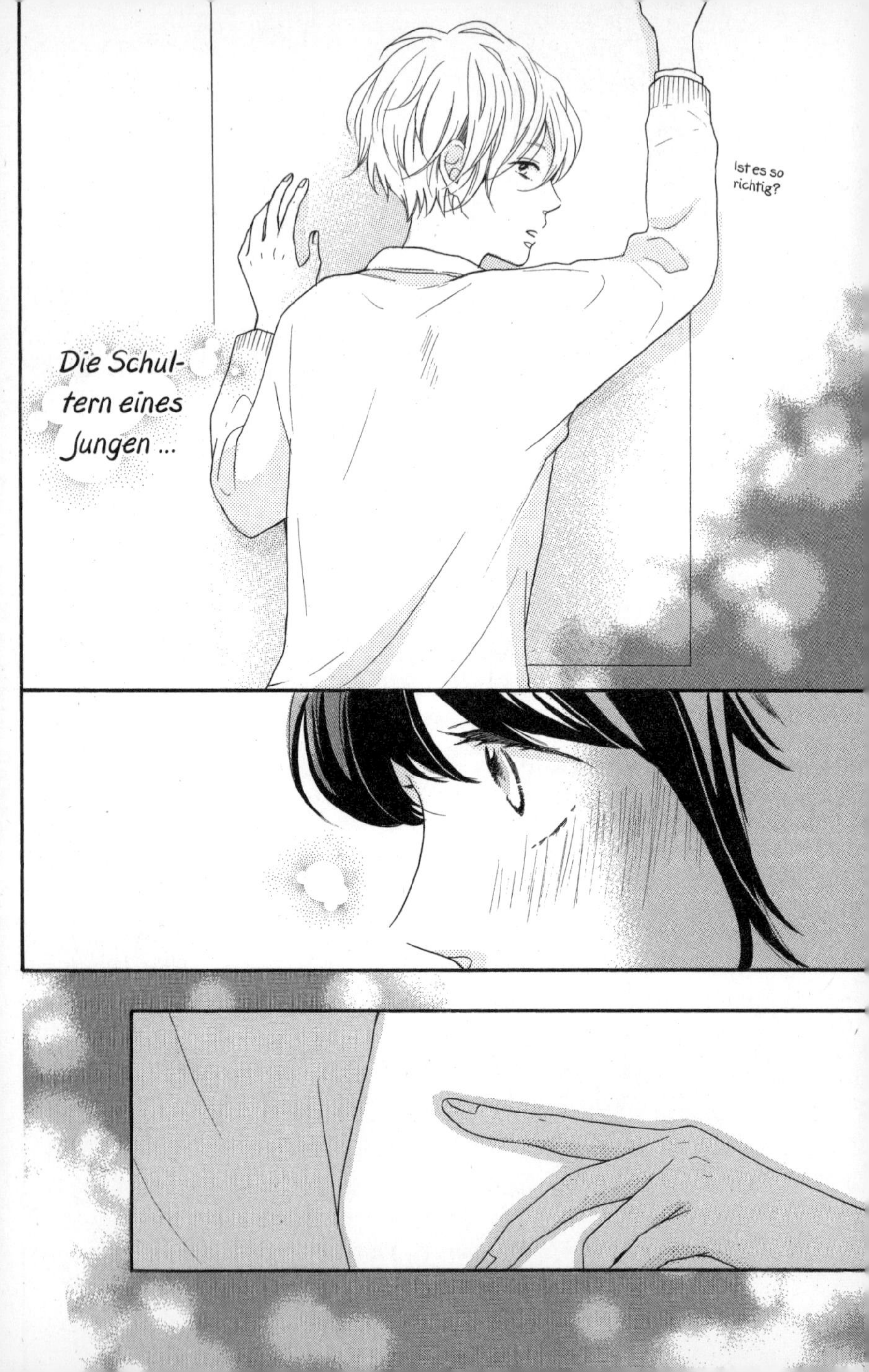
Ist es so richtig?
Die Schultern eines Jungen ...

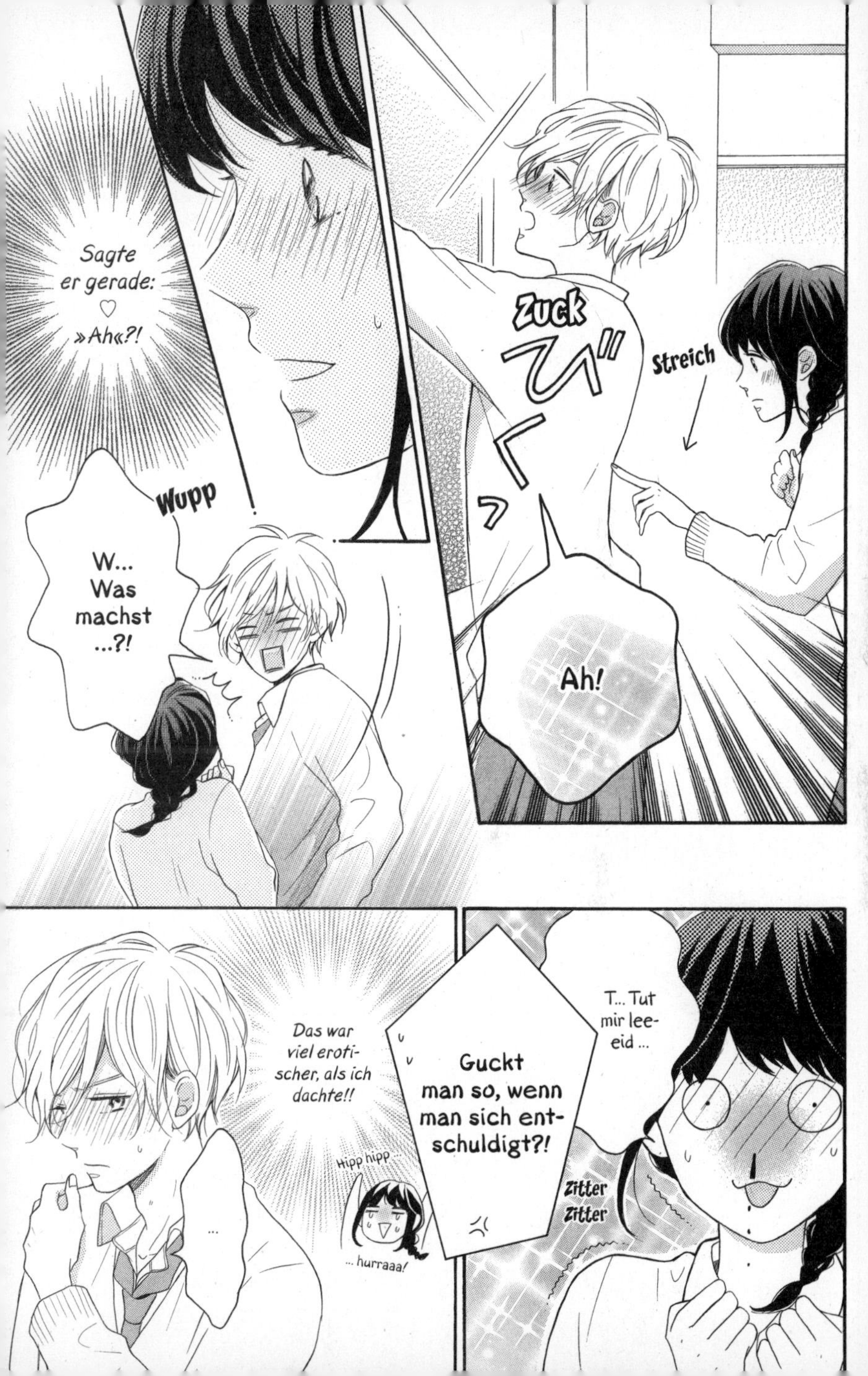
Streich
Zuck
びくっ
Ah!
Sagte er gerade: ♡ »Ah«?!
Wupp
W... Was machst ...?!
T... Tut mir lee-eid ...
Zitter Zitter
Guckt man so, wenn man sich ent-schuldigt?!
Das war viel eroti-scher, als ich dachte!!
Hipp hipp ...
... hurraaa!
...

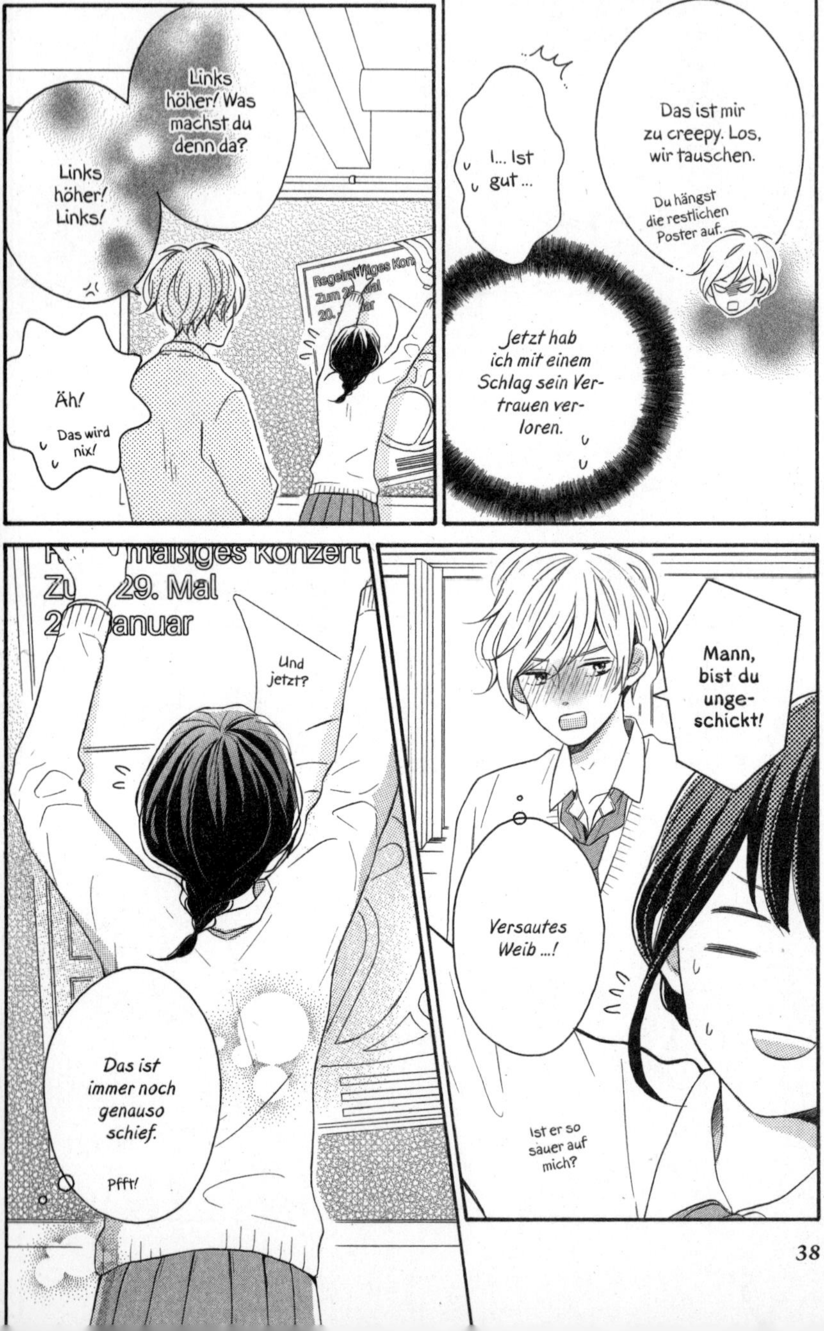

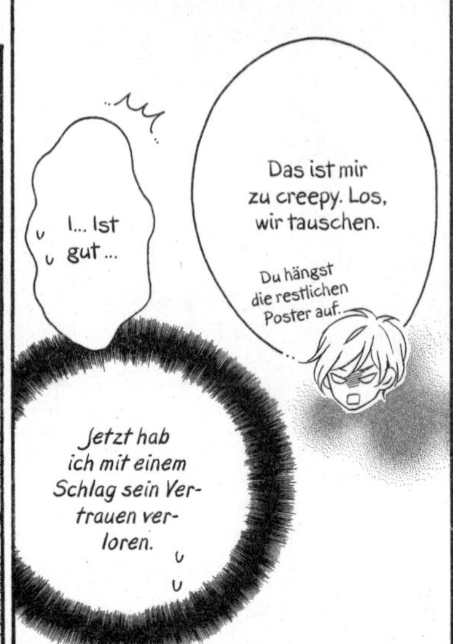
Das ist mir zu creepy. Los, wir tauschen.
Du hängst die restlichen Poster auf.
I... Ist gut ...
Jetzt hab ich mit einem Schlag sein Vertrauen verloren.

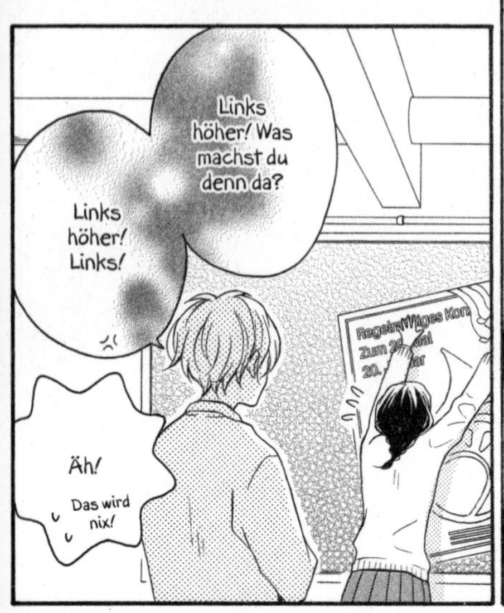
Links höher! Was machst du denn da?
Links höher! Links!
Äh!
Das wird nix!

Mann, bist du ungeschickt!
Versautes Weib ...!
Ist er so sauer auf mich?
Und jetzt?
Das ist immer noch genauso schief.
Pfft!

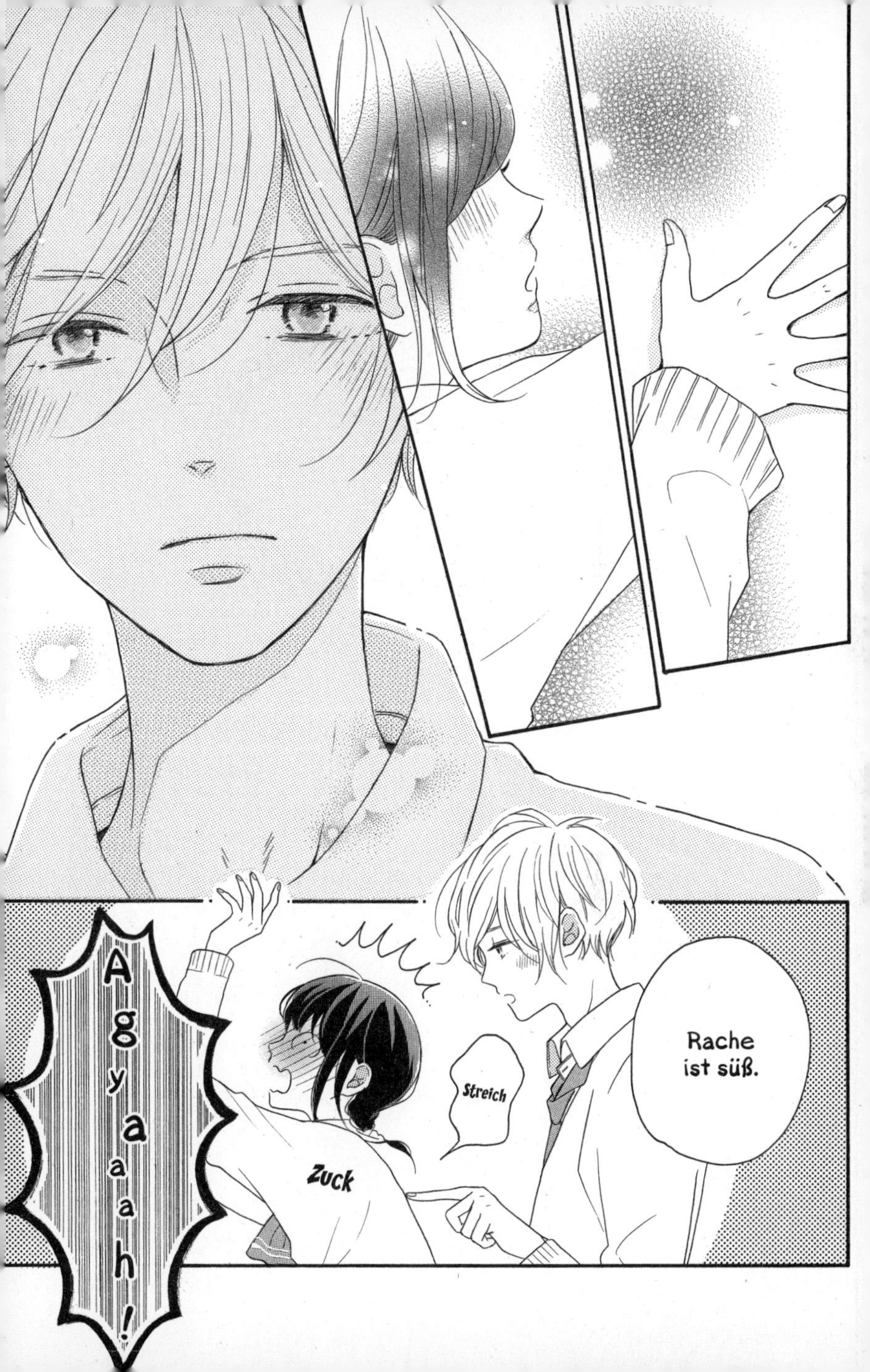
Rache ist süß.
Streich
Zuck
Agyaaah!

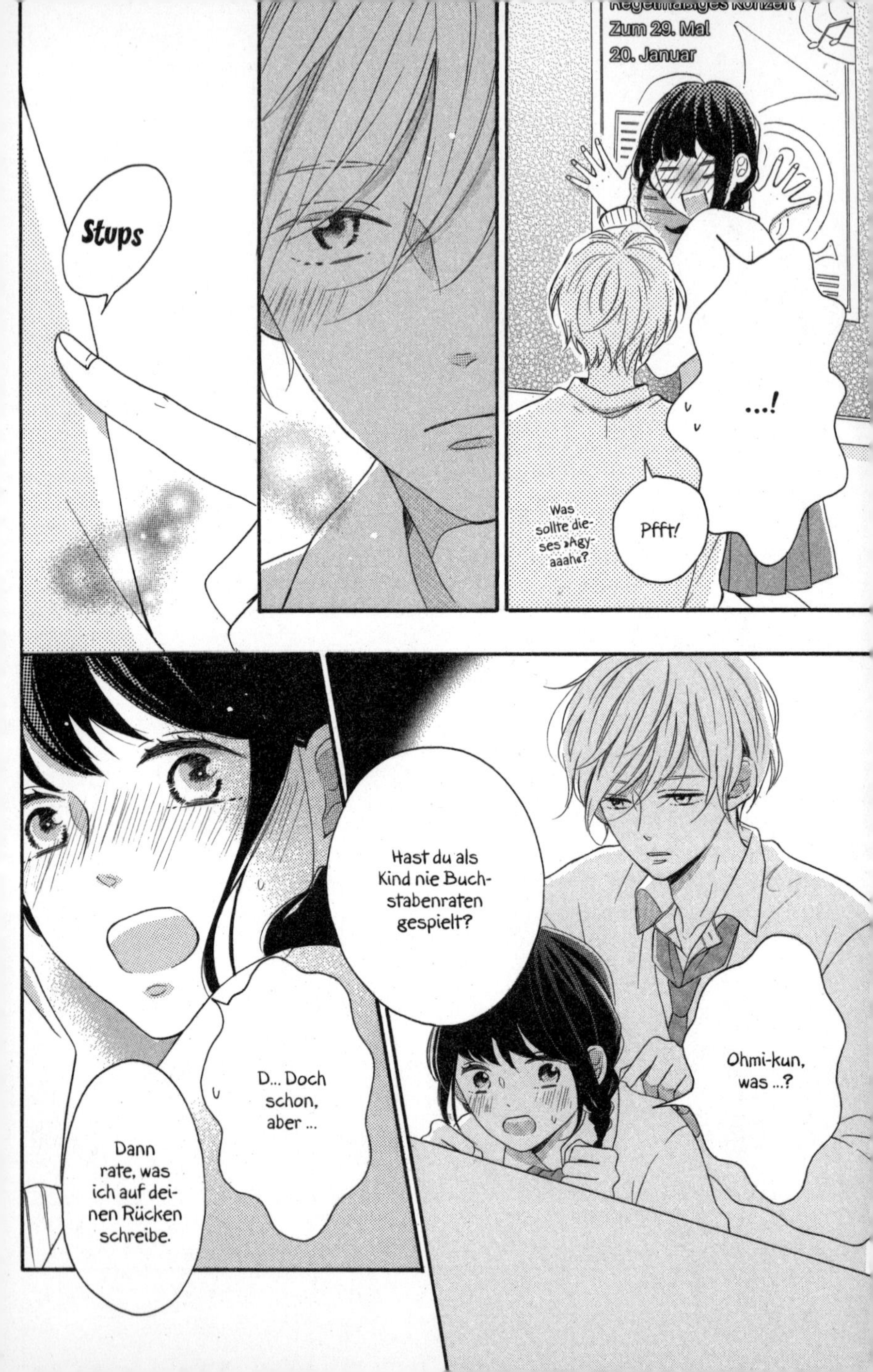
Zum 29. Mal
20. Januar
...!
Pfft!
Was sollte dieses »Ägy-aaah«?
Stups
Ohmi-kun, was ...?
Hast du als Kind nie Buchstabenraten gespielt?
D... Doch schon, aber ...
Dann rate, was ich auf deinen Rücken schreibe.

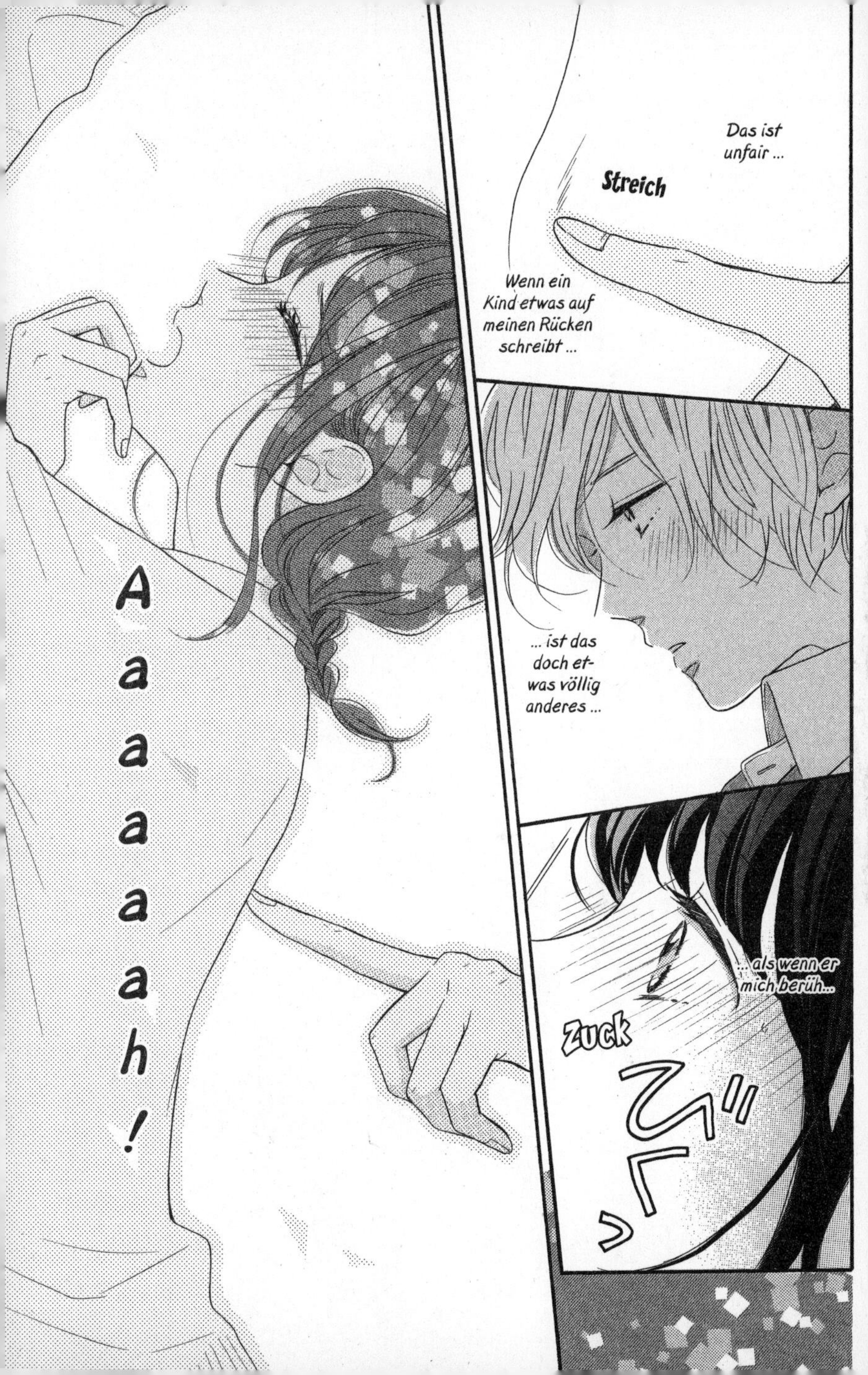
Das ist unfair ...
Streich
Wenn ein Kind etwas auf meinen Rücken schreibt ...
... ist das doch etwas völlig anderes ...
... als wenn er mich berüh...
Zuck
Aaaaaah!

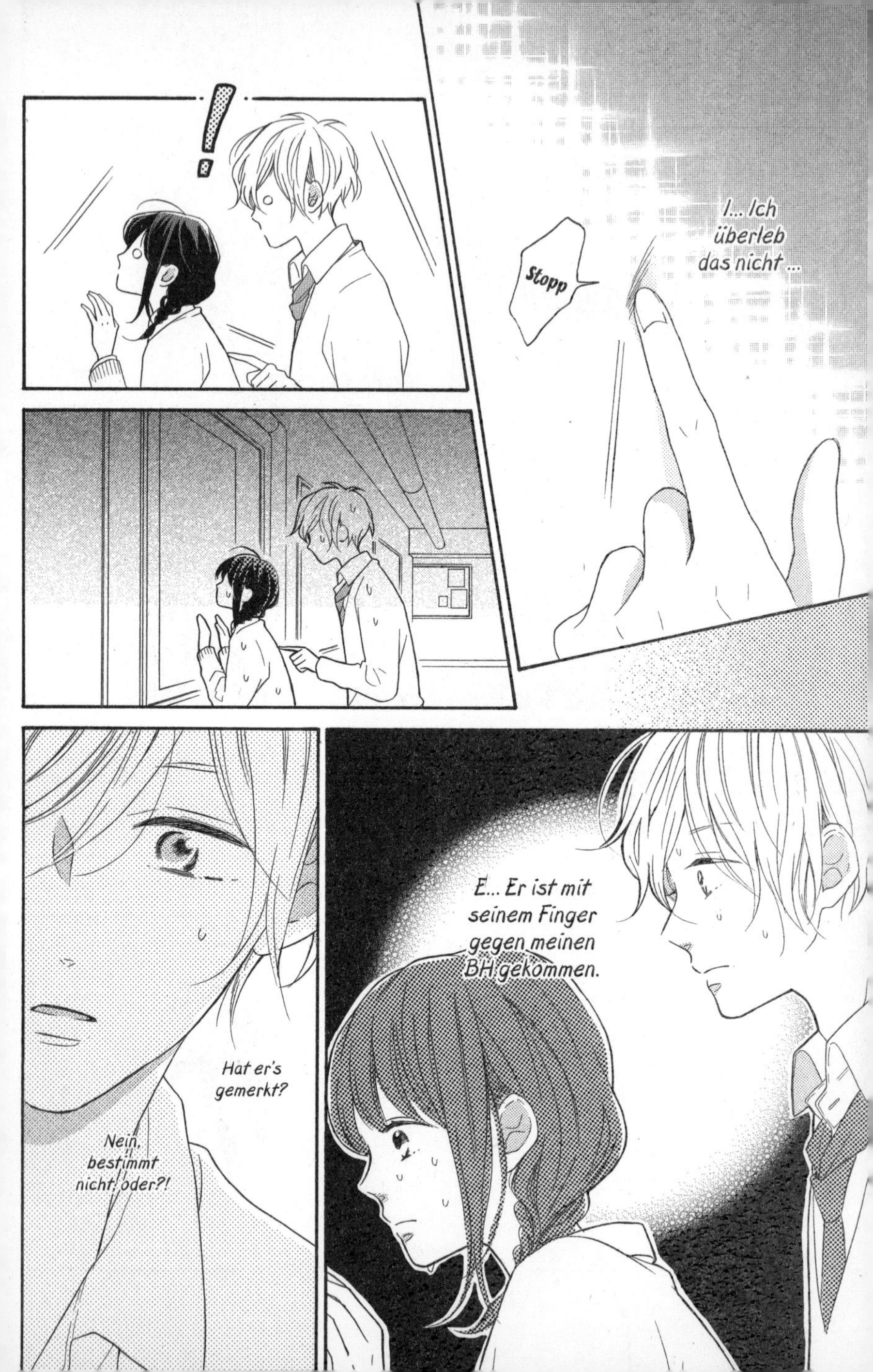
!
I... Ich
überleb
das nicht ...
Stopp
E... Er ist mit
seinem Finger
gegen meinen
BH gekommen.
Hat er's
gemerkt?
Nein,
bestimmt
nicht, oder?!

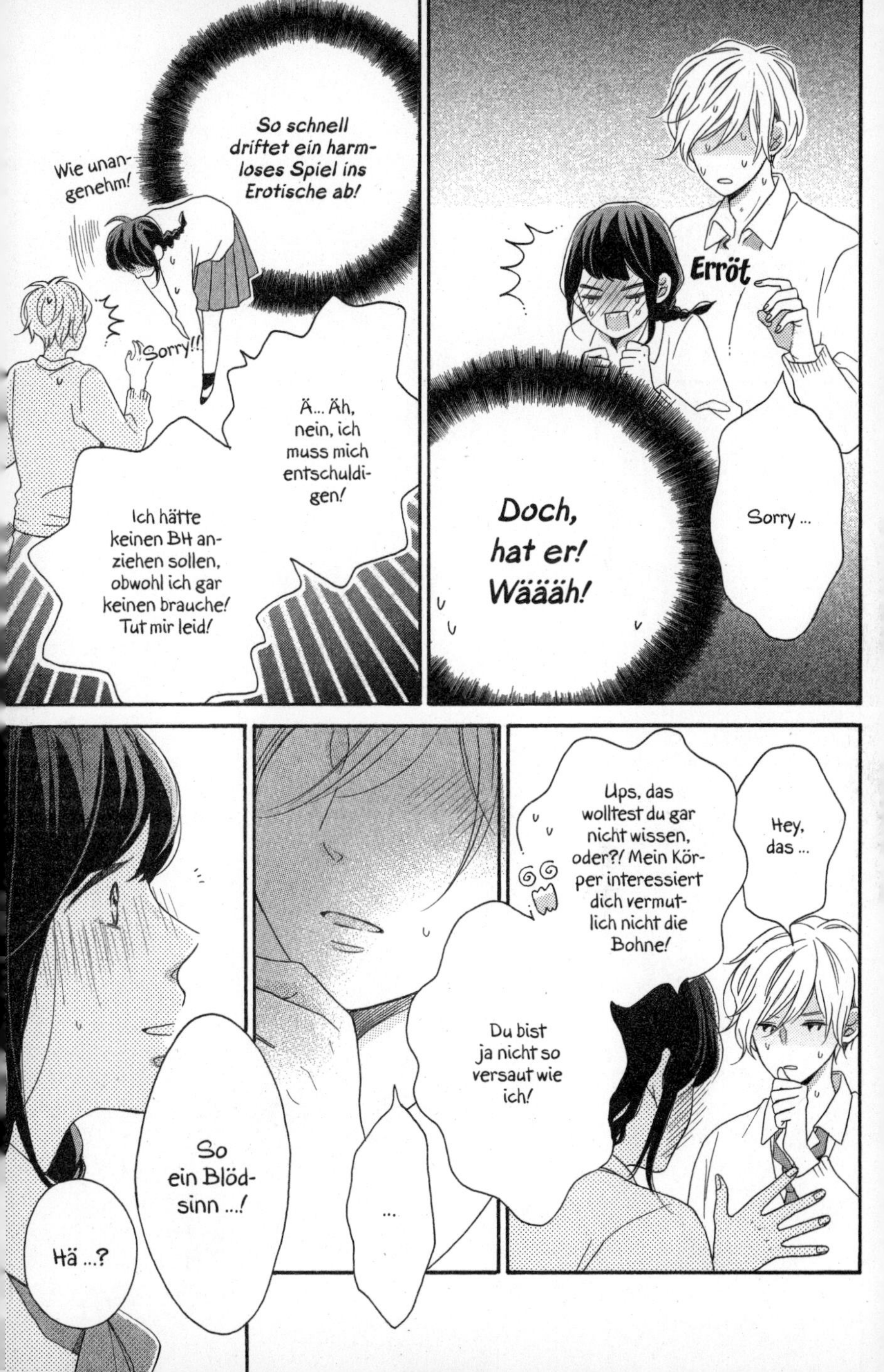
Erröt
Sorry ...
Doch, hat er! Wäääh!
So schnell driftet ein harmloses Spiel ins Erotische ab!
Wie unangenehm!
Sorry!!
Ä... Äh, nein, ich muss mich entschuldigen!
Ich hätte keinen BH anziehen sollen, obwohl ich gar keinen brauche! Tut mir leid!
Hey, das ...
Ups, das wolltest du gar nicht wissen, oder?! Mein Körper interessiert dich vermutlich nicht die Bohne!
Du bist ja nicht so versaut wie ich!
...
So ein Blödsinn ...!
Hä ...?

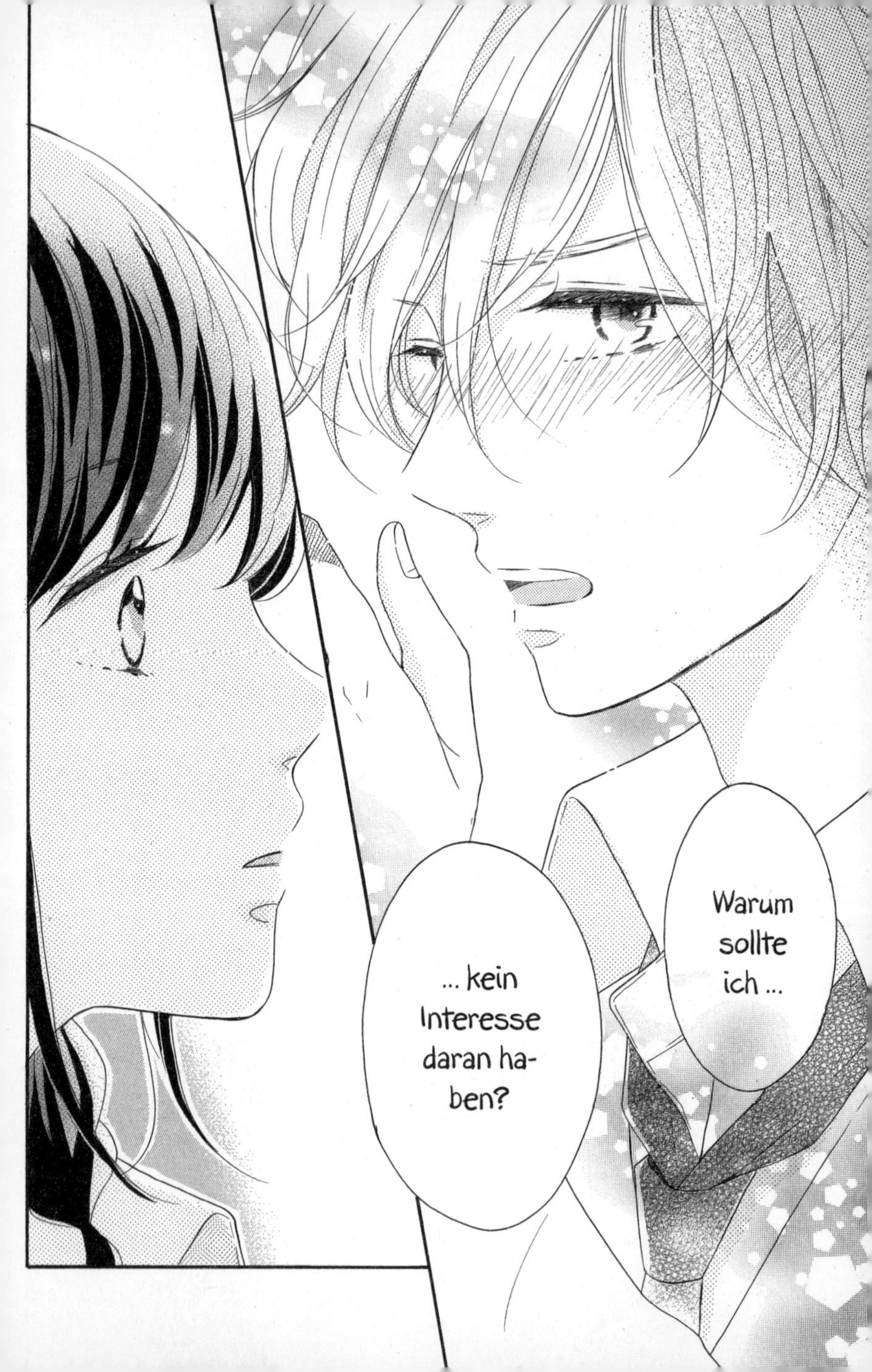
Warum sollte ich …
… kein Interesse daran ha-ben?

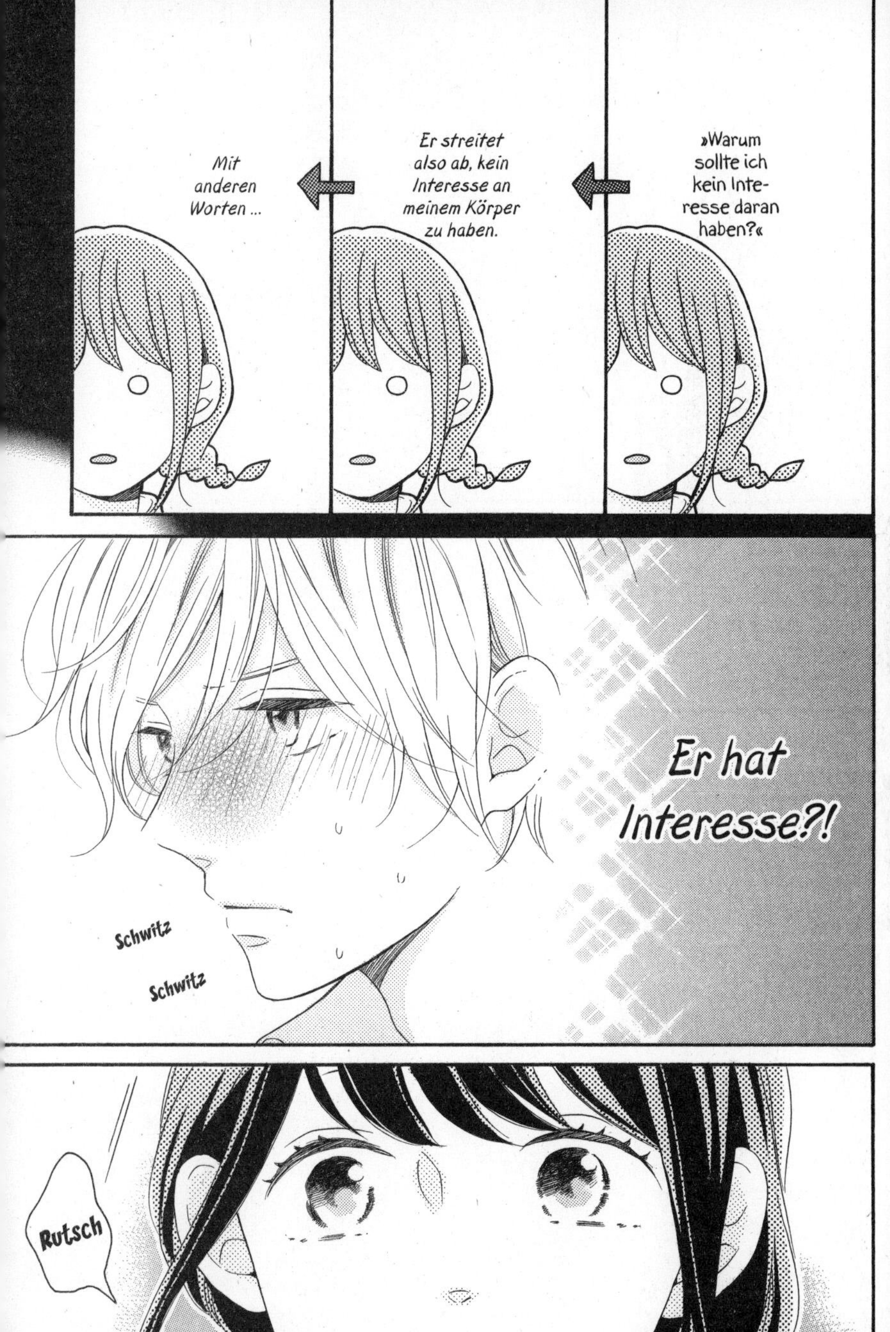
»Warum sollte ich kein Interesse daran haben?«
Er streitet also ab, kein Interesse an meinem Körper zu haben.
Mit anderen Worten ...
Er hat Interesse?!
Schwitz
Schwitz
Rutsch

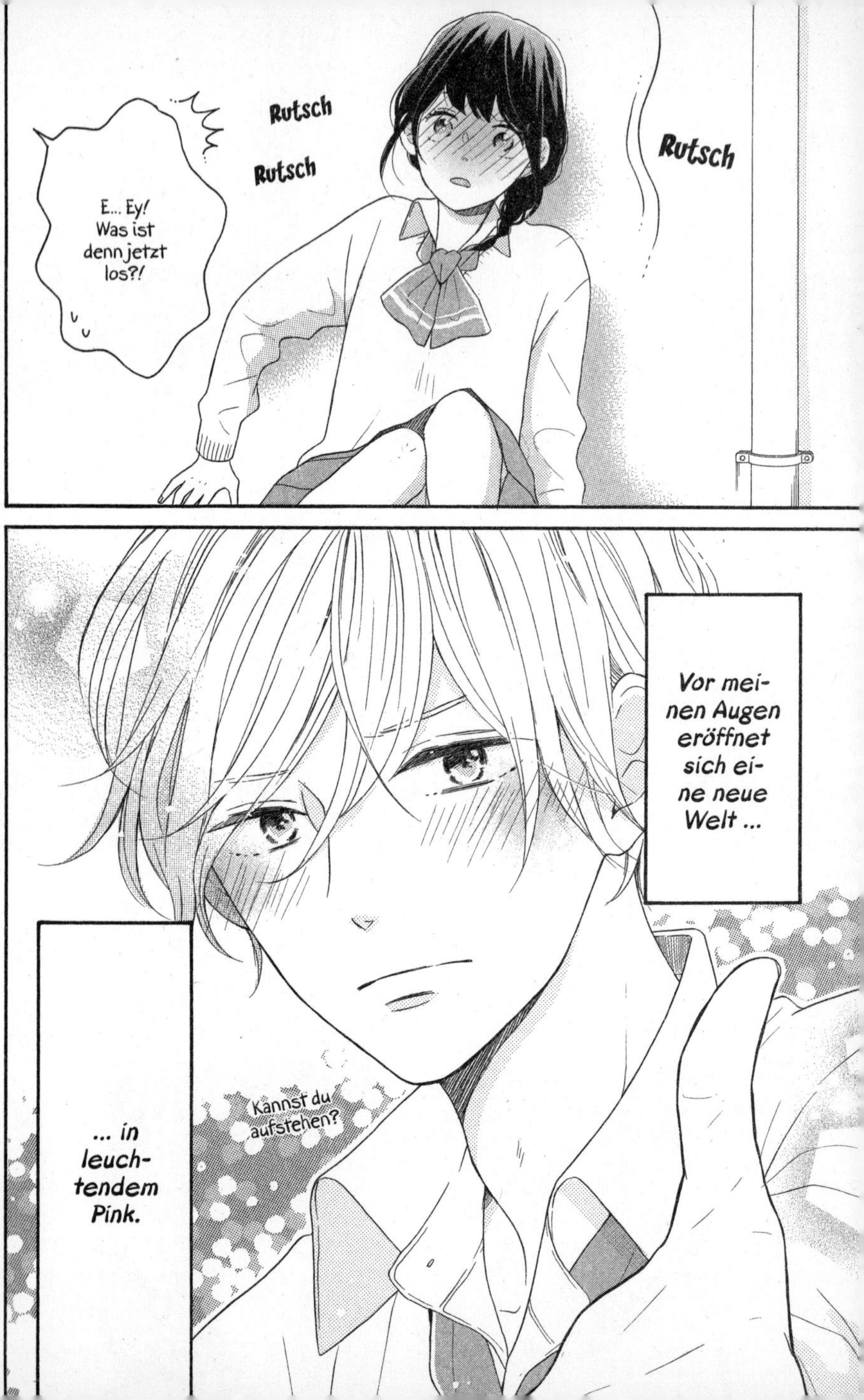

Rutsch
Rutsch
Rutsch
E... Ey! Was ist denn jetzt los?!
Vor meinen Augen eröffnet sich eine neue Welt ...
Kannst du aufstehen?
... in leuchtendem Pink.

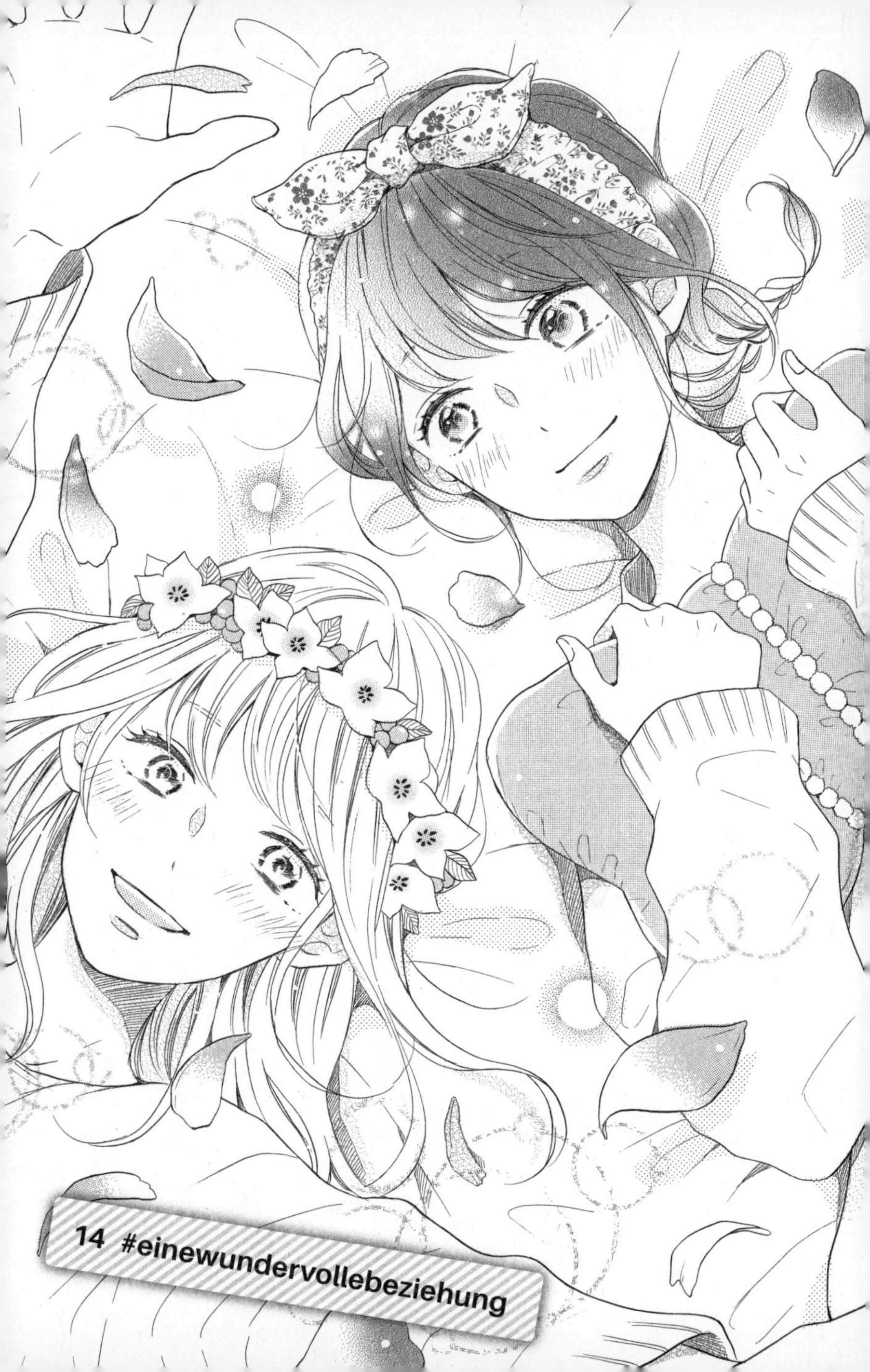
14 #einewundervollebeziehung

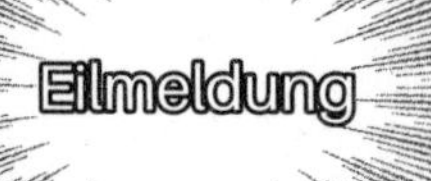

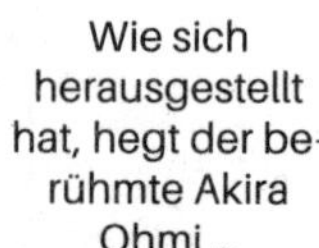

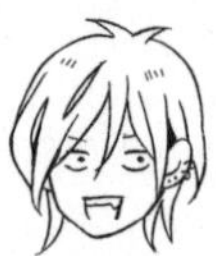

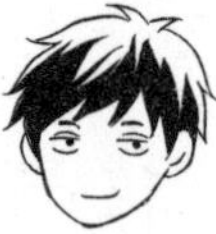

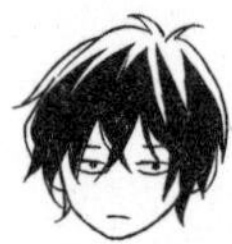

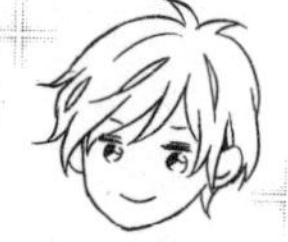

Dummerweise haben die männlichen Nebencharaktere alle einen ziemlich unangenehmen Blick drauf.

Aber das ging leider nicht anders, weil ich Ohmi als strahlenden Märchenprinzen schlechthin darstellen wollte.

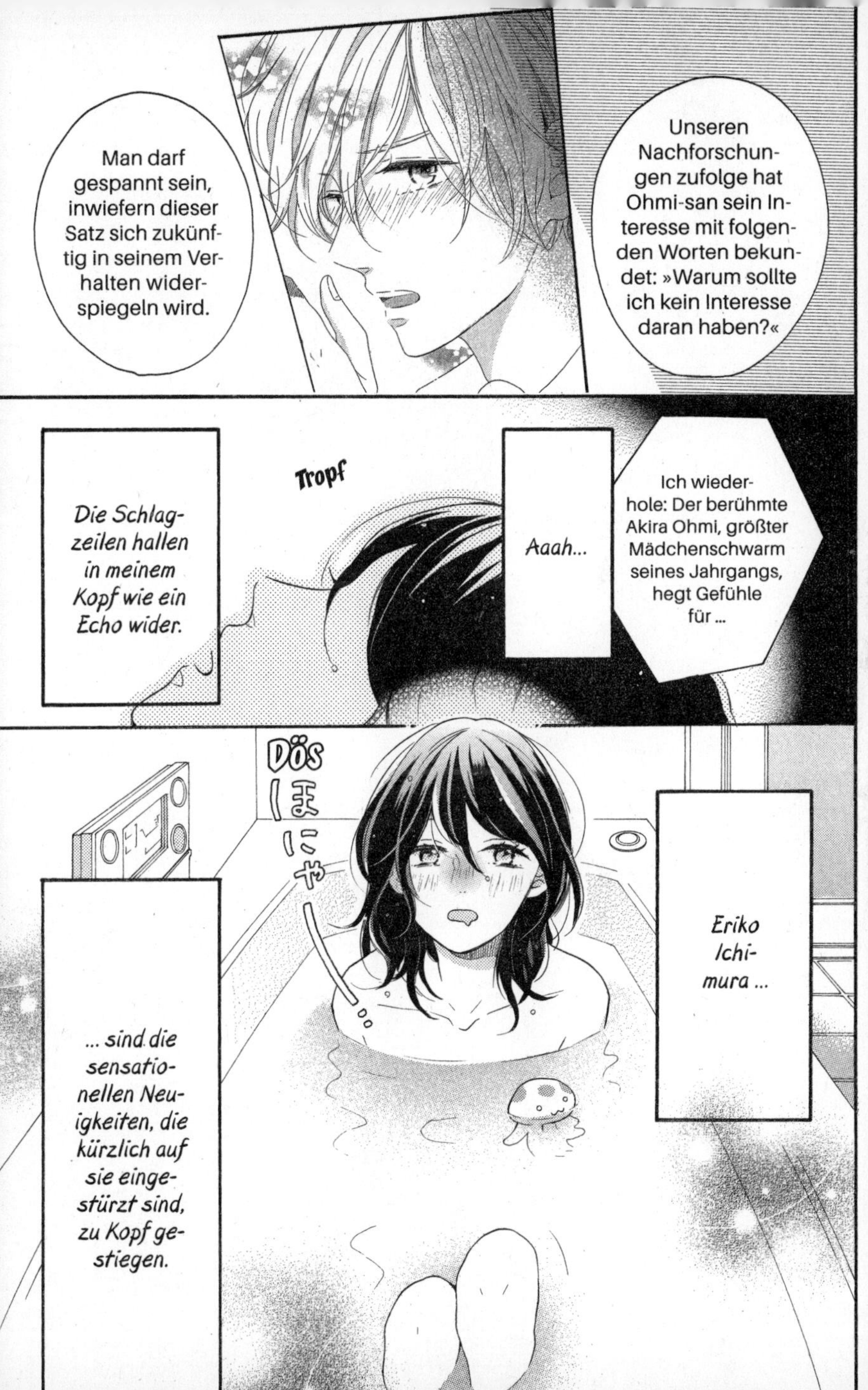
Unseren Nachforschungen zufolge hat Ohmi-san sein Interesse mit folgenden Worten bekundet: »Warum sollte ich kein Interesse daran haben?«
Man darf gespannt sein, inwiefern dieser Satz sich zukünftig in seinem Verhalten widerspiegeln wird.
Ich wiederhole: Der berühmte Akira Ohmi, größter Mädchenschwarm seines Jahrgangs, hegt Gefühle für ...
Aaah...
Tropf
Die Schlagzeilen hallen in meinem Kopf wie ein Echo wider.
Eriko Ichimura ...
Dös
... sind die sensationellen Neuigkeiten, die kürzlich auf sie eingestürzt sind, zu Kopf gestiegen.

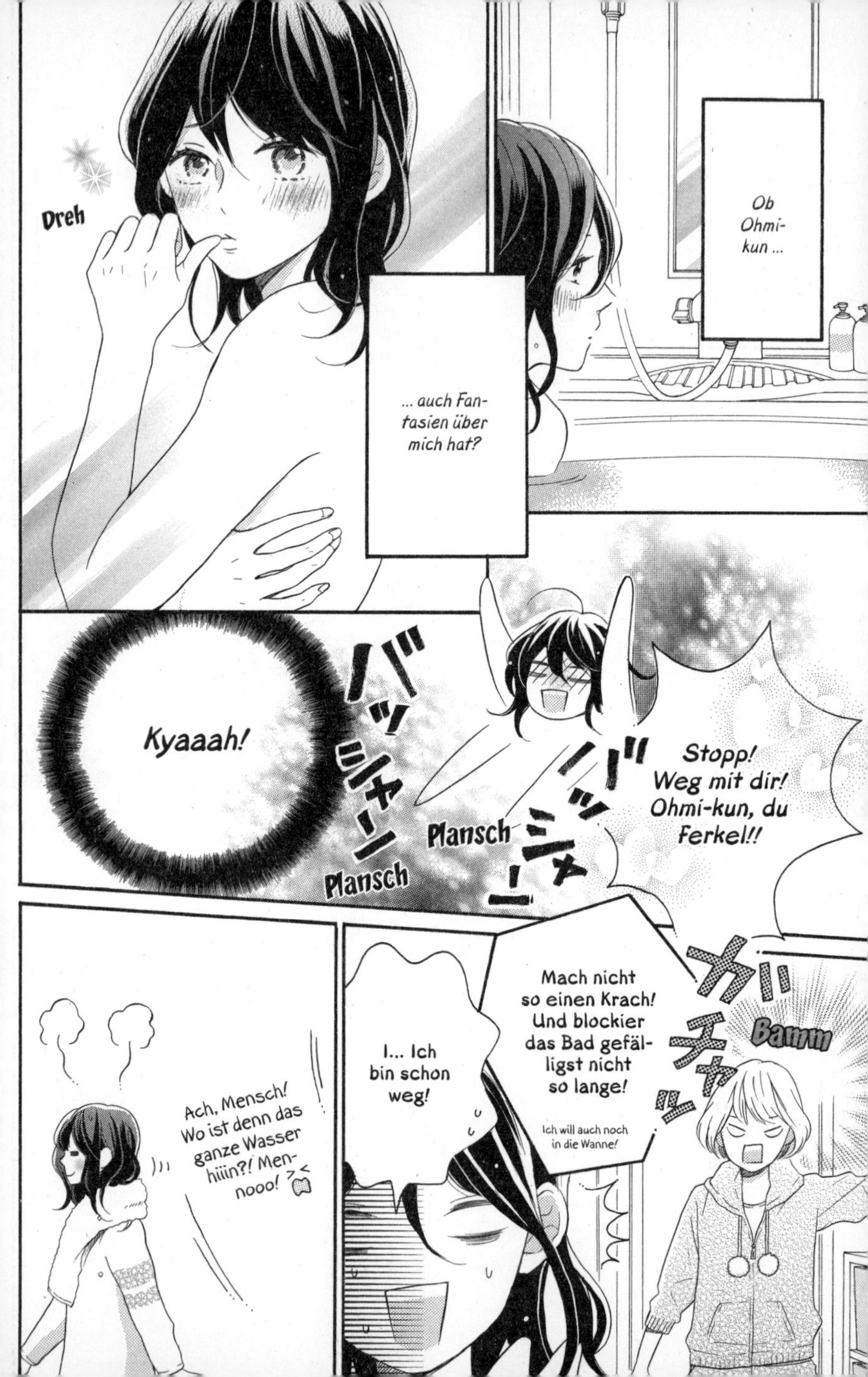
Dreh
Ob Ohmi-kun ...
... auch Fantasien über mich hat?
Kyaaah!
バッシャーン
Plansch
Plansch
バッシャーン
Stopp! Weg mit dir! Ohmi-kun, du Ferkel!!
ガチャッ
Bamm
Mach nicht so einen Krach! Und blockier das Bad gefälligst nicht so lange!
Ich will auch noch in die Wanne!
I... Ich bin schon weg!
Ach, Mensch! Wo ist denn das ganze Wasser hiiin?! Mennooo!

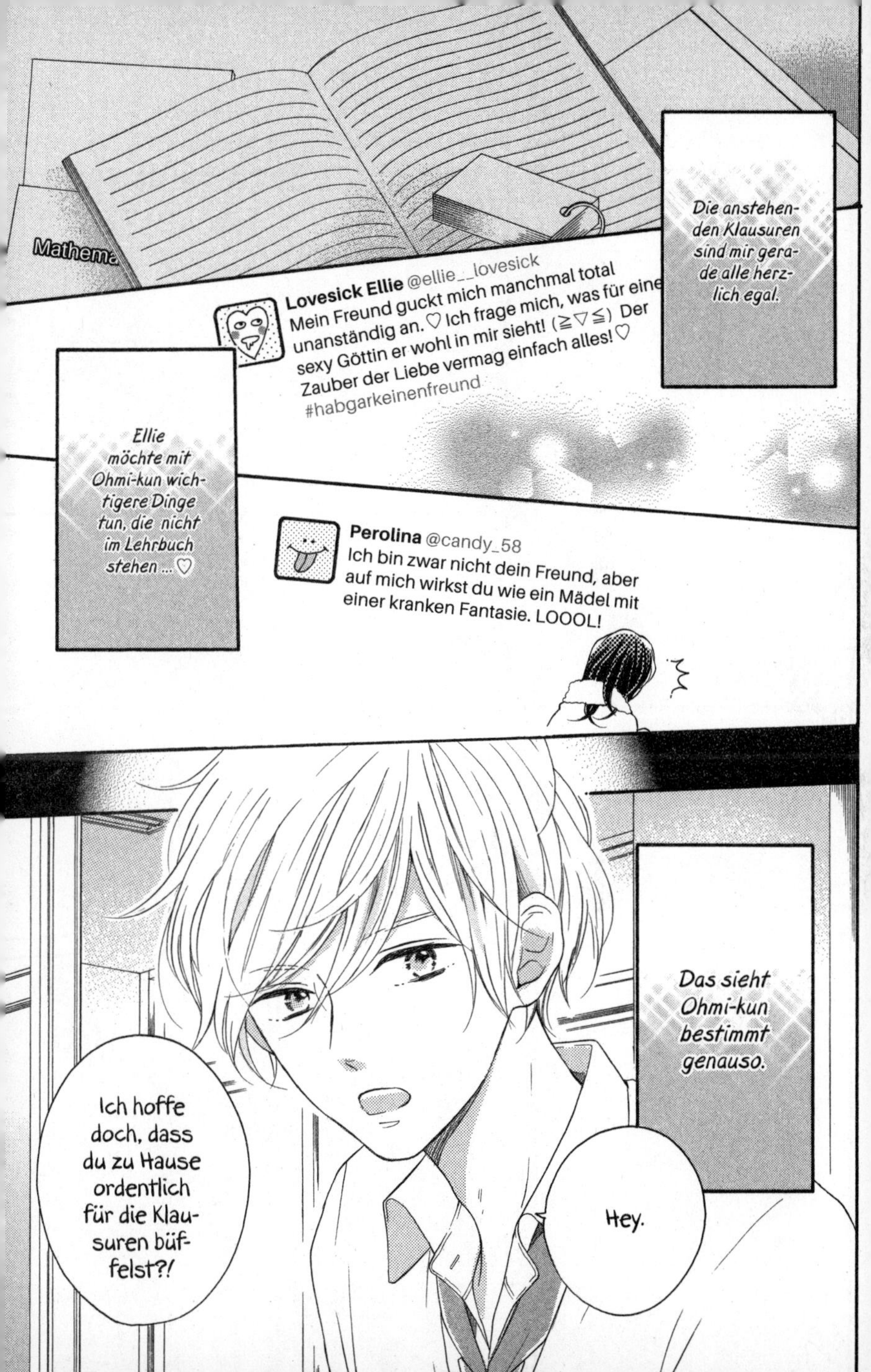

Mathema
Die anstehenden Klausuren sind mir gerade alle herzlich egal.
Lovesick Ellie @ellie__lovesick
Mein Freund guckt mich manchmal total unanständig an. ♡ Ich frage mich, was für eine sexy Göttin er wohl in mir sieht! (≧▽≦) Der Zauber der Liebe vermag einfach alles! ♡
#habgarkeinenfreund
Ellie möchte mit Ohmi-kun wichtigere Dinge tun, die nicht im Lehrbuch stehen ... ♡
Perolina @candy_58
Ich bin zwar nicht dein Freund, aber auf mich wirkst du wie ein Mädel mit einer kranken Fantasie. LOOOL!
Das sieht Ohmi-kun bestimmt genauso.
Hey.
Ich hoffe doch, dass du zu Hause ordentlich für die Klausuren büffelst?!

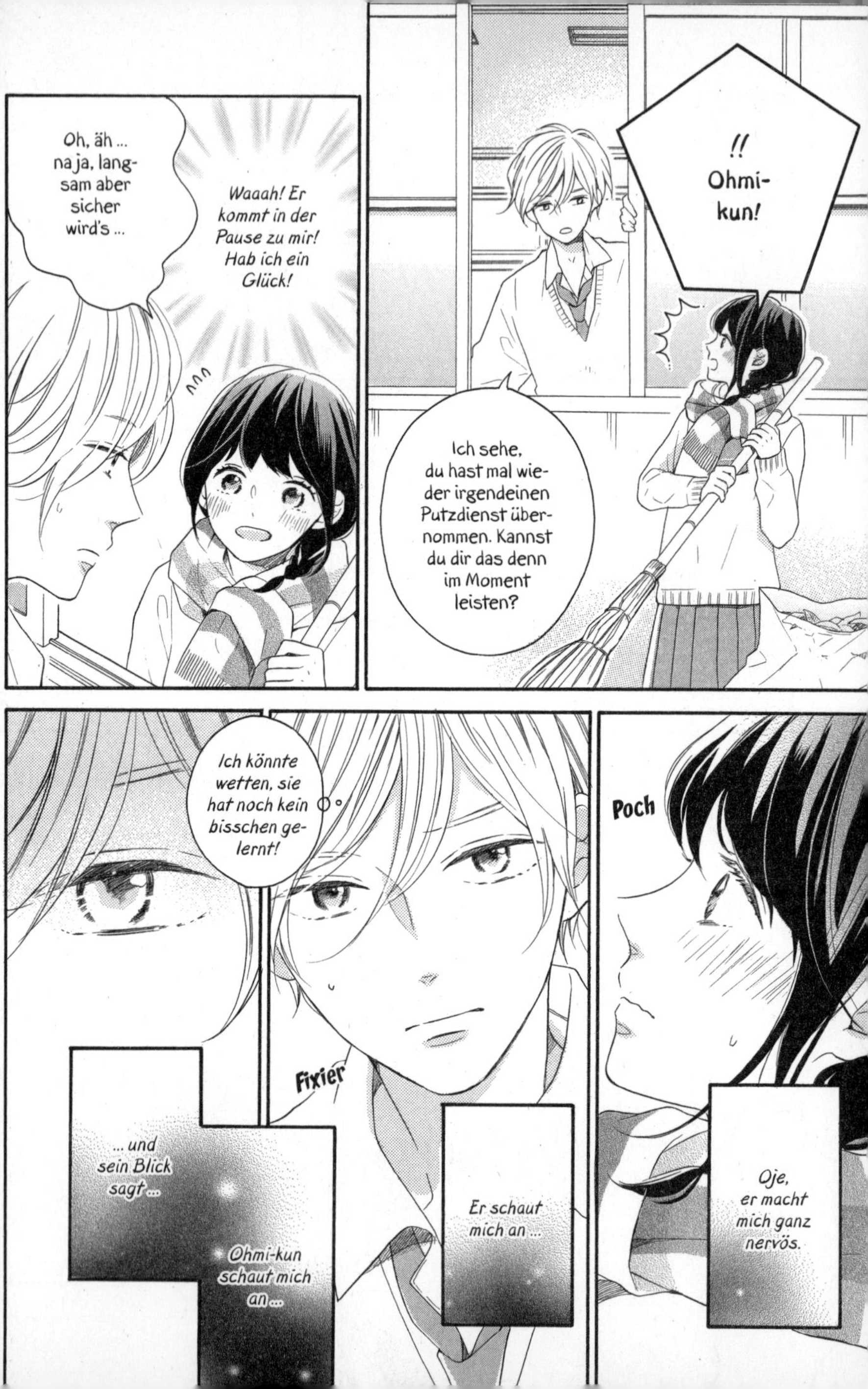

!! Ohmi-kun!
Ich sehe, du hast mal wieder irgendeinen Putzdienst übernommen. Kannst du dir das denn im Moment leisten?
Waaah! Er kommt in der Pause zu mir! Hab ich ein Glück!
Oh, äh ... na ja, langsam aber sicher wird's ...
Poch
Oje, er macht mich ganz nervös.
Ich könnte wetten, sie hat noch kein bisschen gelernt!
Fixier
Er schaut mich an ...
... und sein Blick sagt ...
Ohmi-kun schaut mich an ...

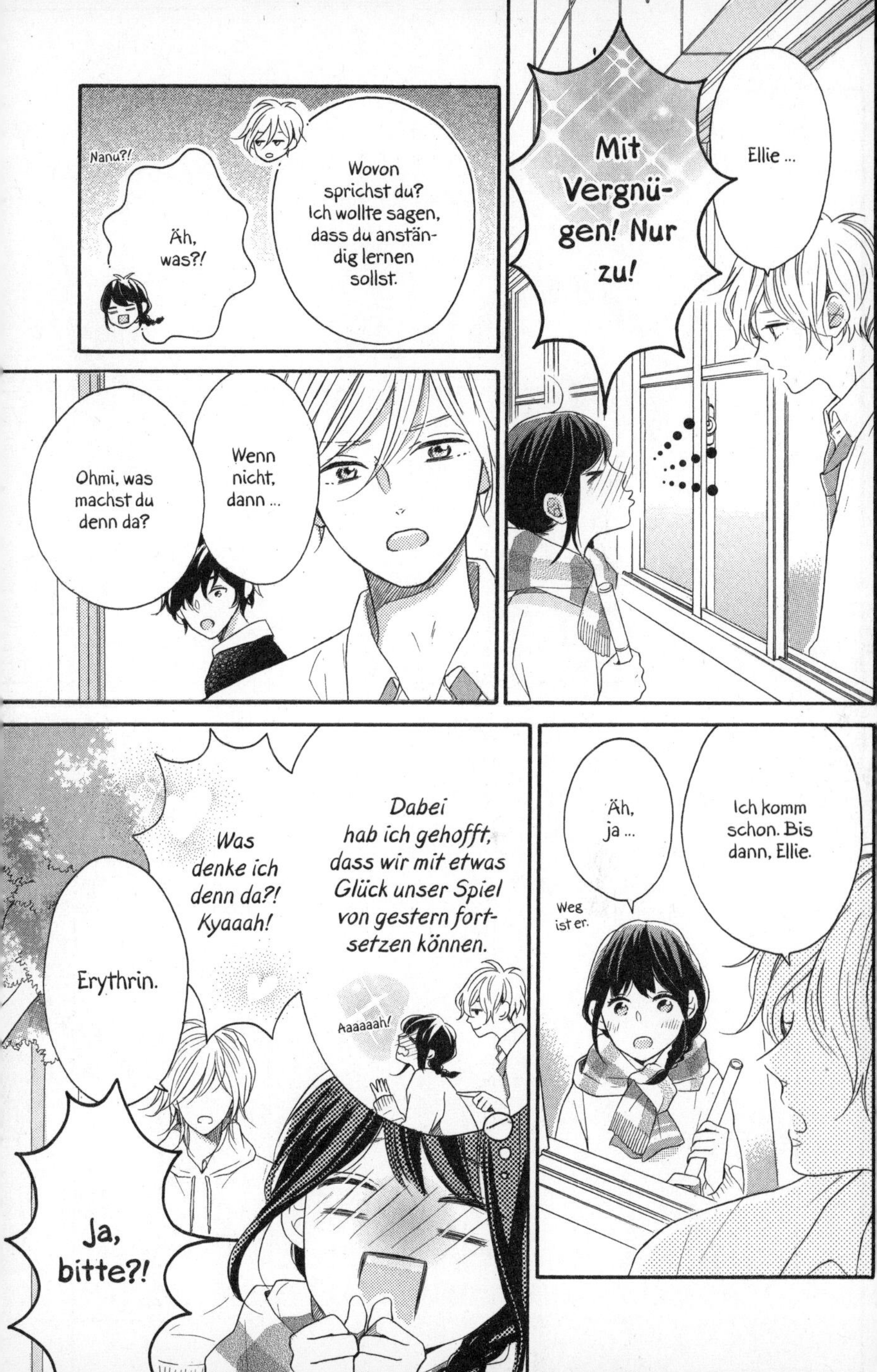
Ellie ...
Mit Vergnügen! Nur zu!
Wovon sprichst du? Ich wollte sagen, dass du anständig lernen sollst.
Nanu?!
Äh, was?!
Wenn nicht, dann ...
Ohmi, was machst du denn da?
Ich komm schon. Bis dann, Ellie.
Äh, ja ...
Weg ist er.
Dabei hab ich gehofft, dass wir mit etwas Glück unser Spiel von gestern fortsetzen können.
Was denke ich denn da?! Kyaaah!
Aaaaaah!
Erythrin.
Ja, bitte?!

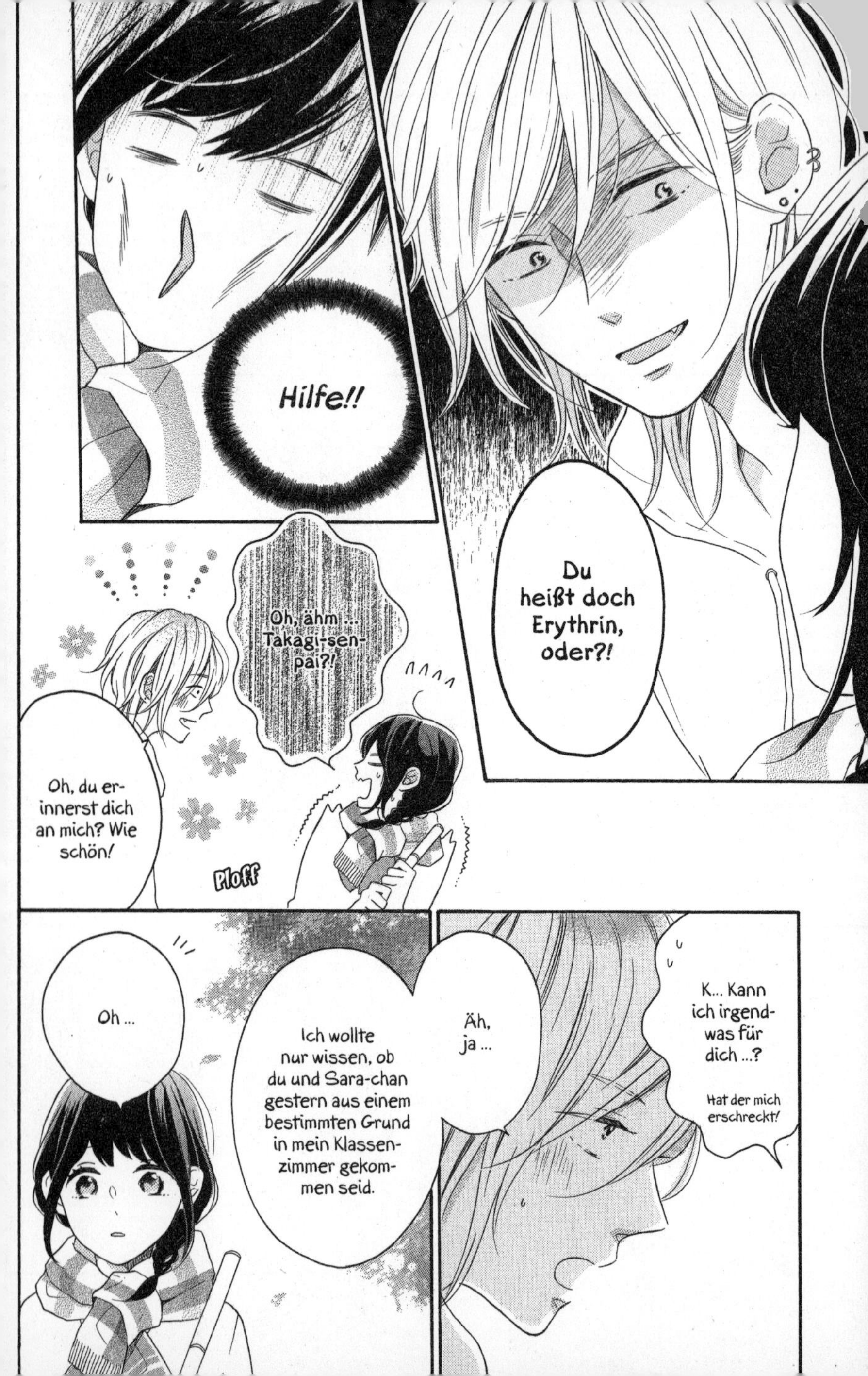
Du heißt doch Erythrin, oder?!
Hilfe!!
Oh, ähm ... Takagi-senpai?!
Oh, du erinnerst dich an mich? Wie schön!
Ploff
K... Kann ich irgendwas für dich ...?
Hat der mich erschreckt!
Äh, ja ...
Ich wollte nur wissen, ob du und Sara-chan gestern aus einem bestimmten Grund in mein Klassenzimmer gekommen seid.
Oh ...

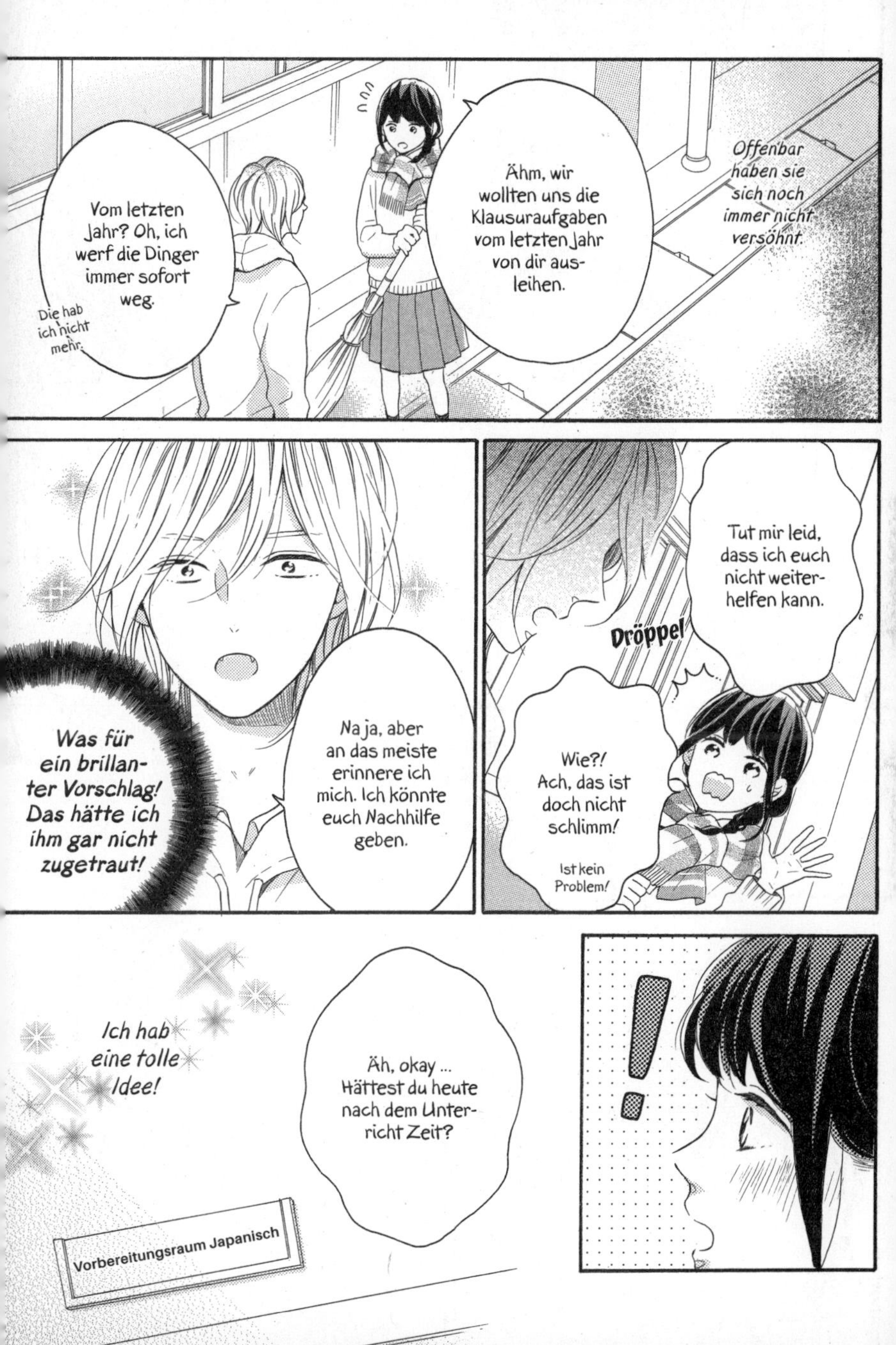
Offenbar haben sie sich noch immer nicht versöhnt.
Ähm, wir wollten uns die Klausuraufgaben vom letzten Jahr von dir ausleihen.
Vom letzten Jahr? Oh, ich werf die Dinger immer sofort weg.
Die hab ich nicht mehr.
Tut mir leid, dass ich euch nicht weiterhelfen kann.
Dröppel
Wie?! Ach, das ist doch nicht schlimm!
Ist kein Problem!
Na ja, aber an das meiste erinnere ich mich. Ich könnte euch Nachhilfe geben.
Was für ein brillanter Vorschlag! Das hätte ich ihm gar nicht zugetraut!
Äh, okay … Hättest du heute nach dem Unterricht Zeit?
Ich hab eine tolle Idee!
Vorbereitungsraum Japanisch

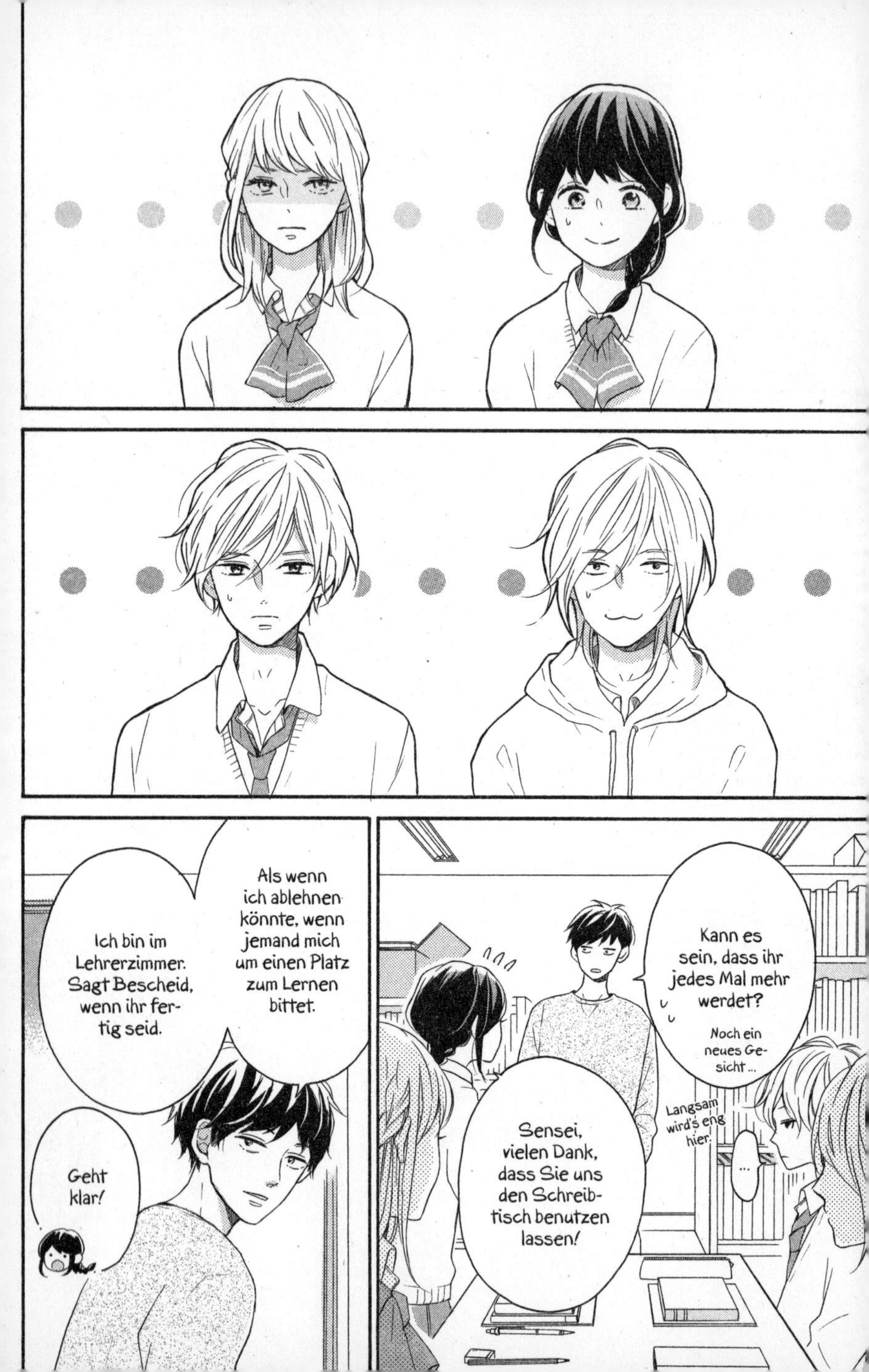
Kann es sein, dass ihr jedes Mal mehr werdet?
Noch ein neues Gesicht ...
Langsam wird's eng hier.
...
Sensei, vielen Dank, dass Sie uns den Schreibtisch benutzen lassen!
Als wenn ich ablehnen könnte, wenn jemand mich um einen Platz zum Lernen bittet.
Ich bin im Lehrerzimmer. Sagt Bescheid, wenn ihr fertig seid.
Geht klar!

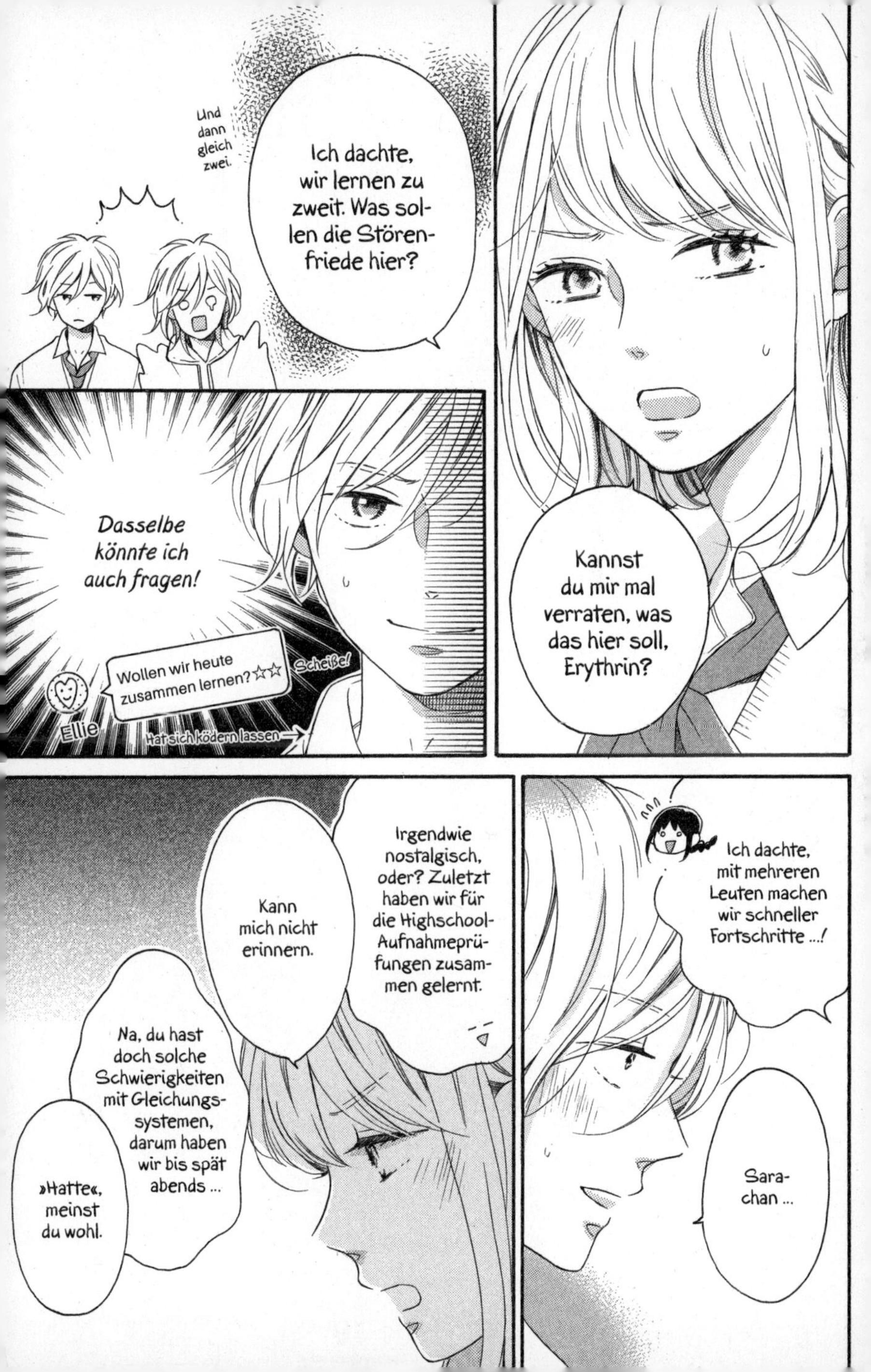

Kannst du mir mal verraten, was das hier soll, Erythrin?

Ich dachte, wir lernen zu zweit. Was sollen die Störenfriede hier?

Und dann gleich zwei.

Dasselbe könnte ich auch fragen!

Wollen wir heute zusammen lernen?☆☆

Ellie

Scheiße!

Hat sich ködern lassen

Ich dachte, mit mehreren Leuten machen wir schneller Fortschritte ...!

Sara-chan ...

Irgendwie nostalgisch, oder? Zuletzt haben wir für die Highschool-Aufnahmeprüfungen zusammen gelernt.

Kann mich nicht erinnern.

Na, du hast doch solche Schwierigkeiten mit Gleichungssystemen, darum haben wir bis spät abends ...

»Hatte«, meinst du wohl.

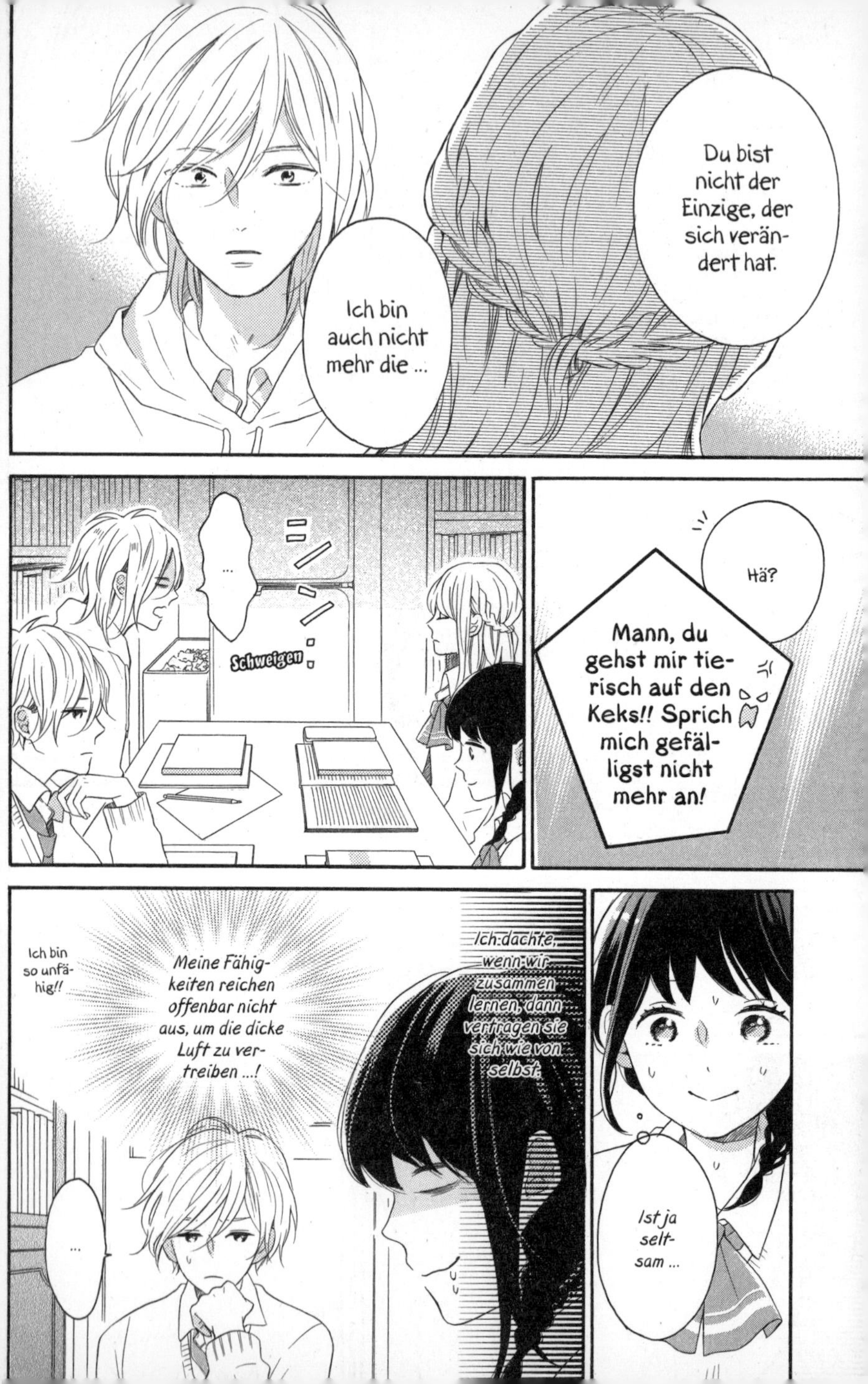

Du bist nicht der Einzige, der sich verändert hat.

Ich bin auch nicht mehr die ...

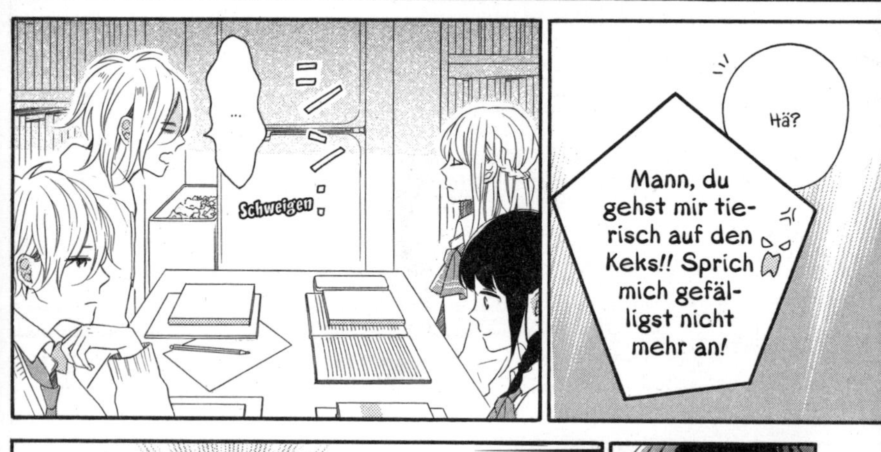

Ist ja seltsam ...

Ich dachte, wenn wir zusammen lernen, dann vertragen sie sich wie von selbst.

Meine Fähigkeiten reichen offenbar nicht aus, um die dicke Luft zu vertreiben ...!

Ich bin so unfähig!!

...

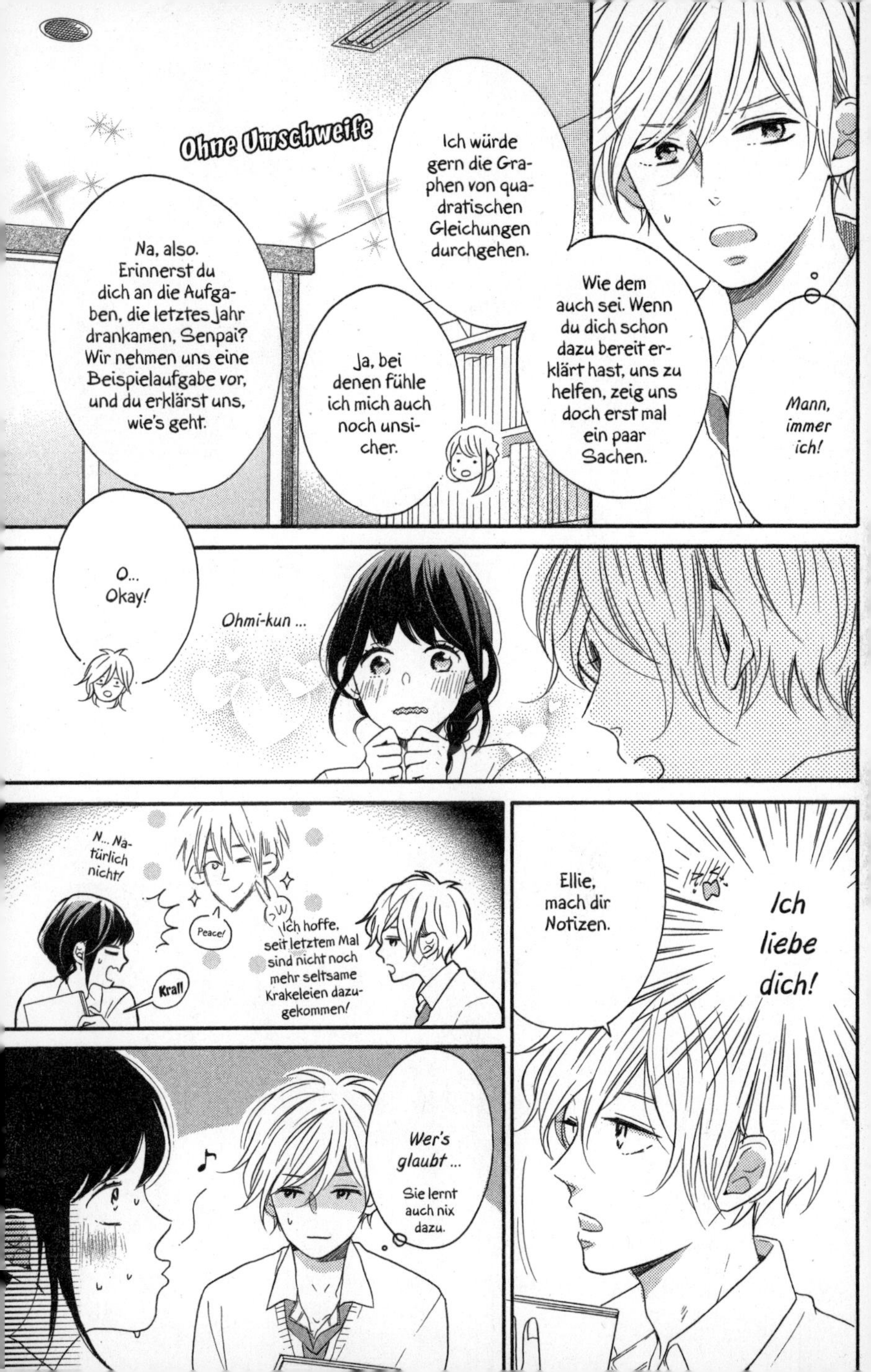
Mann, immer ich!
Wie dem auch sei. Wenn du dich schon dazu bereit erklärt hast, uns zu helfen, zeig uns doch erst mal ein paar Sachen.
Ich würde gern die Graphen von quadratischen Gleichungen durchgehen.
Ohne Umschweife
Ja, bei denen fühle ich mich auch noch unsicher.
Na, also. Erinnerst du dich an die Aufgaben, die letztes Jahr drankamen, Senpai? Wir nehmen uns eine Beispielaufgabe vor, und du erklärst uns, wie's geht.
Ohmi-kun ...
O... Okay!
Ich liebe dich!
Ellie, mach dir Notizen.
Ich hoffe, seit letztem Mal sind nicht noch mehr seltsame Krakeleien dazugekommen!
Peace!
N... Natürlich nicht!
Krall
Wer's glaubt ...
Sie lernt auch nix dazu.

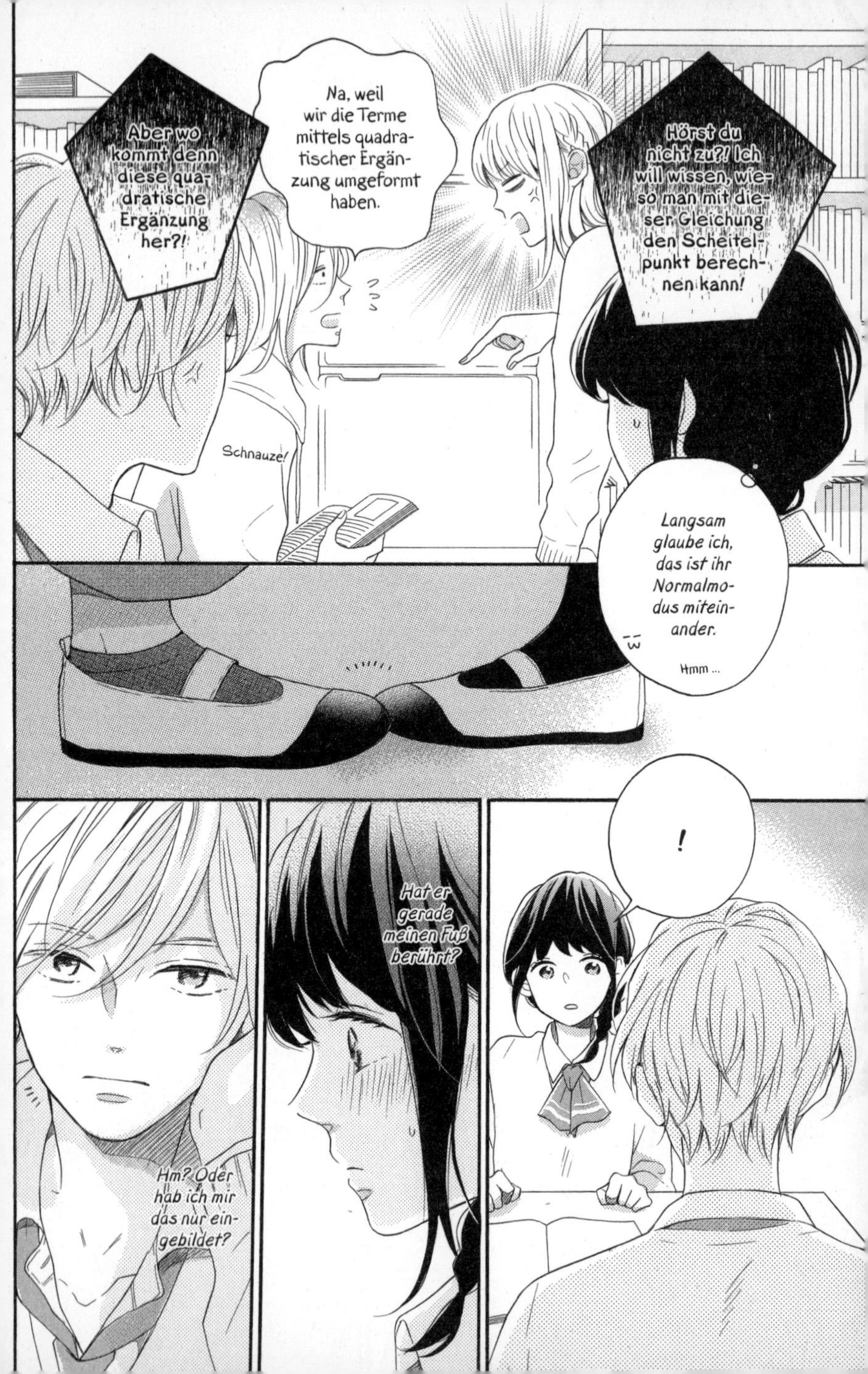
Hörst du nicht zu?! Ich will wissen, wieso man mit dieser Gleichung den Scheitelpunkt berechnen kann!
Na, weil wir die Terme mittels quadratischer Ergänzung umgeformt haben.
Aber wo kommt denn diese quadratische Ergänzung her?!
Schnauze!
Langsam glaube ich, das ist ihr Normalmodus miteinander.
Hmm ...
!
Hat er gerade meinen Fuß berührt?
Hm? Oder hab ich mir das nur eingebildet?

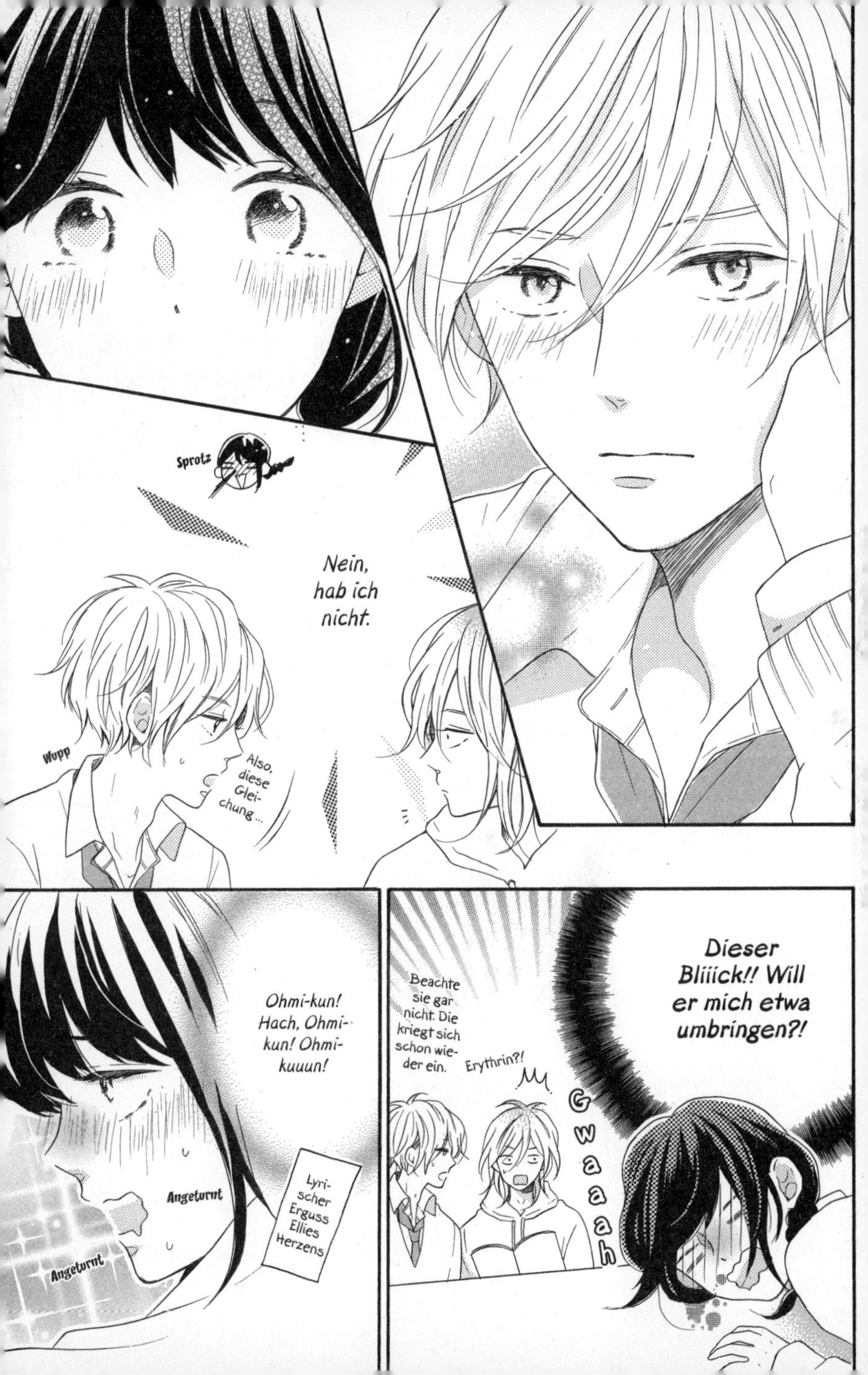
Sprotz
Nein, hab ich nicht.
Wupp
Also, diese Glei-chung ...
Ohmi-kun! Hach, Ohmi-kun! Ohmi-kuuun!
Angeturnt
Angeturnt
Lyri-scher Erguss Ellies Herzens
Dieser Bliiick!! Will er mich etwa umbringen?!
Beachte sie gar nicht. Die kriegt sich schon wie-der ein.
Erythrin?!
Gwaaah

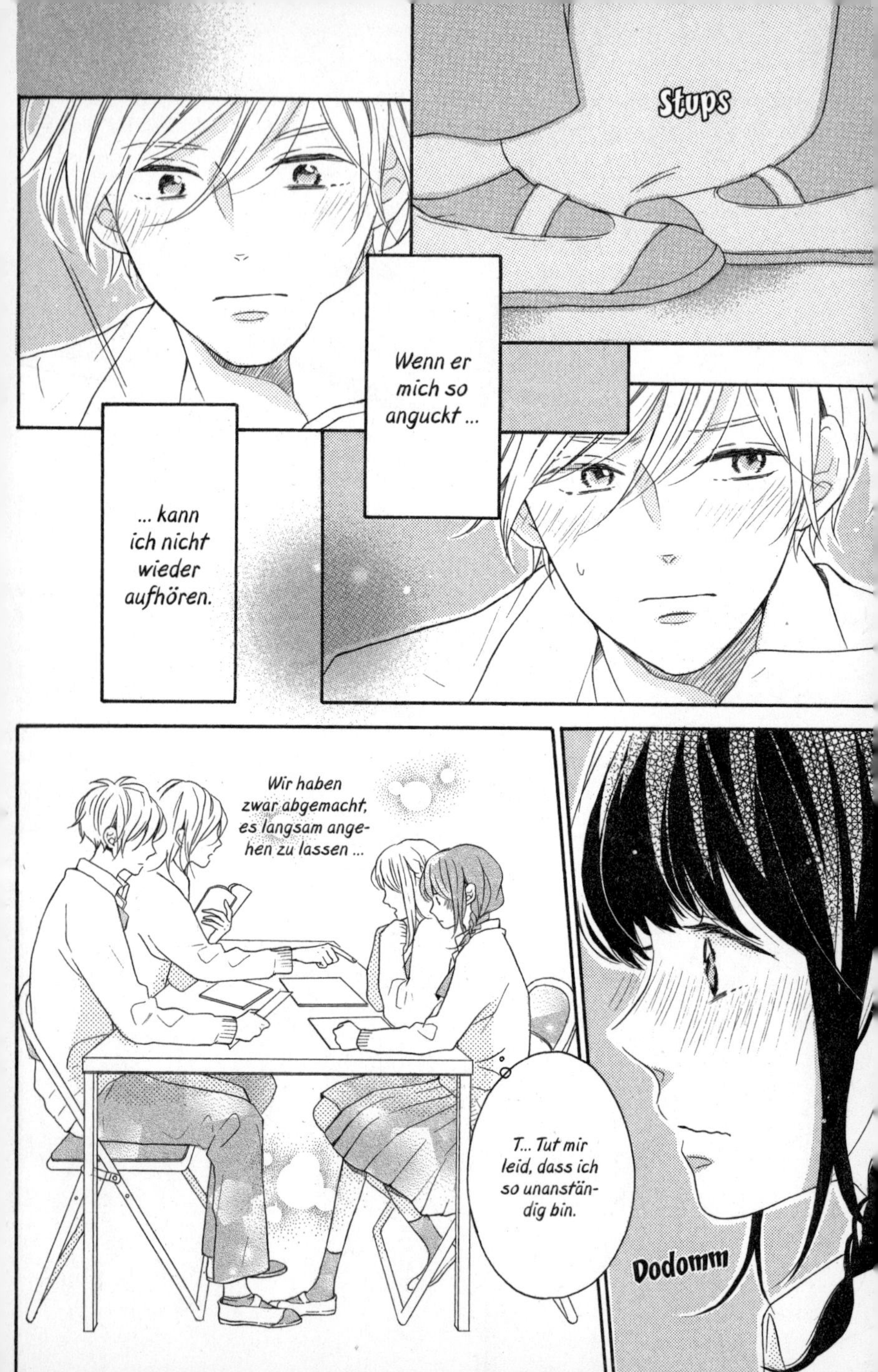
Stups
Wenn er mich so anguckt ...
... kann ich nicht wieder aufhören.
Wir haben zwar abgemacht, es langsam angehen zu lassen ...
T... Tut mir leid, dass ich so unanständig bin.
Dodomm

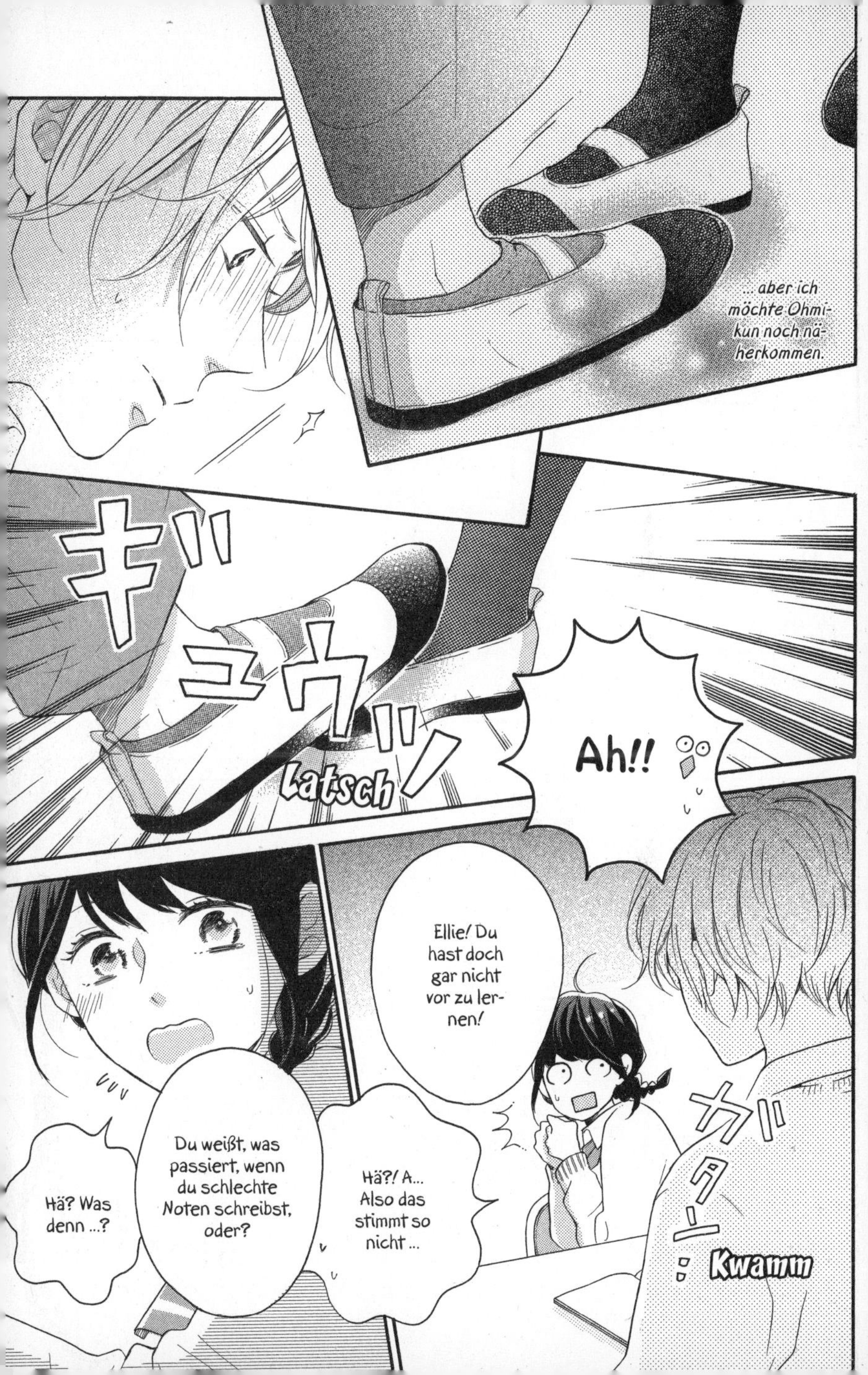

... aber ich möchte Ohmi-kun noch näherkommen.
キュウッ
Latsch
Ah!!
Ellie! Du hast doch gar nicht vor zu lernen!
カタン
Kwamm
Hä?! A... Also das stimmt so nicht ...
Du weißt, was passiert, wenn du schlechte Noten schreibst, oder?
Hä? Was denn ...?

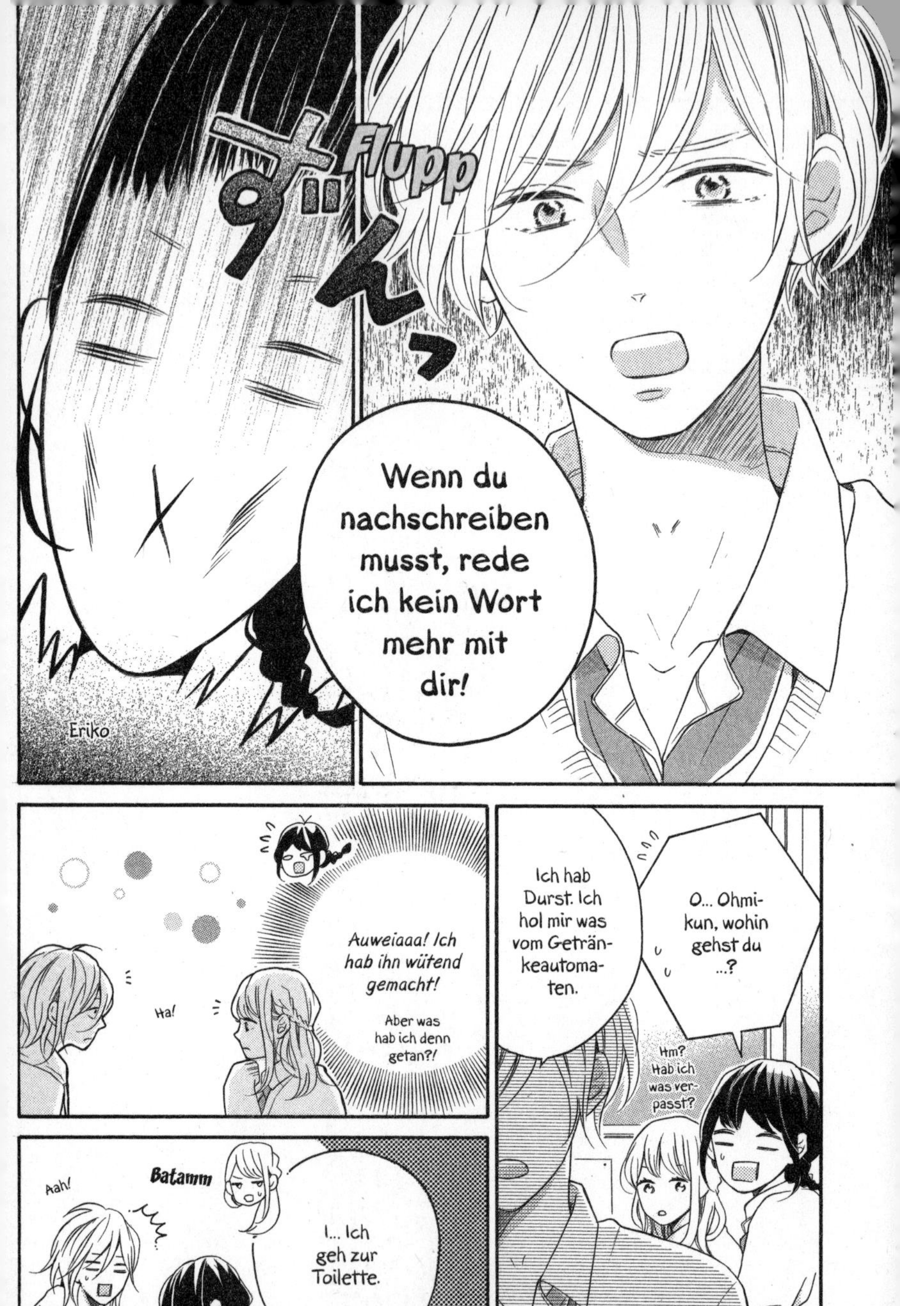
Flupp
Wenn du nachschreiben musst, rede ich kein Wort mehr mit dir!
Eriko
O... Ohmi-kun, wohin gehst du ...?
Ich hab Durst. Ich hol mir was vom Getränkeautomaten.
Hm? Hab ich was verpasst?
Auweiaaa! Ich hab ihn wütend gemacht!
Aber was hab ich denn getan?!
Ha!
Batamm
Aah!
I... Ich geh zur Toilette.

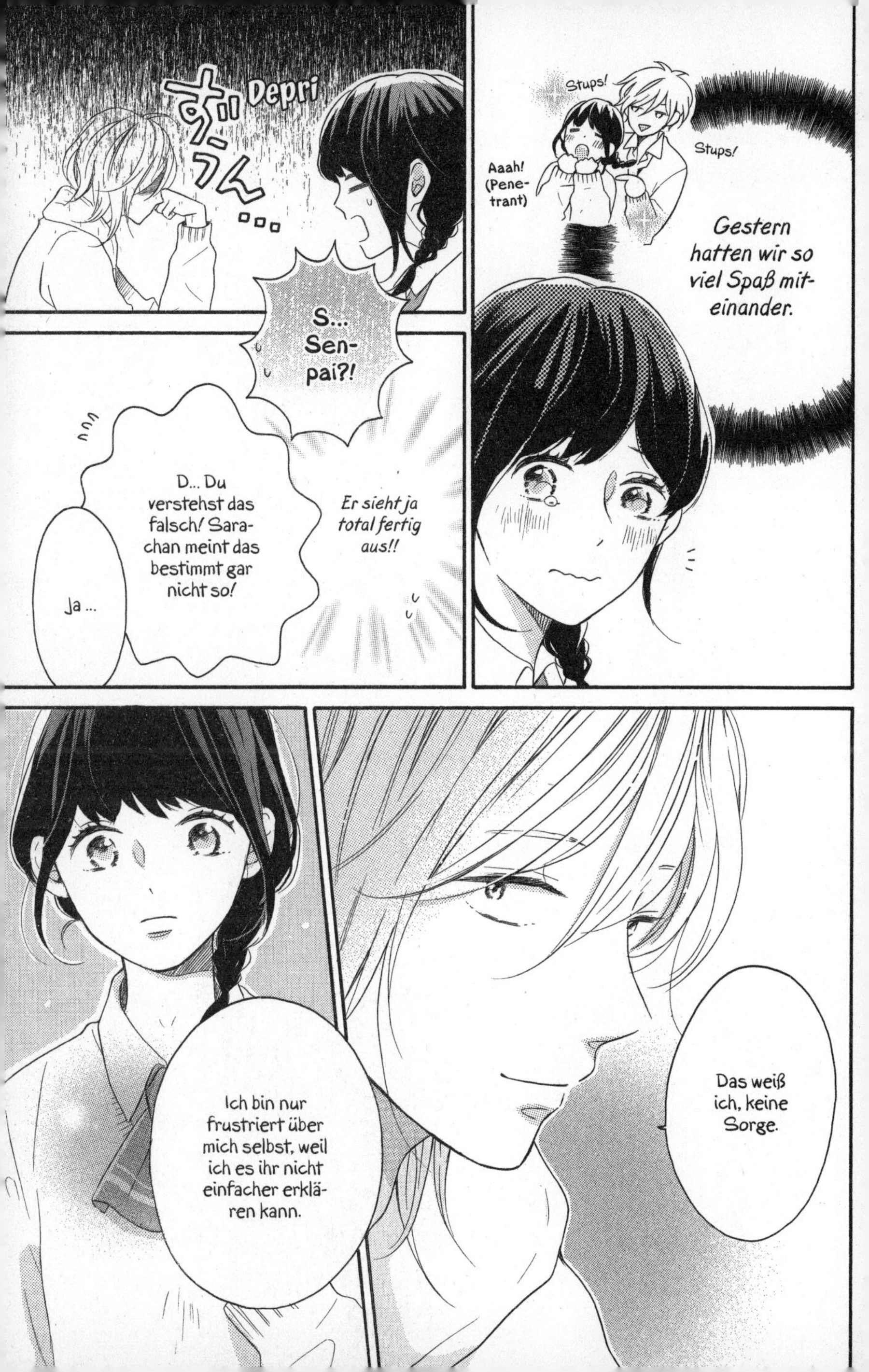

Stups!

Stups!

Aaah! (Penetrant)

Gestern hatten wir so viel Spaß miteinander.

Depri

S... Senpai?!

Er sieht ja total fertig aus!!

D... Du verstehst das falsch! Sara-chan meint das bestimmt gar nicht so!

Ja ...

Das weiß ich, keine Sorge.

Ich bin nur frustriert über mich selbst, weil ich es ihr nicht einfacher erklären kann.

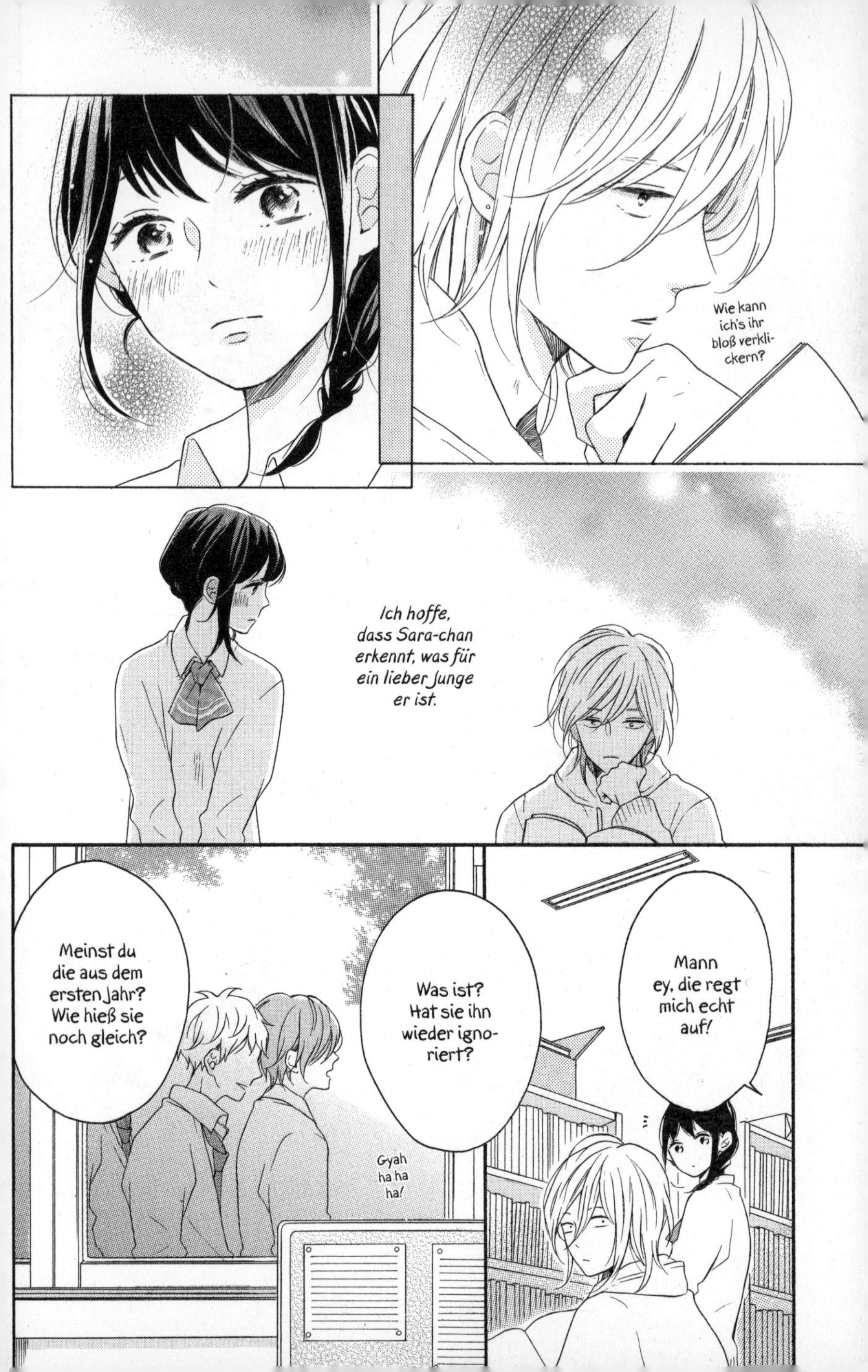
Wie kann ich's ihr bloß verkli-ckern?
Ich hoffe, dass Sara-chan erkennt, was für ein lieber Junge er ist.
Mann ey, die regt mich echt auf!
Was ist? Hat sie ihn wieder igno-riert?
Meinst du die aus dem ersten Jahr? Wie hieß sie noch gleich?
Gyah ha ha ha!

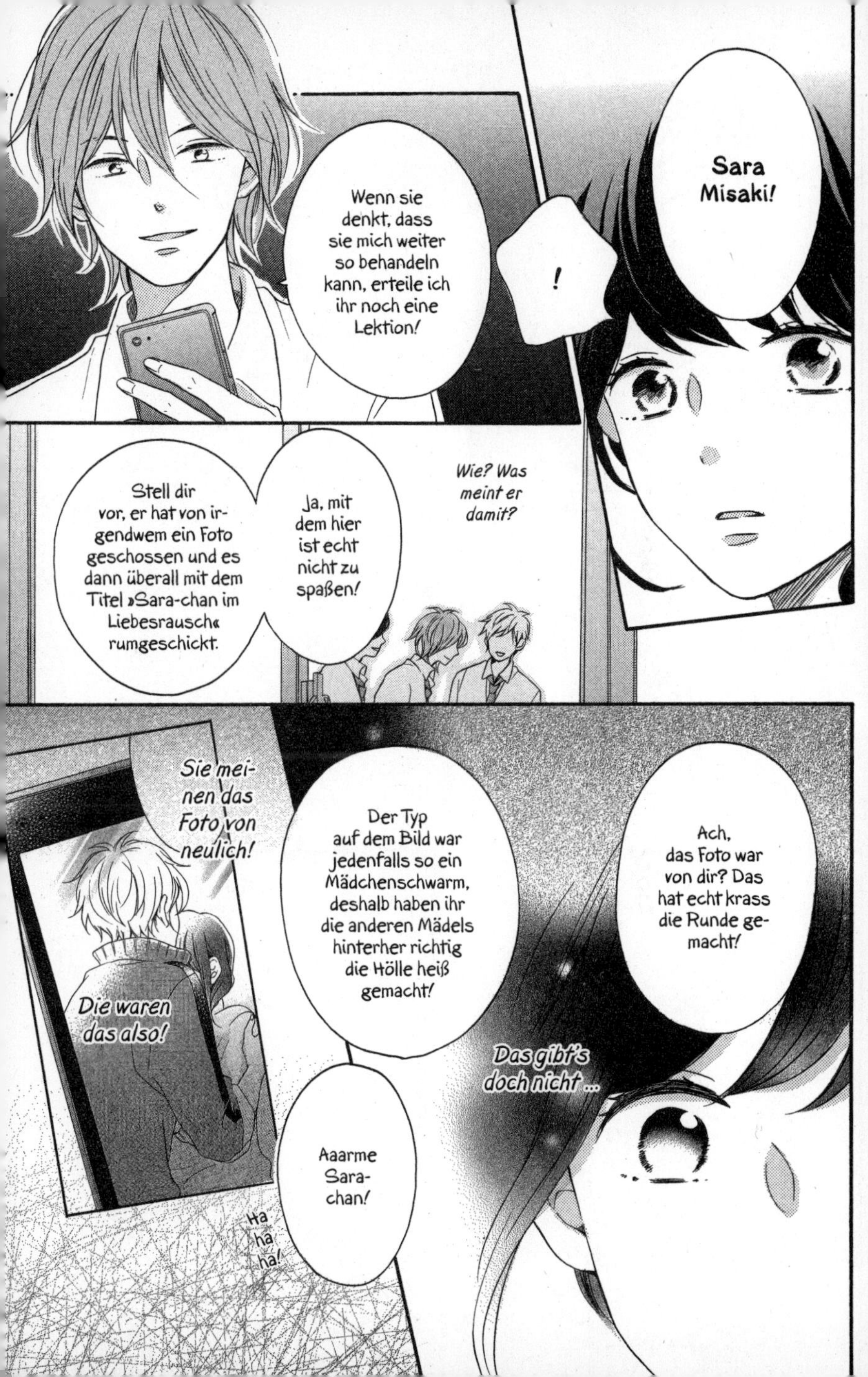

Sara Misaki!
!
Wenn sie denkt, dass sie mich weiter so behandeln kann, erteile ich ihr noch eine Lektion!
Wie? Was meint er damit?
Ja, mit dem hier ist echt nicht zu spaßen!
Stell dir vor, er hat von irgendwem ein Foto geschossen und es dann überall mit dem Titel »Sara-chan im Liebesrausch« rumgeschickt.
Ach, das Foto war von dir? Das hat echt krass die Runde gemacht!
Der Typ auf dem Bild war jedenfalls so ein Mädchenschwarm, deshalb haben ihr die anderen Mädels hinterher richtig die Hölle heiß gemacht!
Sie meinen das Foto von neulich!
Das gibt's doch nicht ...
Die waren das also!
Aaarme Sara-chan!
Ha ha ha!

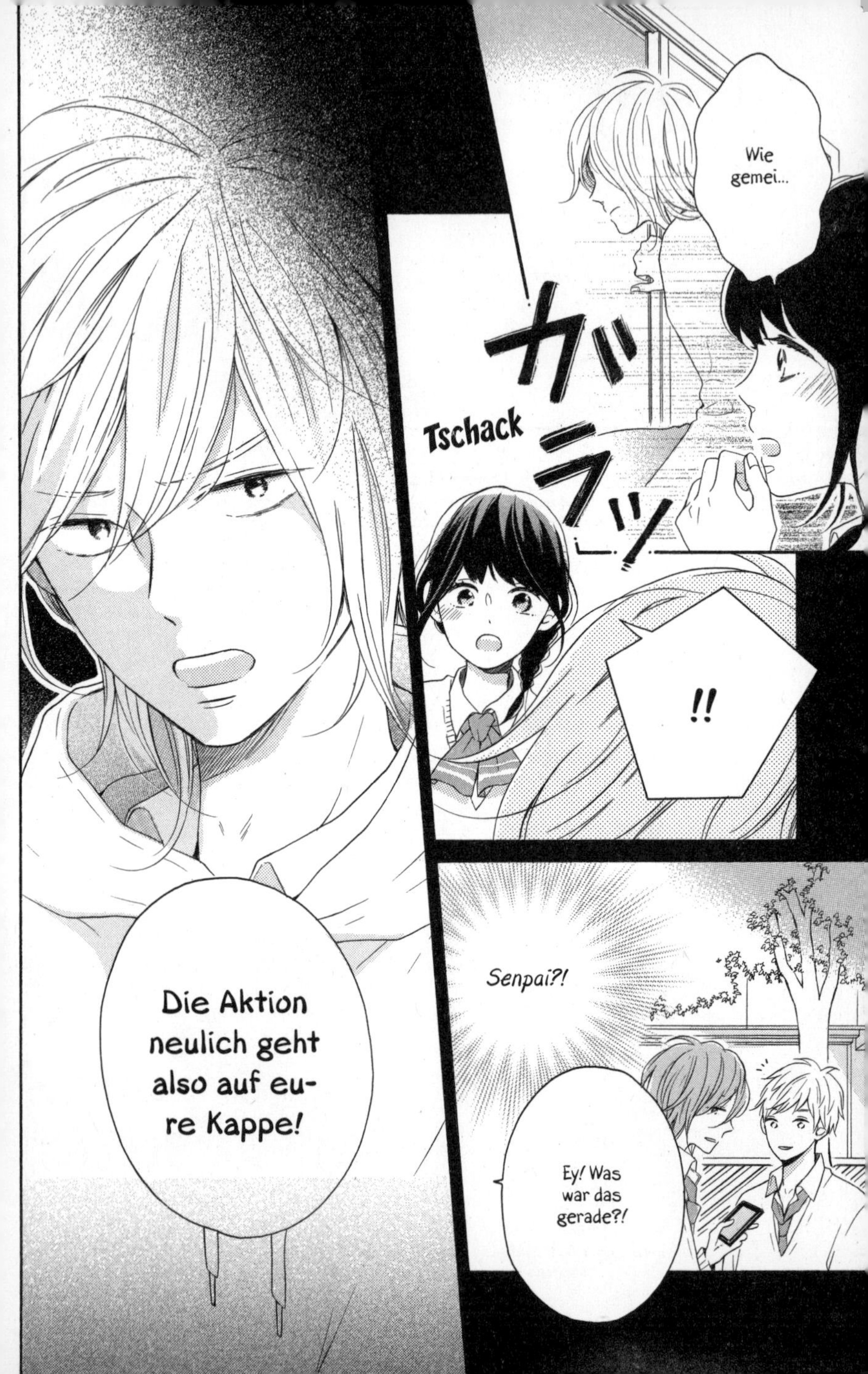
Wie gemei...
ガラッ
Tschack
!!
Senpai?!
Ey! Was war das gerade?!
Die Aktion neulich geht also auf eu-re Kappe!

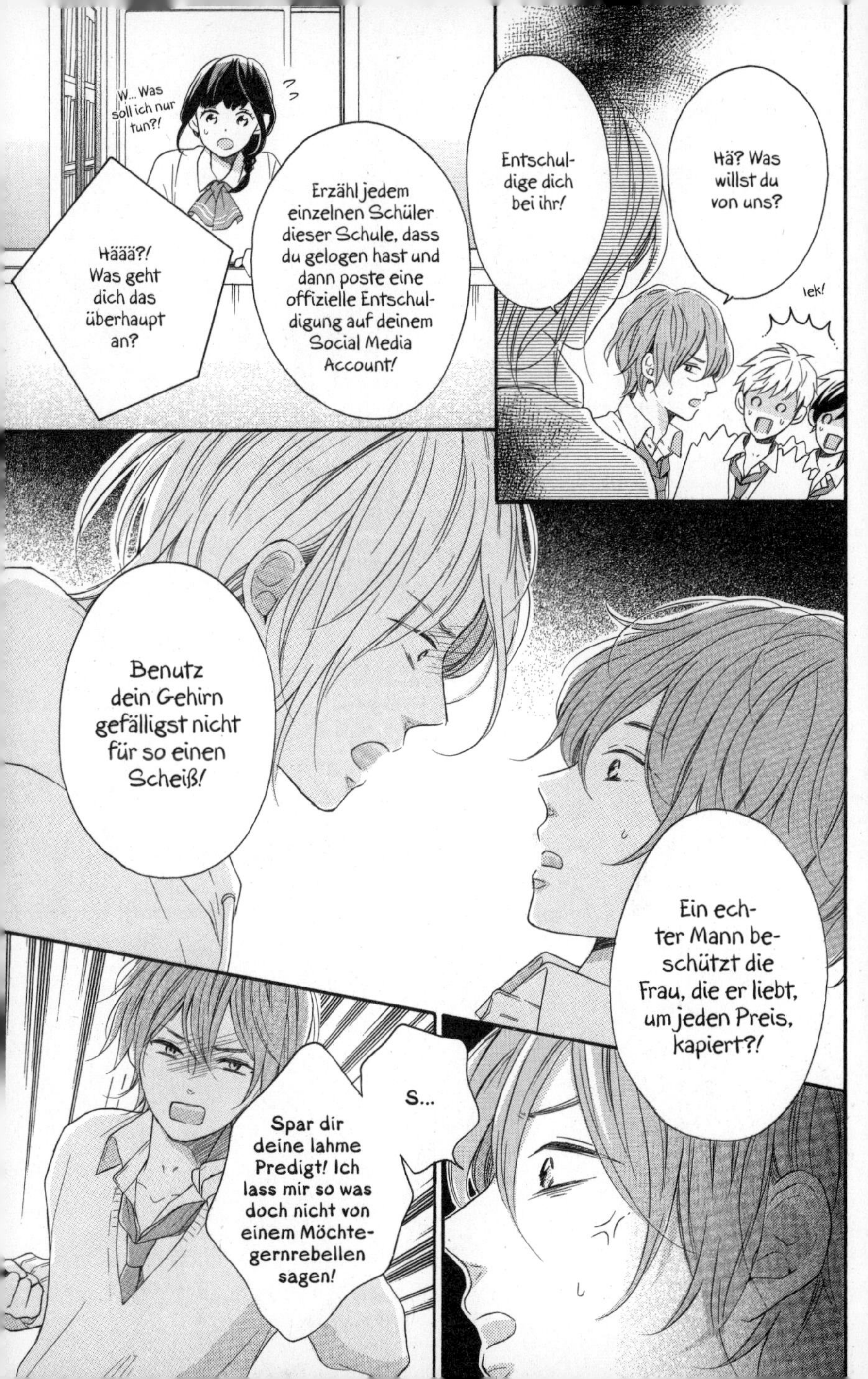
Hä? Was willst du von uns?
Iek!
Entschul-dige dich bei ihr!
Erzähl jedem einzelnen Schüler dieser Schule, dass du gelogen hast und dann poste eine offizielle Entschul-digung auf deinem Social Media Account!
Häää?! Was geht dich das überhaupt an?
W... Was soll ich nur tun?!
Benutz dein Gehirn gefälligst nicht für so einen Scheiß!
Ein ech-ter Mann be-schützt die Frau, die er liebt, um jeden Preis, kapiert?!
S...
Spar dir deine lahme Predigt! Ich lass mir so was doch nicht von einem Möchte-gernrebellen sagen!

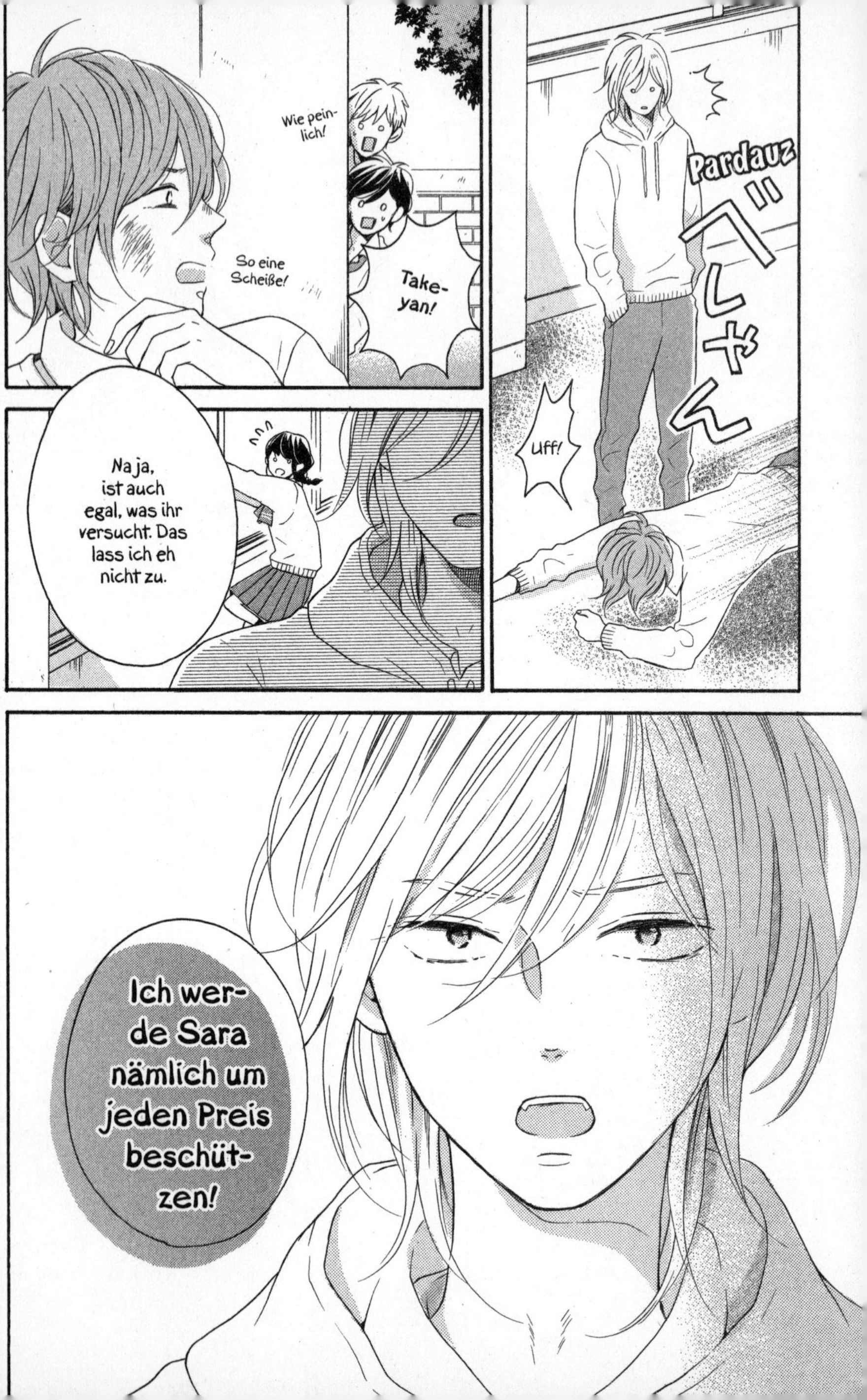

Pardauz
べしゃん
Uff!
Take-yan!
Wie pein-lich!
So eine Scheiße!
Na ja, ist auch egal, was ihr versucht. Das lass ich eh nicht zu.
Ich wer-de Sara nämlich um jeden Preis beschüt-zen!

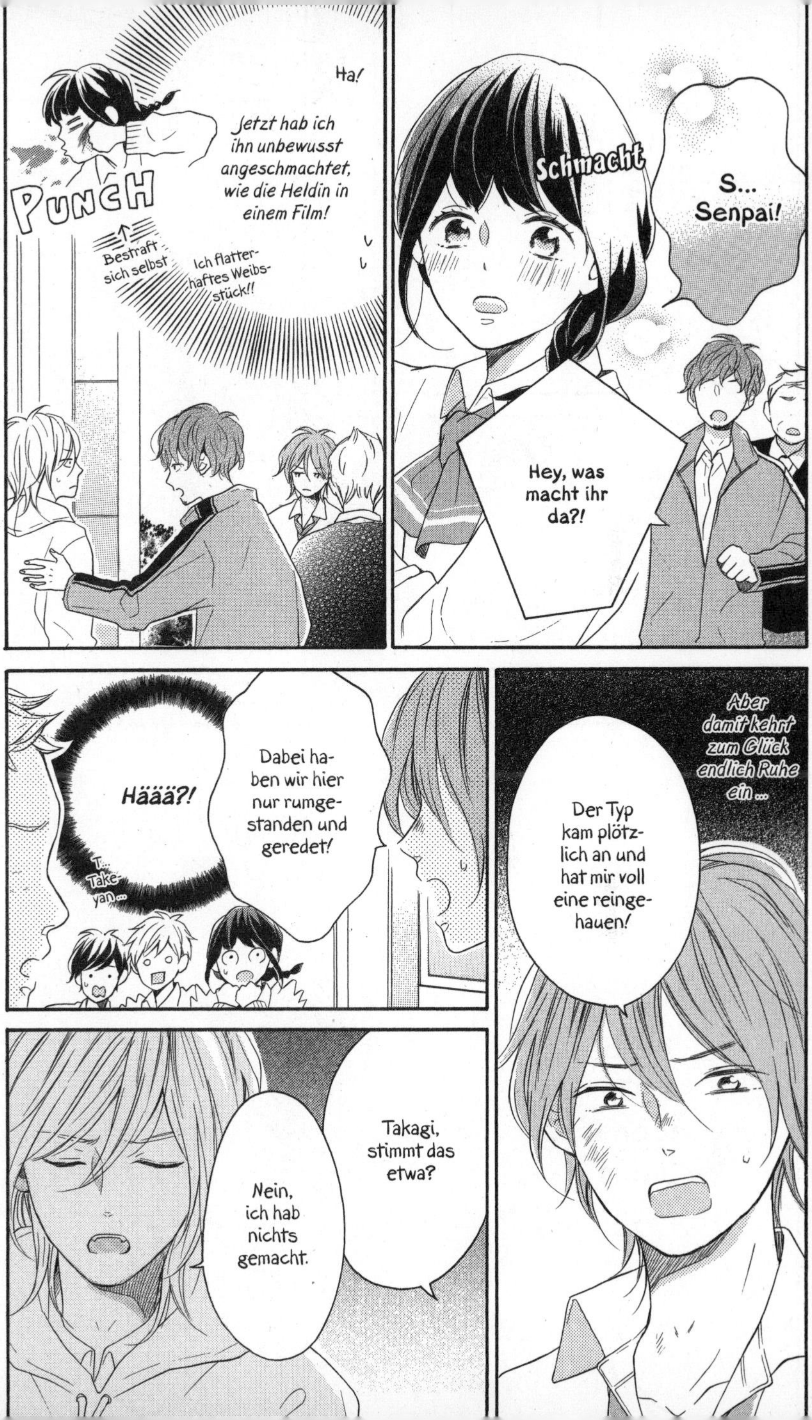

S... Senpai!
Schmacht
Ha!
Jetzt hab ich ihn unbewusst angeschmachtet, wie die Heldin in einem Film!
PUNCH
Bestraft sich selbst
Ich flatterhaftes Weibsstück!!
Hey, was macht ihr da?!
Aber damit kehrt zum Glück endlich Ruhe ein ...
Der Typ kam plötzlich an und hat mir voll eine reingehauen!
Dabei haben wir hier nur rumgestanden und geredet!
Häää?!
T... Takeyan ...
Takagi, stimmt das etwa?
Nein, ich hab nichts gemacht.

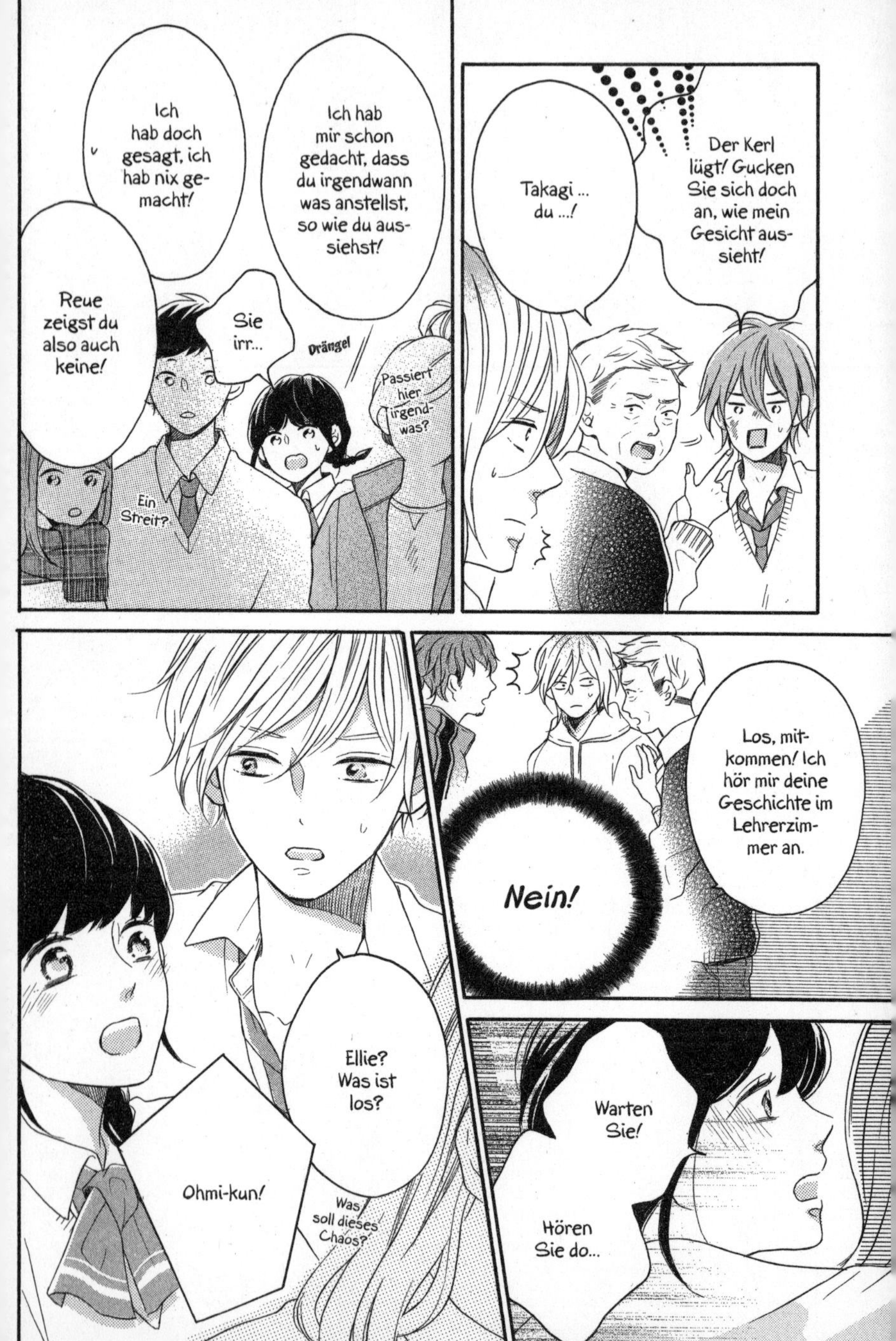
Der Kerl lügt! Gucken Sie sich doch an, wie mein Gesicht aussieht!
Takagi ... du ...!
Ich hab mir schon gedacht, dass du irgendwann was anstellst, so wie du aussiehst!
Ich hab doch gesagt, ich hab nix gemacht!
Passiert hier irgendwas?
Drängel
Sie irr...
Reue zeigst du also auch keine!
Ein Streit?
Los, mitkommen! Ich hör mir deine Geschichte im Lehrerzimmer an.
Nein!
Ellie? Was ist los?
Ohmi-kun!
Was soll dieses Chaos?
Warten Sie!
Hören Sie do...

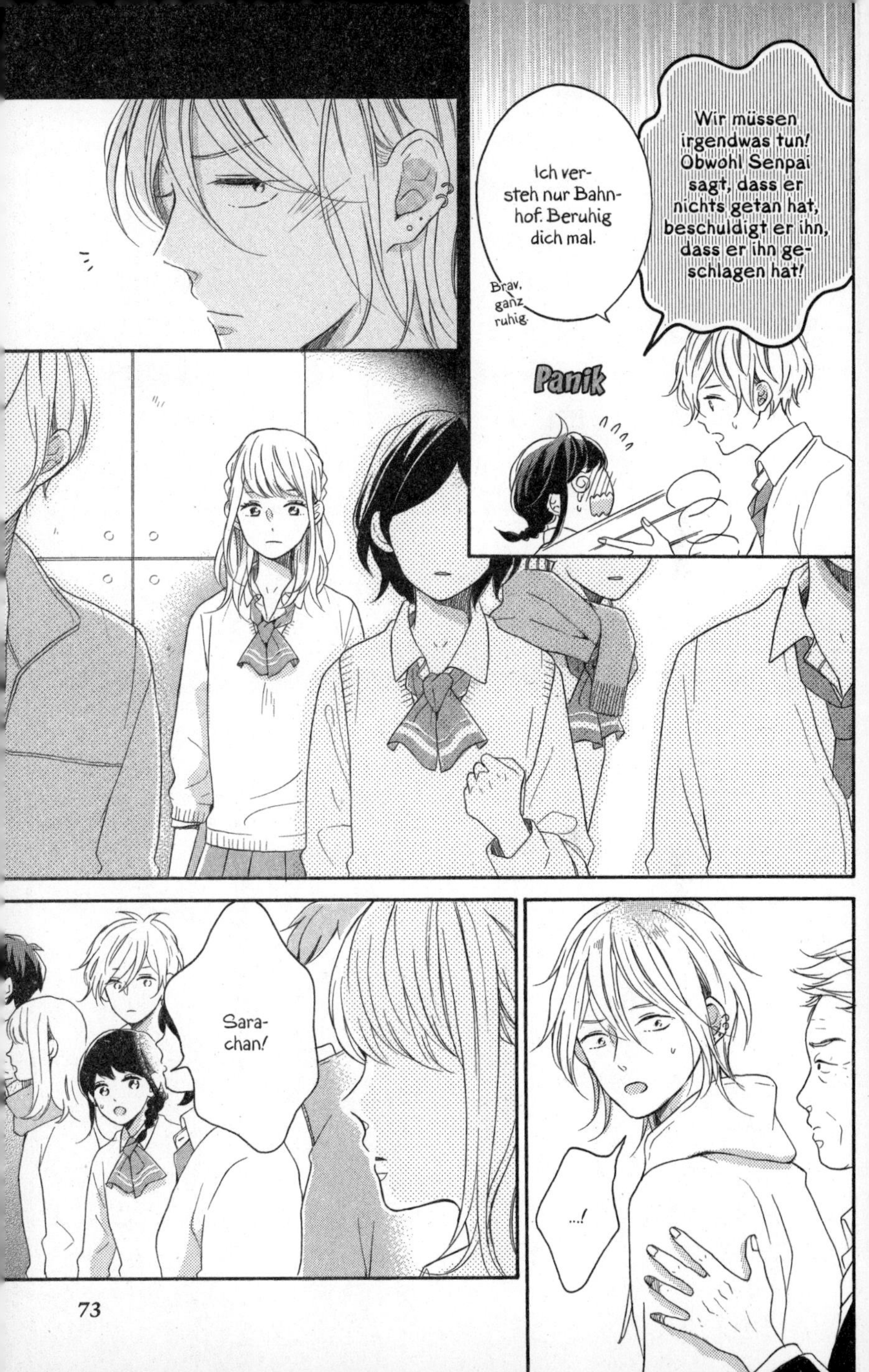
Wir müssen irgendwas tun! Obwohl Senpai sagt, dass er nichts getan hat, beschuldigt er ihn, dass er ihn geschlagen hat!
Ich ver-steh nur Bahn-hof. Beruhig dich mal.
Brav, ganz ruhig.
Panik
Sara-chan!
...!

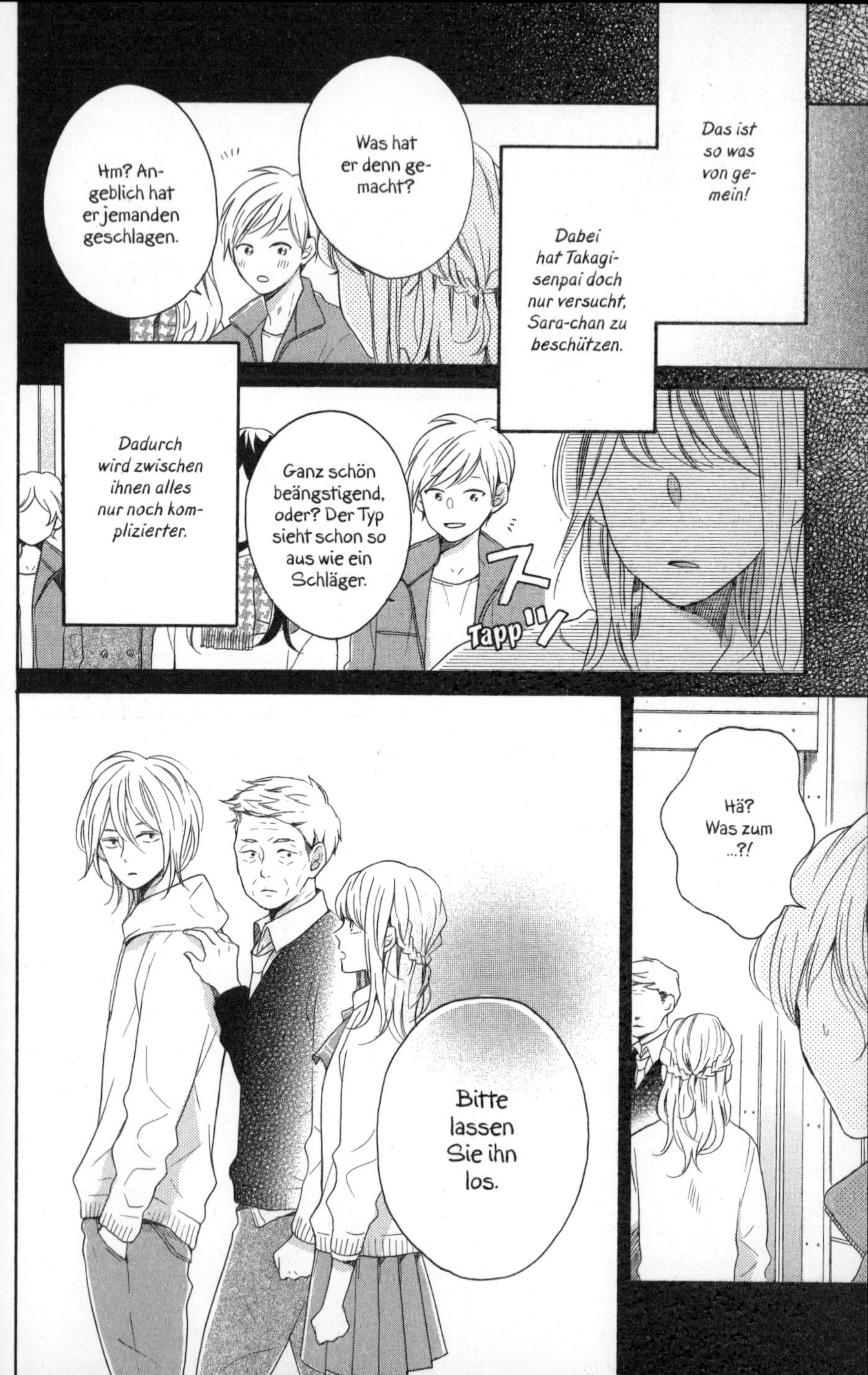
Das ist so was von gemein!
Dabei hat Takagi-senpai doch nur versucht, Sara-chan zu beschützen.
Was hat er denn gemacht?
Hm? Angeblich hat er jemanden geschlagen.
Tapp
Ganz schön beängstigend, oder? Der Typ sieht schon so aus wie ein Schläger.
Dadurch wird zwischen ihnen alles nur noch komplizierter.
Hä? Was zum ...?!
Bitte lassen Sie ihn los.

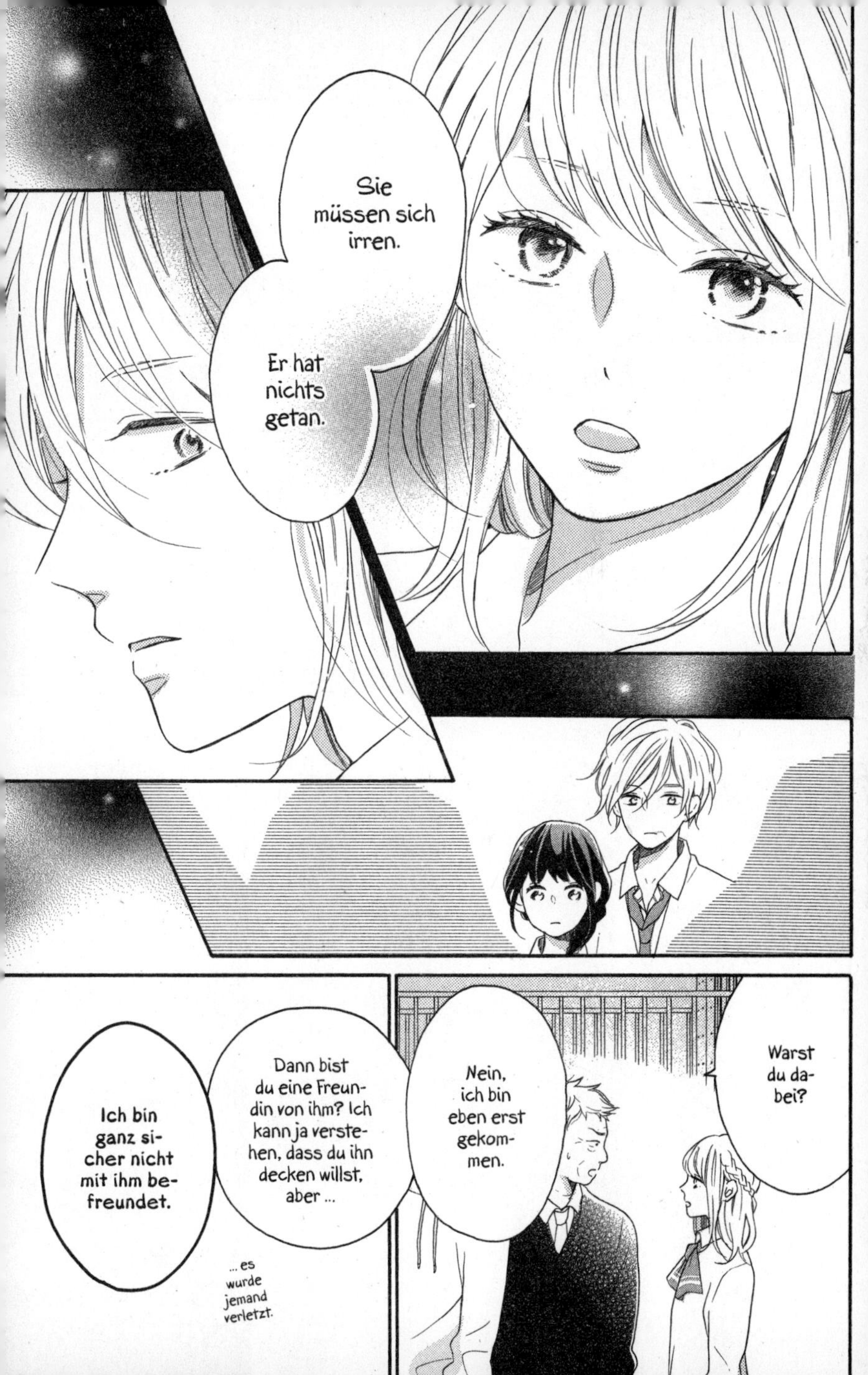

Sie müssen sich irren.
Er hat nichts getan.
Warst du dabei?
Nein, ich bin eben erst gekommen.
Dann bist du eine Freundin von ihm? Ich kann ja verstehen, dass du ihn decken willst, aber ...
... es wurde jemand verletzt.
Ich bin ganz sicher nicht mit ihm befreundet.

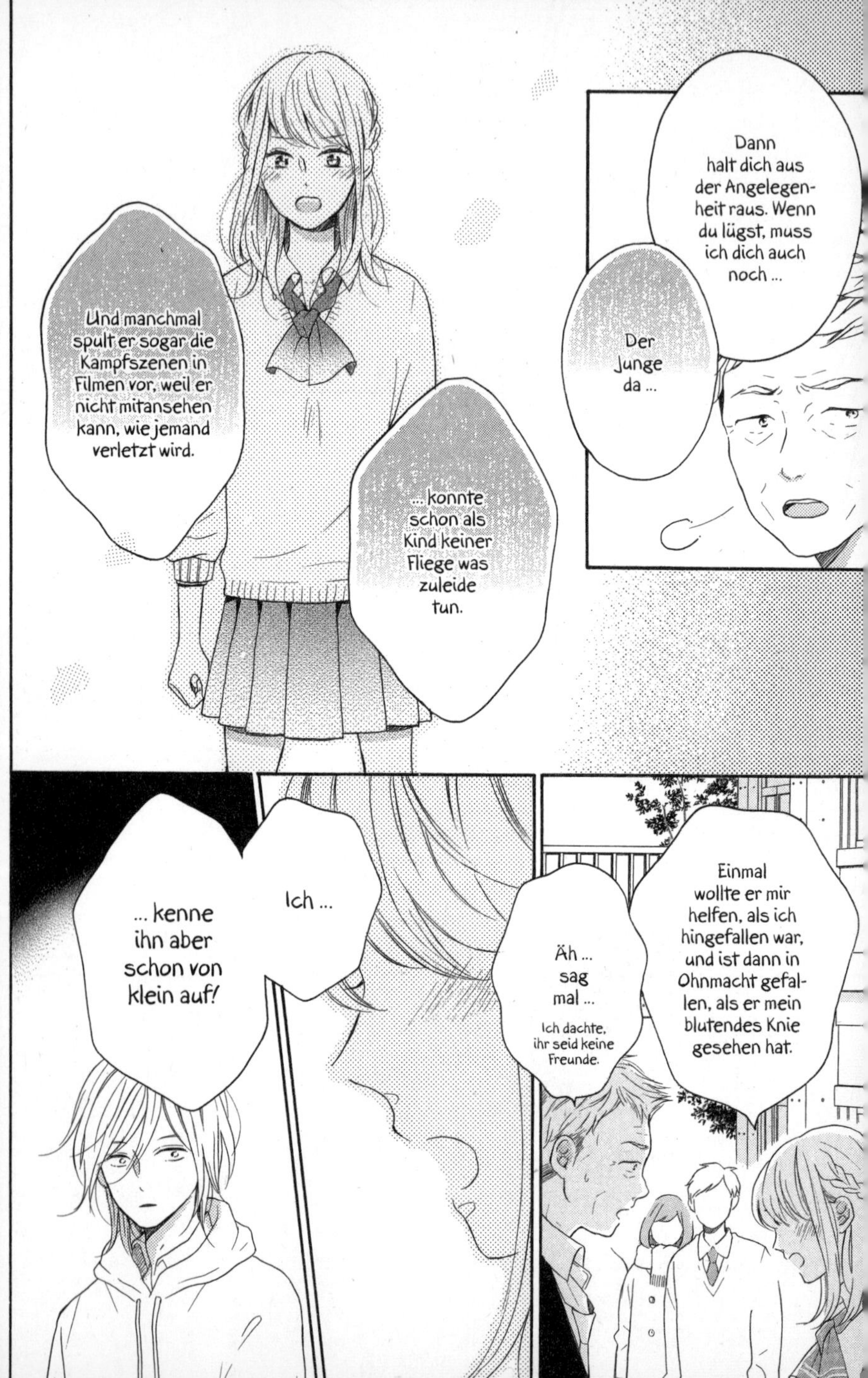
Dann halt dich aus der Angelegenheit raus. Wenn du lügst, muss ich dich auch noch ...
Der Junge da ...
... konnte schon als Kind keiner Fliege was zuleide tun.
Und manchmal spult er sogar die Kampfszenen in Filmen vor, weil er nicht mitansehen kann, wie jemand verletzt wird.
Einmal wollte er mir helfen, als ich hingefallen war, und ist dann in Ohnmacht gefallen, als er mein blutendes Knie gesehen hat.
Äh ... sag mal ...
Ich dachte, ihr seid keine Freunde.
Ich ...
... kenne ihn aber schon von klein auf!

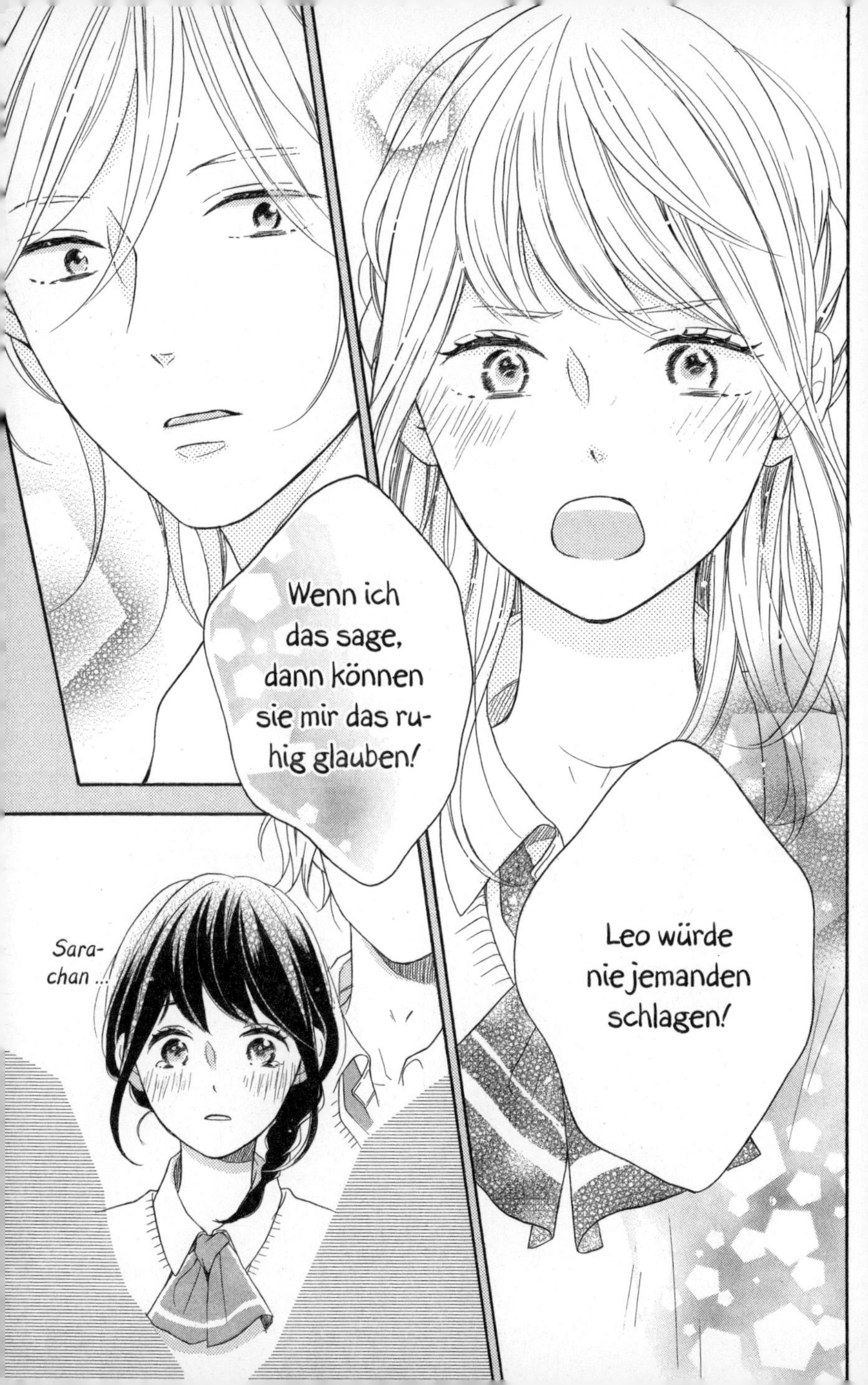
Leo würde nie jemanden schlagen!
Wenn ich das sage, dann können sie mir das ruhig glauben!
Sara-chan ...

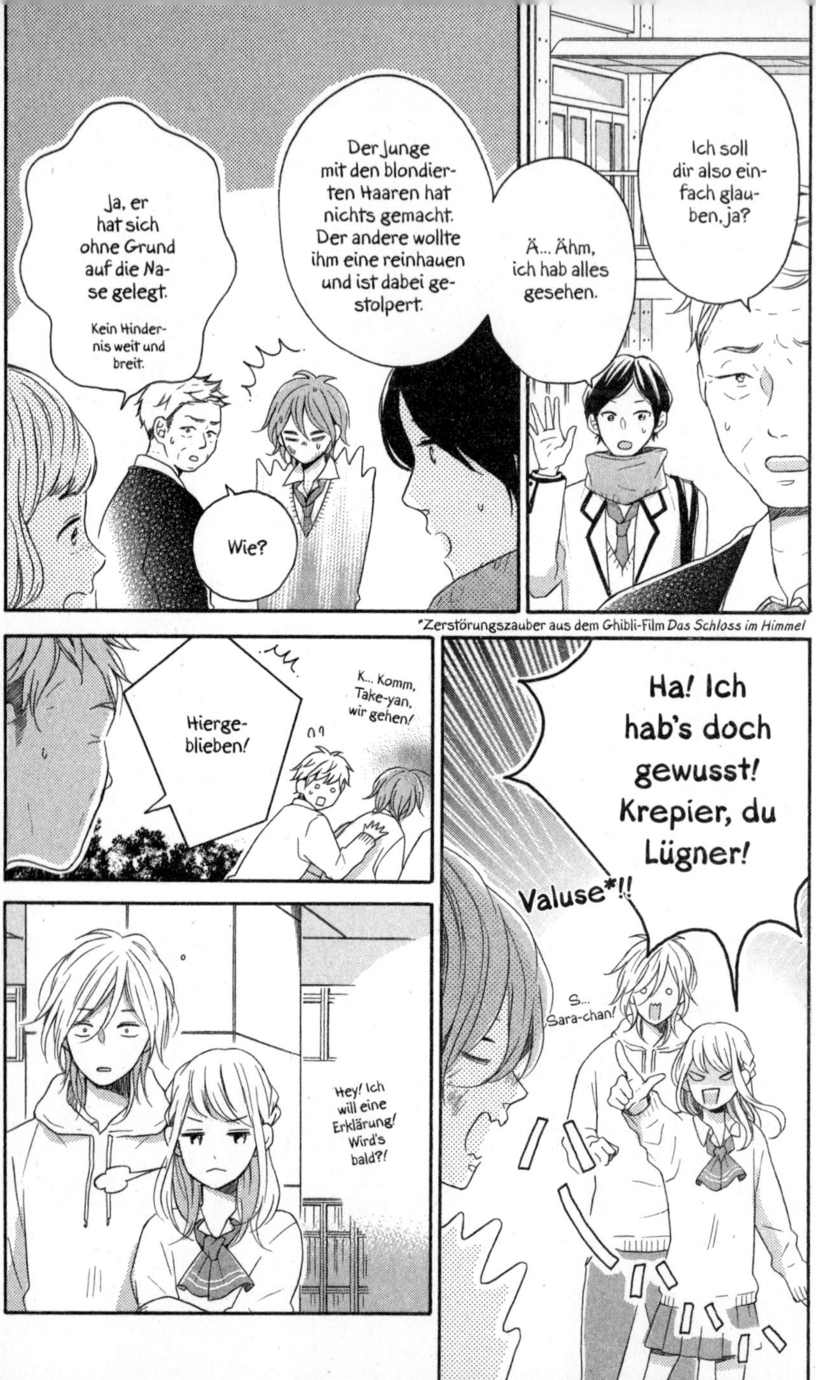

Ich soll dir also einfach glauben, ja?

Ä... Ähm, ich hab alles gesehen.

Der Junge mit den blondierten Haaren hat nichts gemacht. Der andere wollte ihm eine reinhauen und ist dabei gestolpert.

Wie?

Ja, er hat sich ohne Grund auf die Nase gelegt.

Kein Hindernis weit und breit.

*Zerstörungszauber aus dem Ghibli-Film *Das Schloss im Himmel*

Ha! Ich hab's doch gewusst! Krepier, du Lügner!

Valuse*!!

S... Sara-chan!

K... Komm, Take-yan, wir gehen!

Hiergeblieben!

Hey! Ich will eine Erklärung! Wird's bald?!

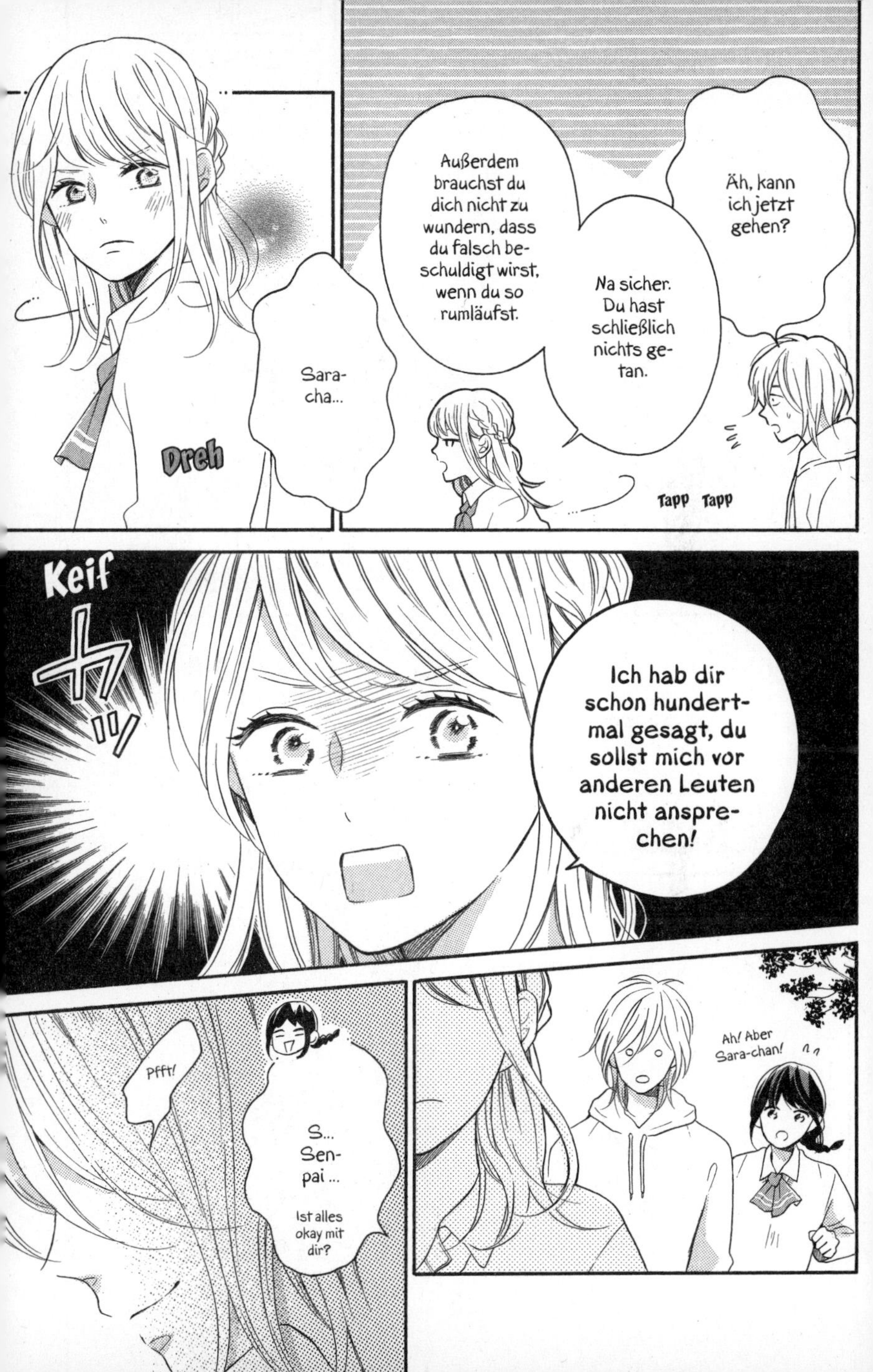
Äh, kann ich jetzt gehen?
Na sicher. Du hast schließlich nichts getan.
Außerdem brauchst du dich nicht zu wundern, dass du falsch beschuldigt wirst, wenn du so rumläufst.
Tapp Tapp
...
Sara-cha...
Dreh
...
Ich hab dir schon hundertmal gesagt, du sollst mich vor anderen Leuten nicht ansprechen!
Keif
Ah! Aber Sara-chan!
S... Senpai ...
Ist alles okay mit dir?
Pfft!

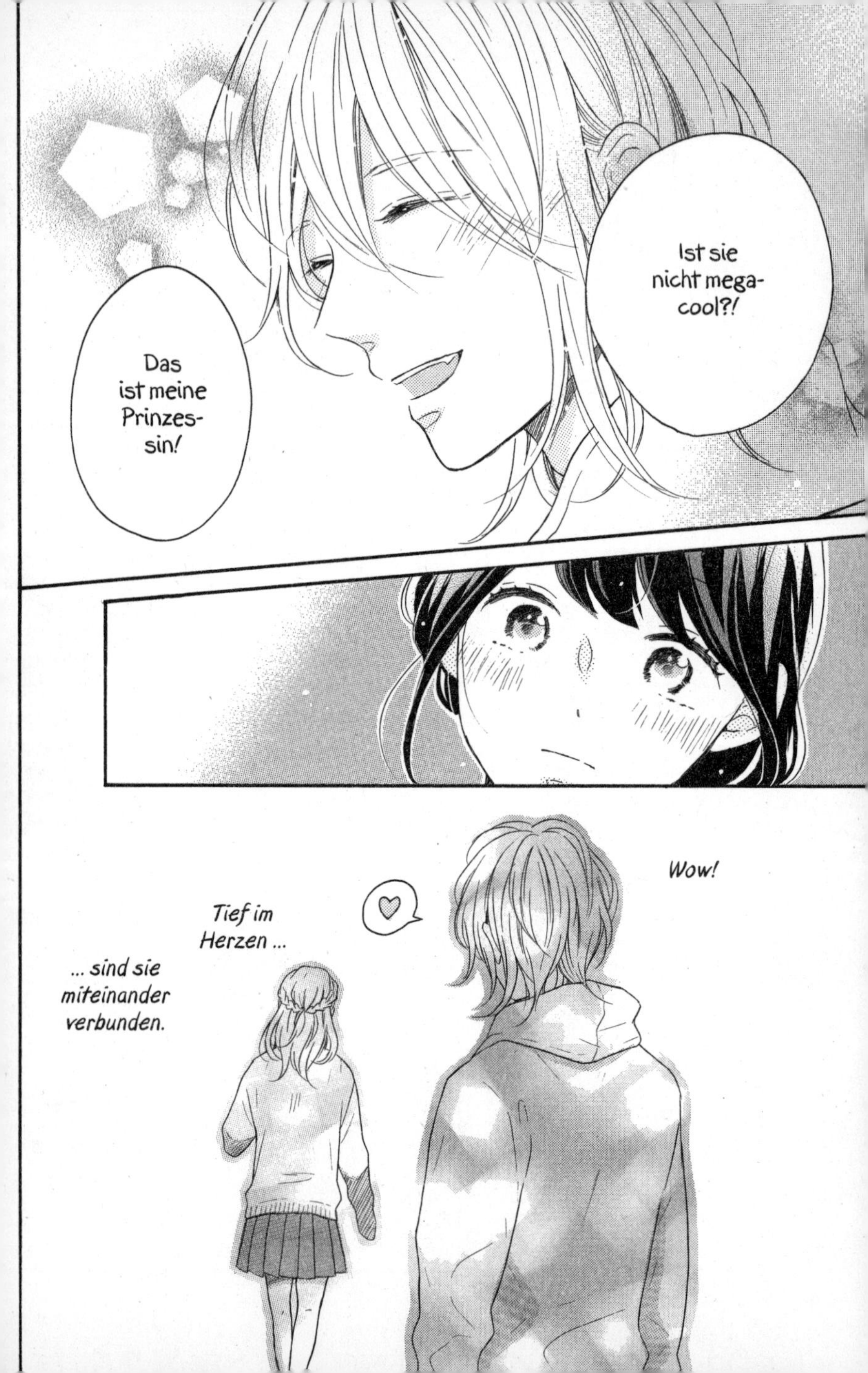
Ist sie nicht mega-cool?!
Das ist meine Prinzes-sin!
Wow!
Tief im Herzen ...
... sind sie miteinander verbunden.

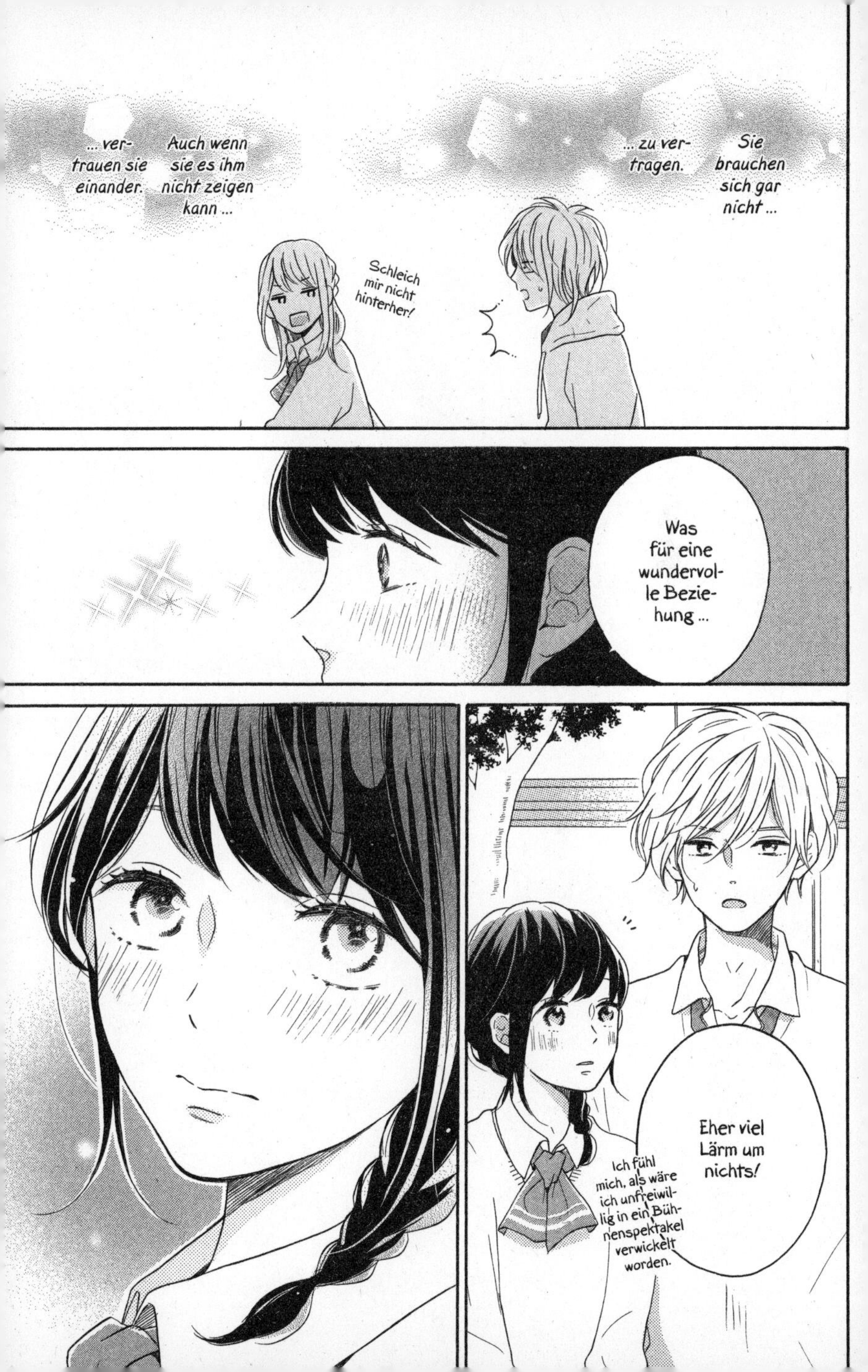

Sie brauchen sich gar nicht ...

... zu vertragen.

Auch wenn sie es ihm nicht zeigen kann ...

... vertrauen sie einander.

Schleich mir nicht hinterher!

Was für eine wundervolle Beziehung ...

Eher viel Lärm um nichts!

Ich fühl mich, als wäre ich unfreiwillig in ein Bühnenspektakel verwickelt worden.

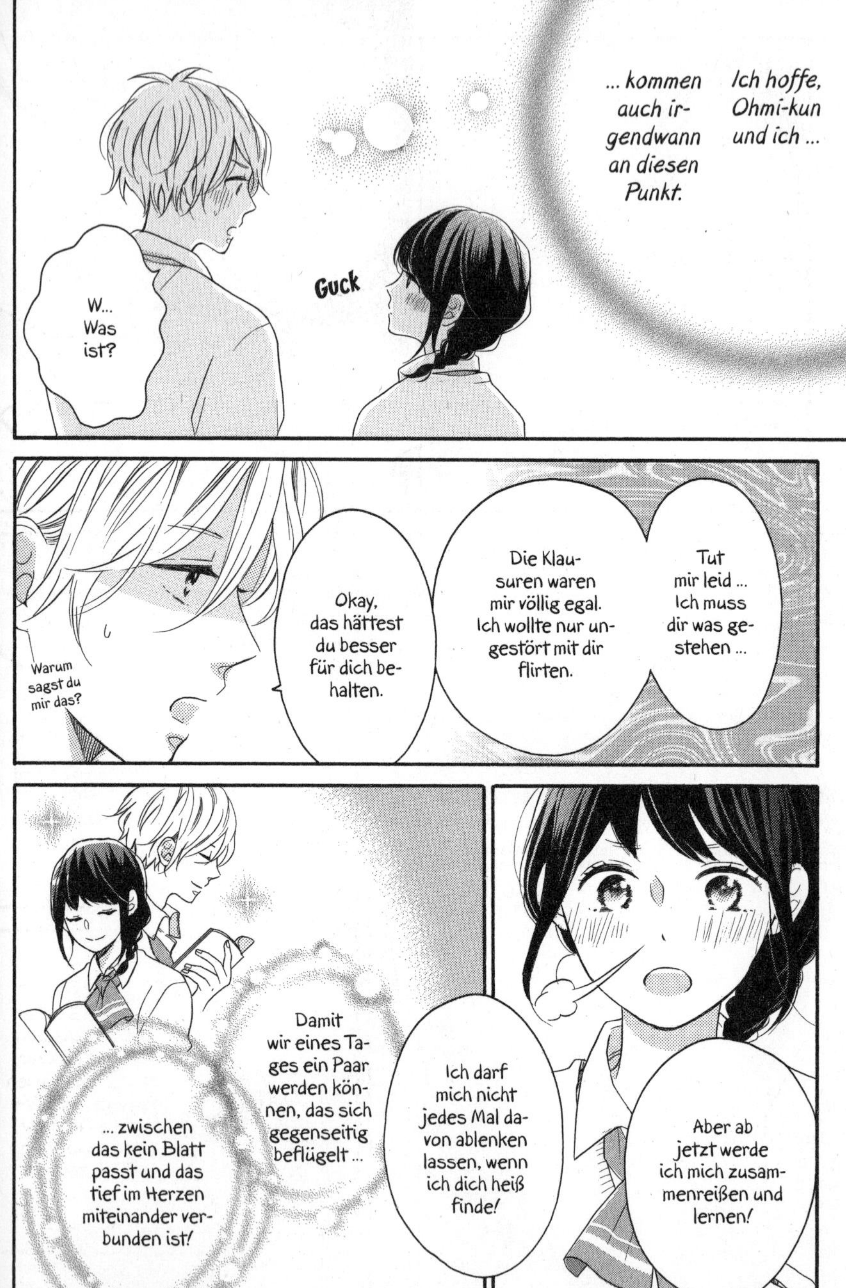
Ich hoffe, Ohmi-kun und ich ...
... kommen auch irgendwann an diesen Punkt.
Guck
W... Was ist?
Tut mir leid ... Ich muss dir was gestehen ...
Die Klausuren waren mir völlig egal. Ich wollte nur ungestört mit dir flirten.
Okay, das hättest du besser für dich behalten.
Warum sagst du mir das?
Aber ab jetzt werde ich mich zusammenreißen und lernen!
Ich darf mich nicht jedes Mal davon ablenken lassen, wenn ich dich heiß finde!
Damit wir eines Tages ein Paar werden können, das sich gegenseitig beflügelt ...
... zwischen das kein Blatt passt und das tief im Herzen miteinander verbunden ist!

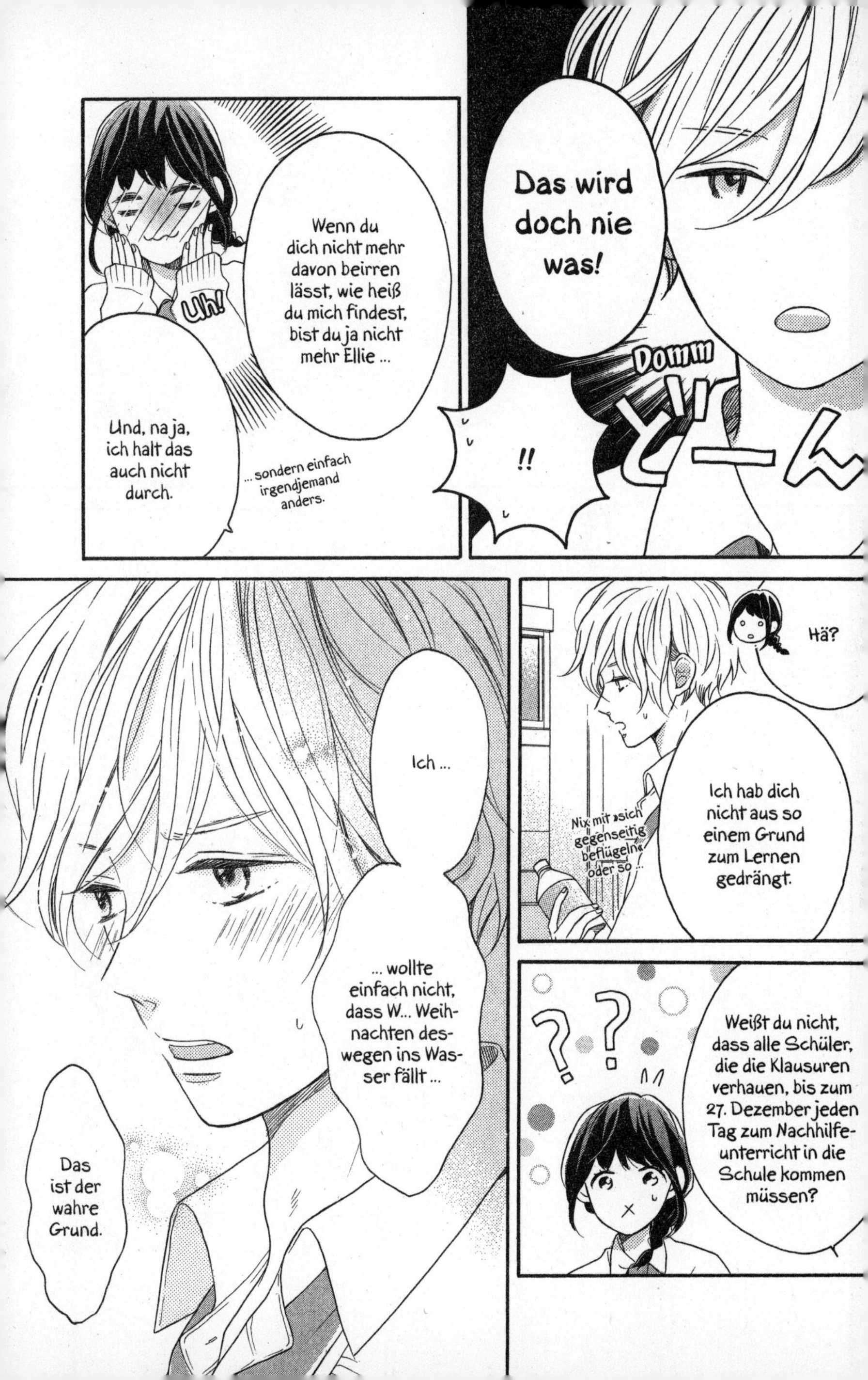

Das wird doch nie was!

Domm

!!

Wenn du dich nicht mehr davon beirren lässt, wie heiß du mich findest, bist du ja nicht mehr Ellie ...

Uh!

... sondern einfach irgendjemand anders.

Und, na ja, ich halt das auch nicht durch.

Hä?

Ich hab dich nicht aus so einem Grund zum Lernen gedrängt.

Nix mit »sich gegenseitig beflügeln« oder so ...

Weißt du nicht, dass alle Schüler, die die Klausuren verhauen, bis zum 27. Dezember jeden Tag zum Nachhilfeunterricht in die Schule kommen müssen?

Ich ...

... wollte einfach nicht, dass W... Weihnachten deswegen ins Wasser fällt ...

Das ist der wahre Grund.

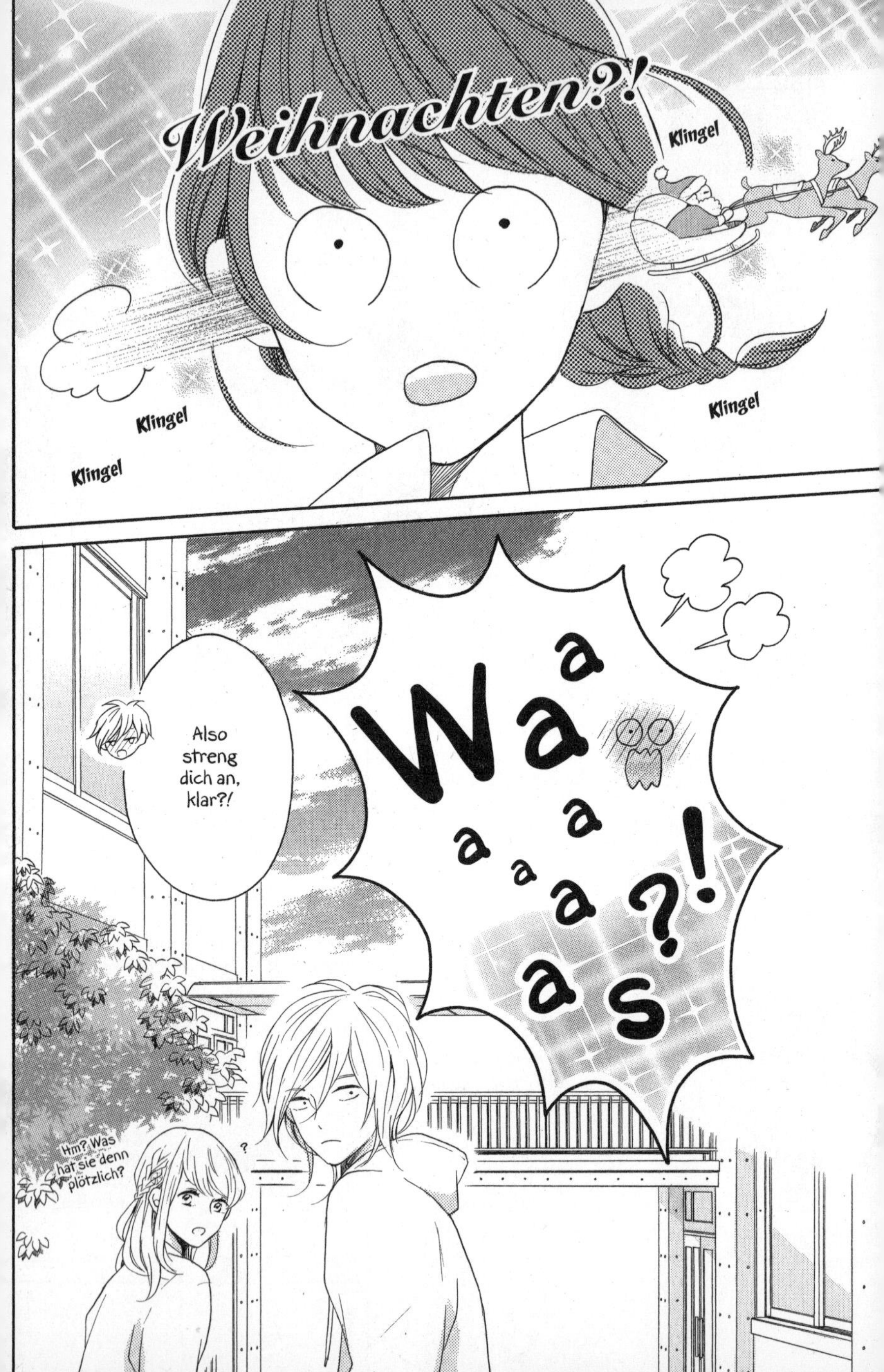
Weihnachten?!
Klingel
Klingel
Klingel
Klingel
Waaaaaaaas?!
Also streng dich an, klar?!
Hm? Was hat sie denn plötzlich?
?

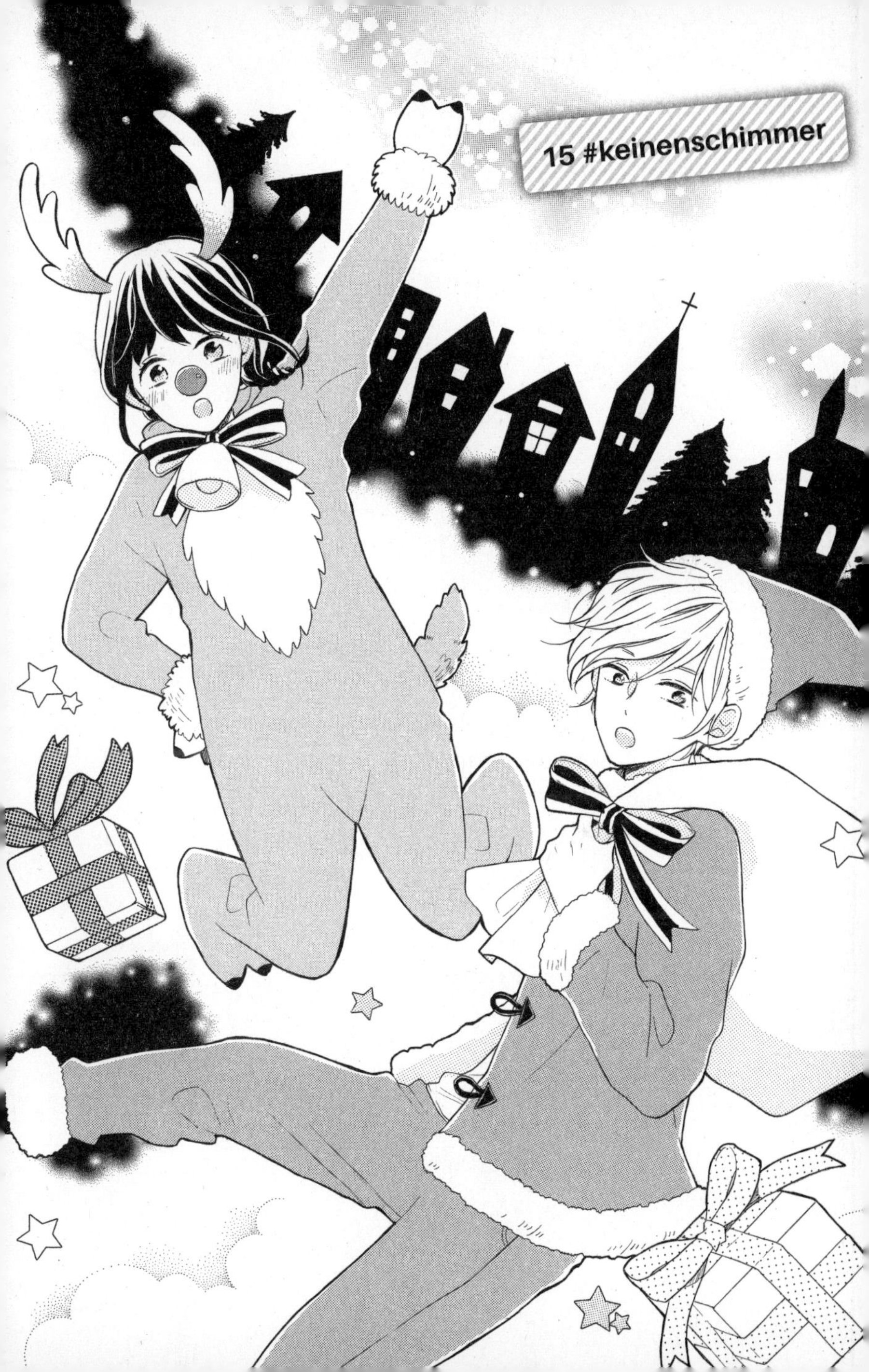
15 #keinenschimmer

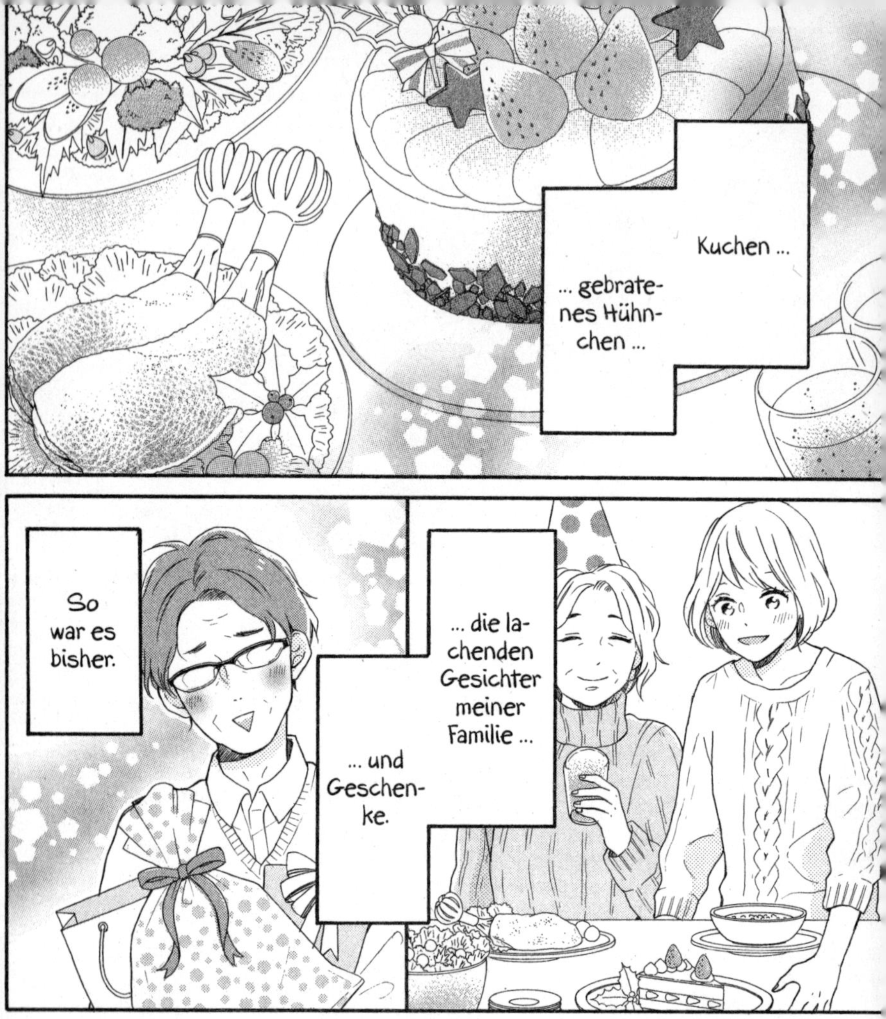

Kuchen ...

... gebratenes Hühnchen ...

... die lachenden Gesichter meiner Familie ...

... und Geschenke.

So war es bisher.

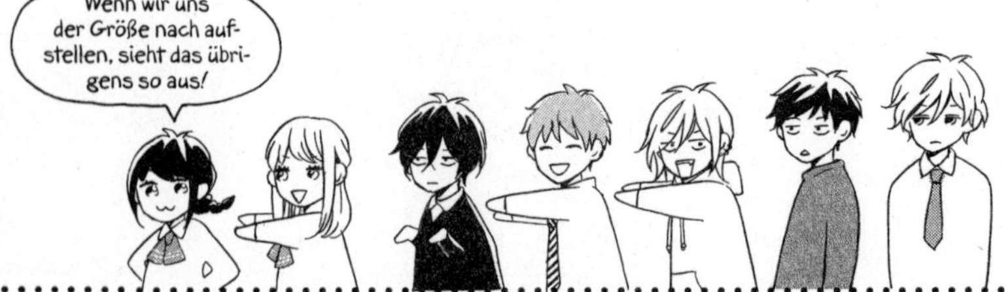

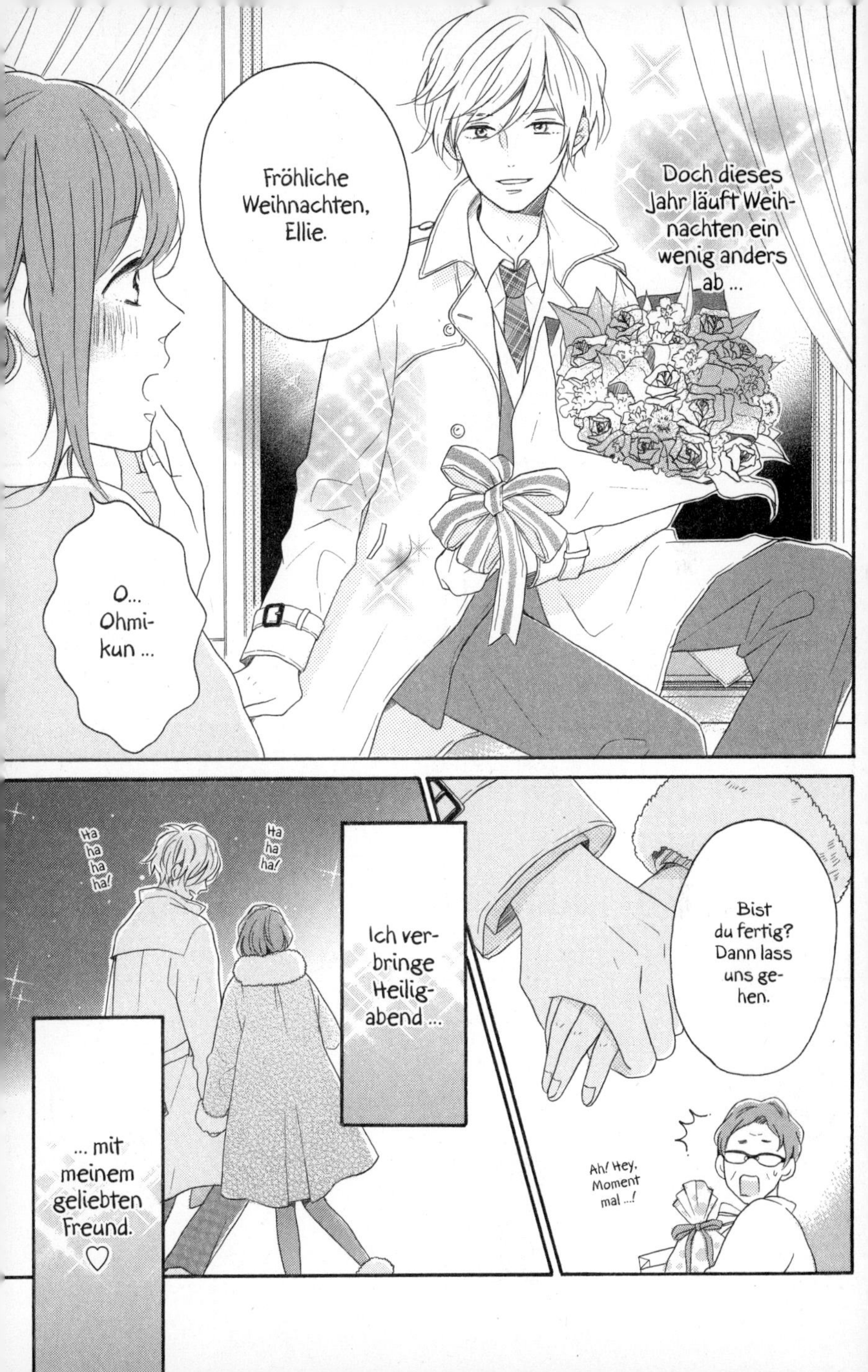
Doch dieses Jahr läuft Weihnachten ein wenig anders ab ...
Fröhliche Weihnachten, Ellie.
O... Ohmi-kun ...
Bist du fertig? Dann lass uns gehen.
Ah! Hey, Moment mal ...!
Ich verbringe Heiligabend ...
Ha ha ha!
Ha ha ha ha!
... mit meinem geliebten Freund. ♡

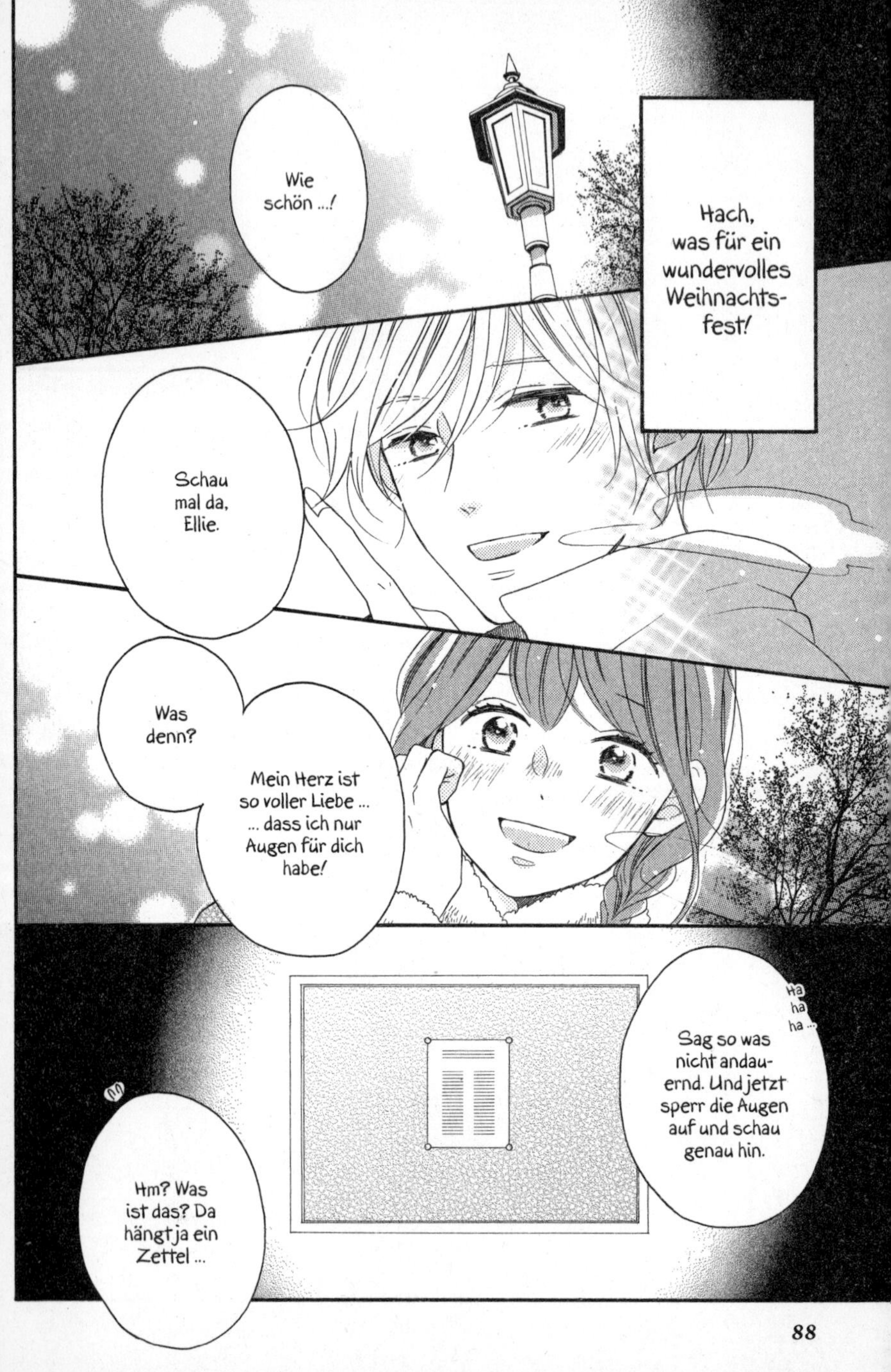
Hach, was für ein wundervolles Weihnachtsfest!
Wie schön ...!
Schau mal da, Ellie.
Was denn?
Mein Herz ist so voller Liebe ... ... dass ich nur Augen für dich habe!
Ha ha ha ...
Sag so was nicht andauernd. Und jetzt sperr die Augen auf und schau genau hin.
Hm? Was ist das? Da hängt ja ein Zettel ...

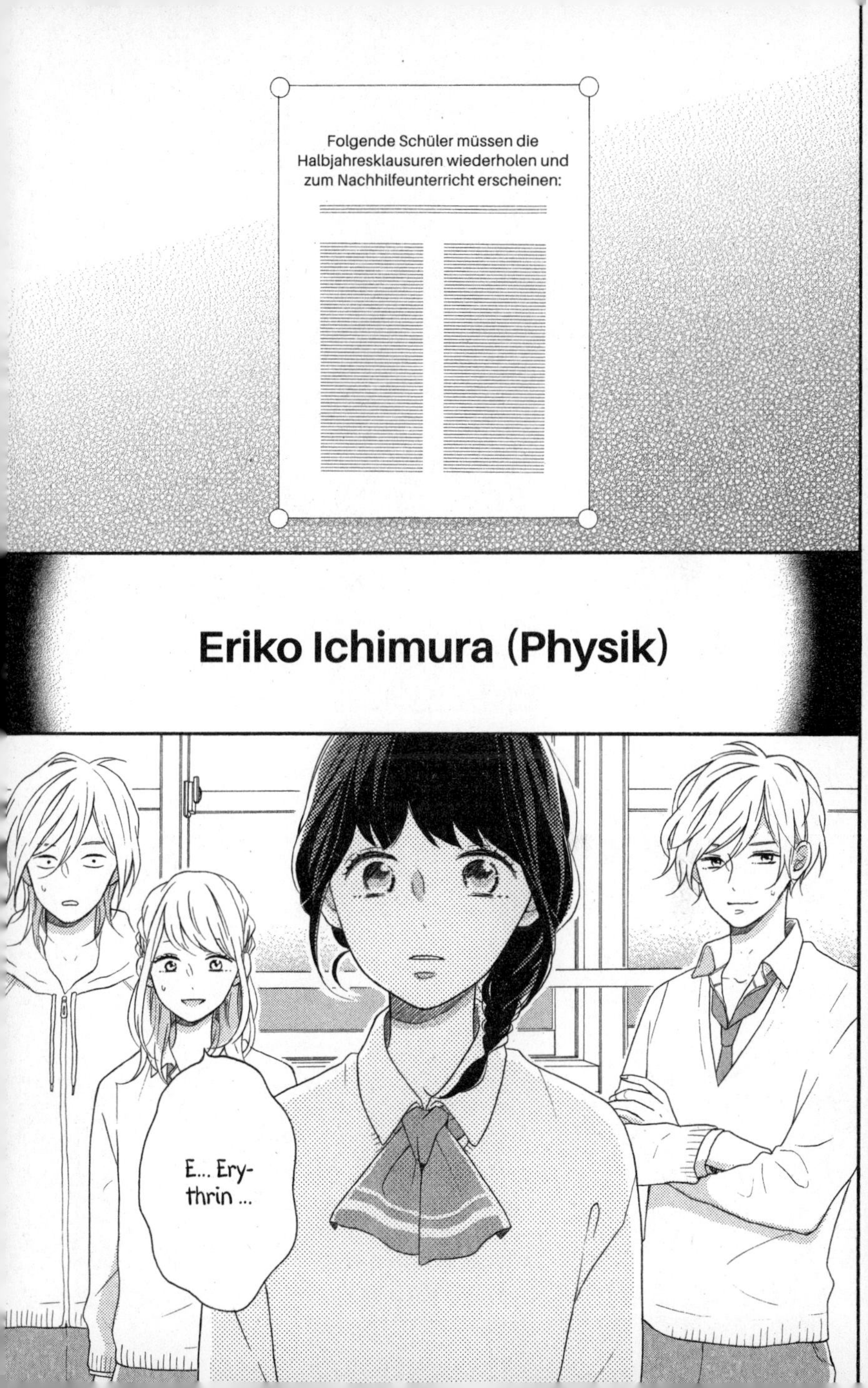

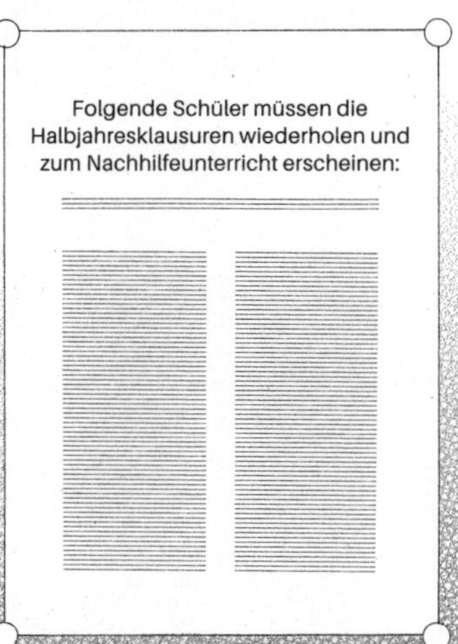

Eriko Ichimura (Physik)

E... Ery-
thrin ...

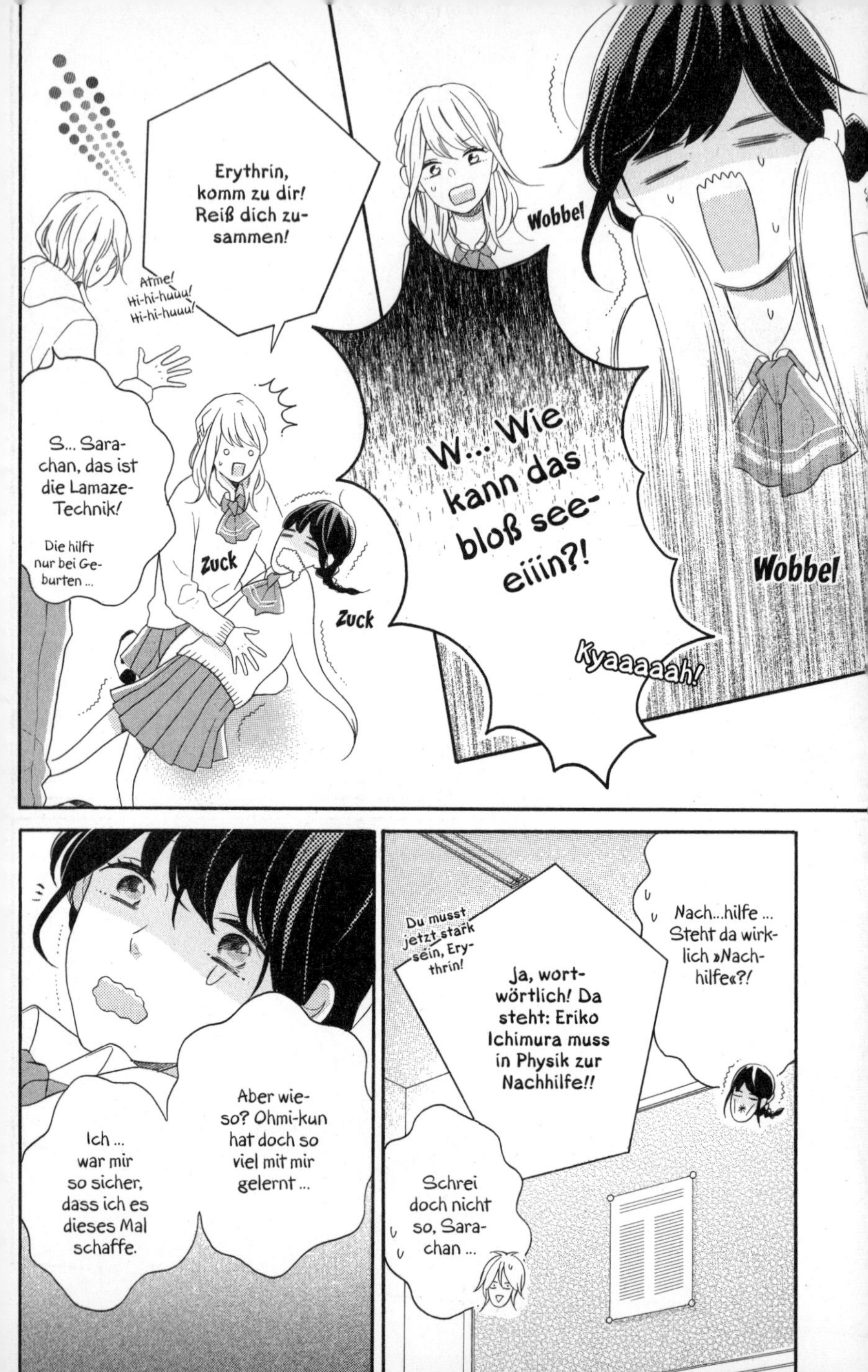
Wobbel
Kyaaaaaah!
W... Wie kann das bloß see-eiiin?!
Wobbel
Erythrin, komm zu dir! Reiß dich zusammen!
Atme! Hi-hi-huuu! Hi-hi-huuu!
Zuck
Zuck
S... Sara-chan, das ist die Lamaze-Technik!
Die hilft nur bei Geburten ...
Nach...hilfe ... Steht da wirklich »Nachhilfe«?!
Ja, wortwörtlich! Da steht: Eriko Ichimura muss in Physik zur Nachhilfe!!
Du musst jetzt stark sein, Erythrin!
Schrei doch nicht so, Sara-chan ...
Aber wieso? Ohmi-kun hat doch so viel mit mir gelernt ...
Ich ... war mir so sicher, dass ich es dieses Mal schaffe.

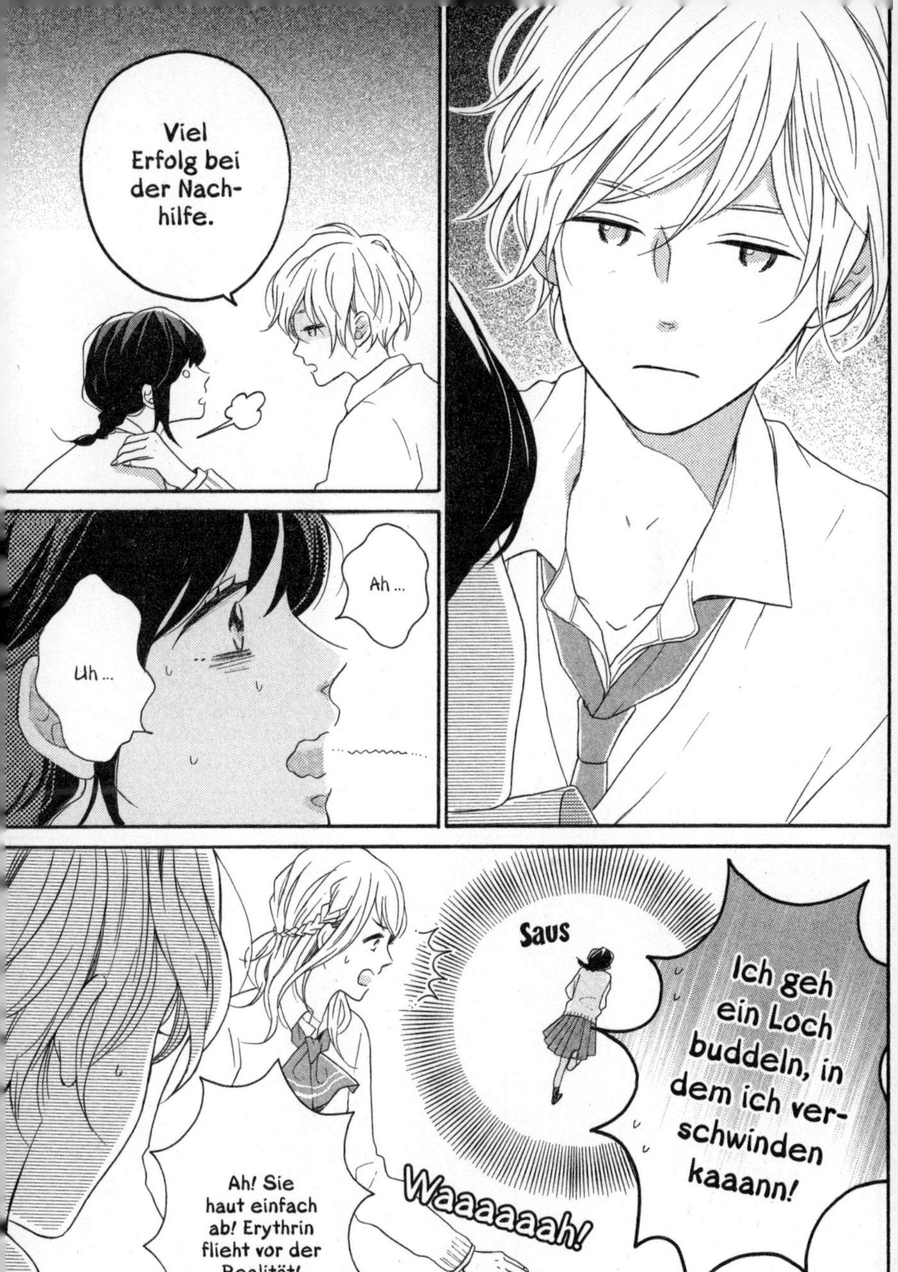
Viel Erfolg bei der Nachhilfe.
Ah ...
Uh ...
Saus
Ich geh ein Loch buddeln, in dem ich verschwinden kaaann!
Waaaaaaah!
Ah! Sie haut einfach ab! Erythrin flieht vor der Realität!

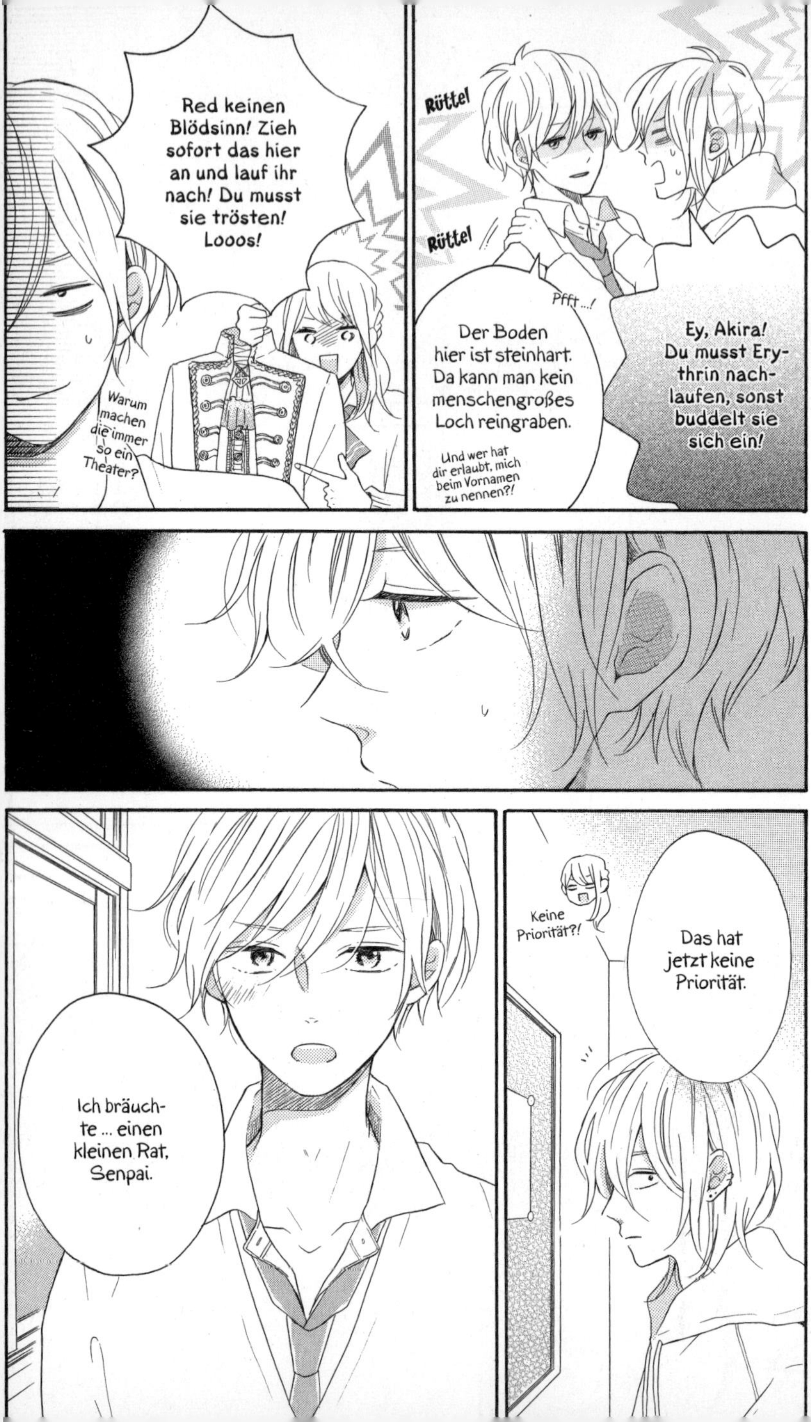

Rüttel
Rüttel
Ey, Akira! Du musst Erythrin nachlaufen, sonst buddelt sie sich ein!
Pfft ...!
Der Boden hier ist steinhart. Da kann man kein menschengroßes Loch reingraben.
Und wer hat dir erlaubt, mich beim Vornamen zu nennen?!

Red keinen Blödsinn! Zieh sofort das hier an und lauf ihr nach! Du musst sie trösten! Looos!
Warum machen die immer so ein Theater?

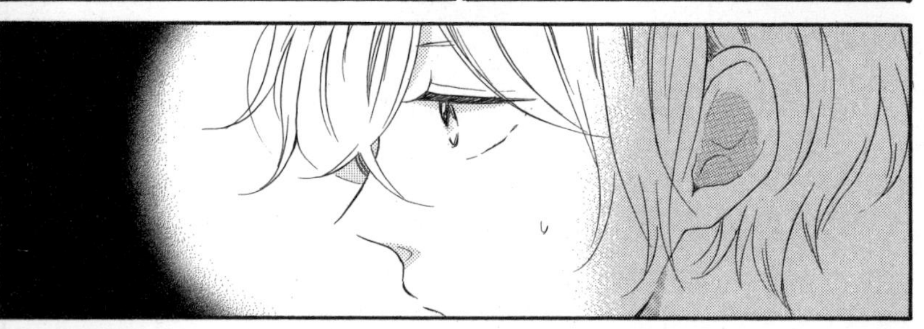

Das hat jetzt keine Priorität.
Keine Priorität?!

Ich bräuchte ... einen kleinen Rat, Senpai.

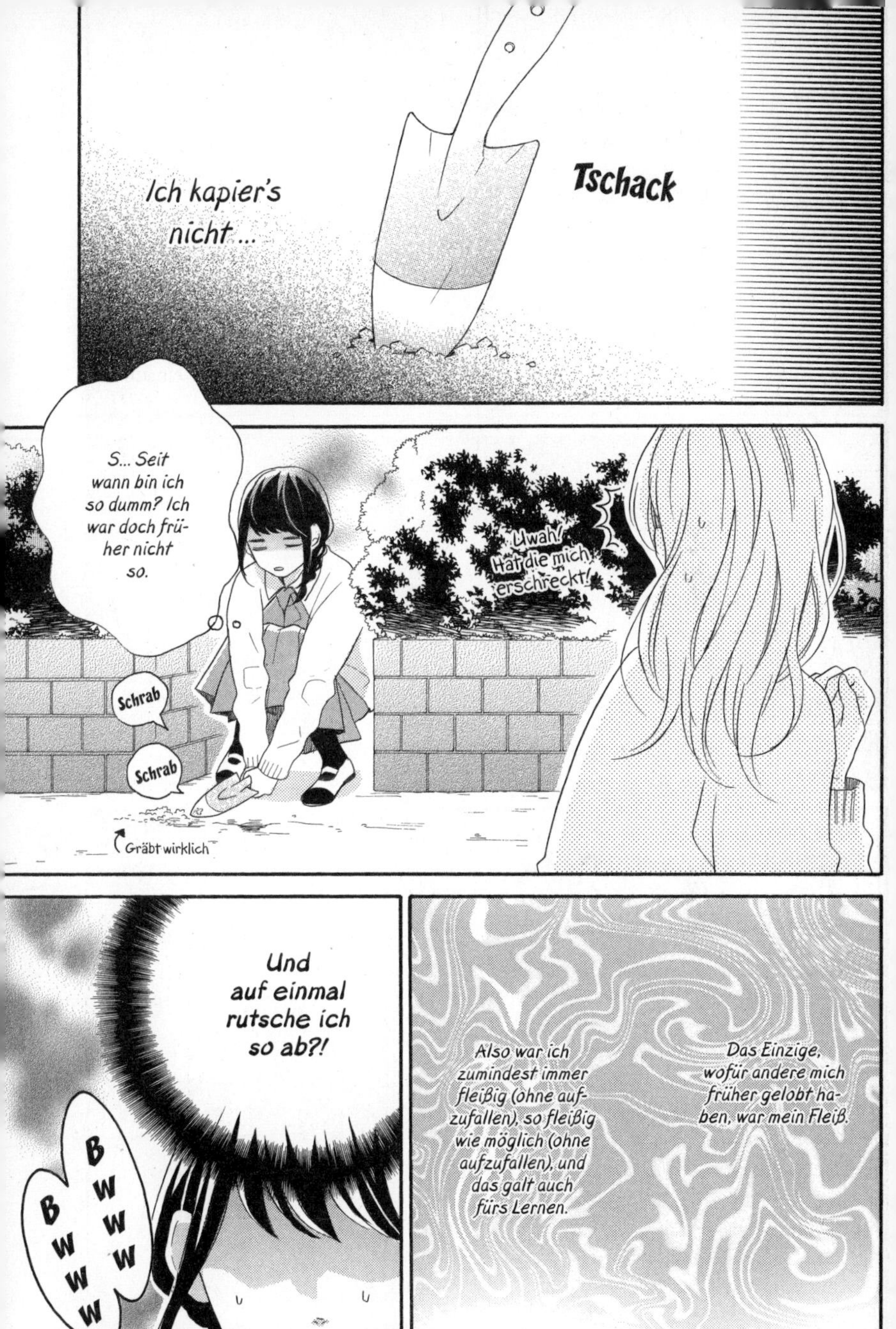
Tschack
Ich kapier's nicht ...
Uwah! Hat die mich erschreckt!
S... Seit wann bin ich so dumm? Ich war doch früher nicht so.
Schrab
Schrab
Gräbt wirklich
Das Einzige, wofür andere mich früher gelobt haben, war mein Fleiß.
Also war ich zumindest immer fleißig (ohne aufzufallen), so fleißig wie möglich (ohne aufzufallen), und das galt auch fürs Lernen.
Und auf einmal rutsche ich so ab?!
BWWWW
BWWWW

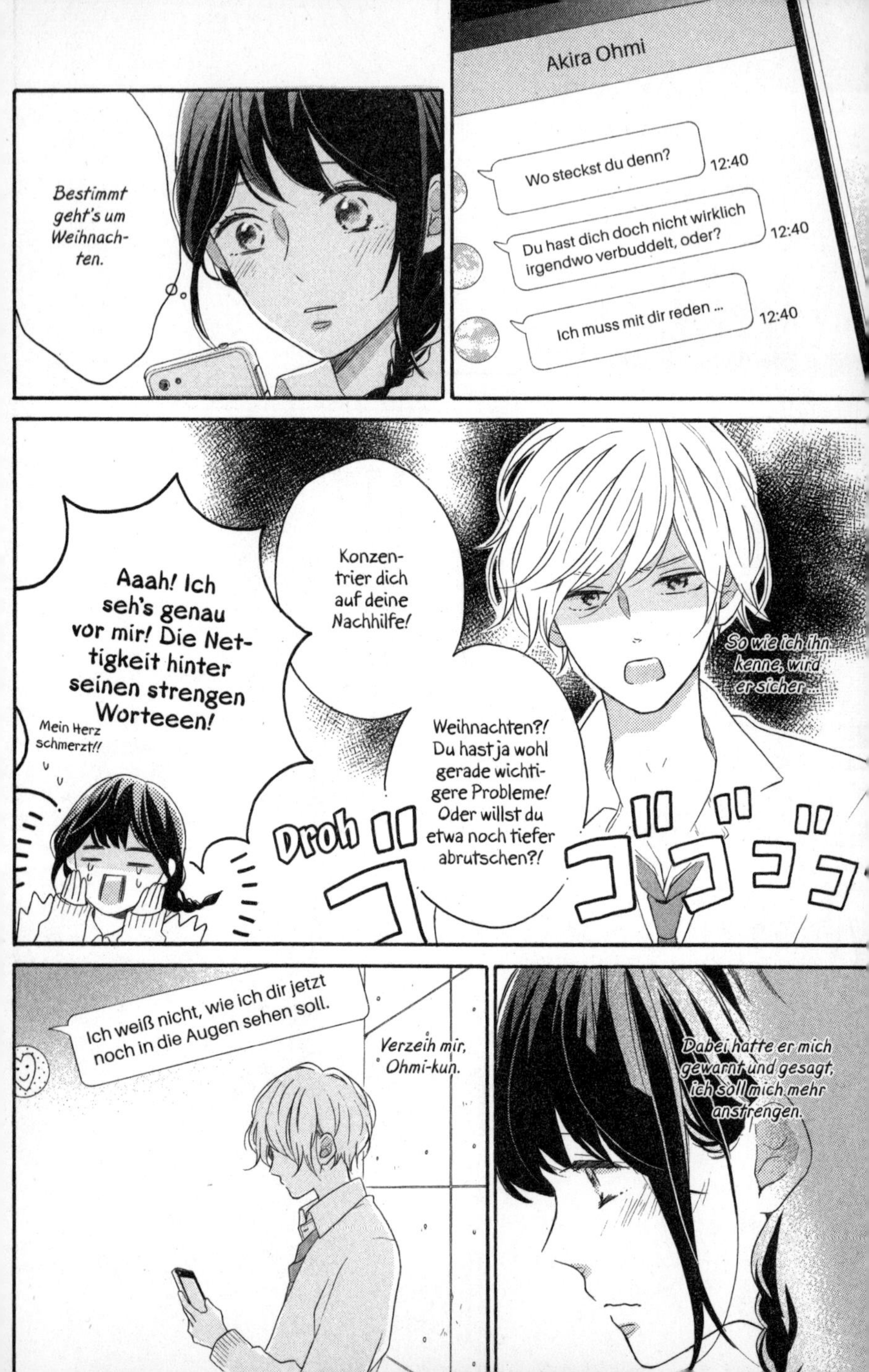
Akira Ohmi
Wo steckst du denn? 12:40
Du hast dich doch nicht wirklich irgendwo verbuddelt, oder? 12:40
Ich muss mit dir reden … 12:40
Bestimmt geht's um Weihnachten.
So wie ich ihn kenne, wird er sicher …
Konzentrier dich auf deine Nachhilfe!
Weihnachten?! Du hast ja wohl gerade wichtigere Probleme! Oder willst du etwa noch tiefer abrutschen?!
Droh
Aaah! Ich seh's genau vor mir! Die Nettigkeit hinter seinen strengen Worteeen!
Mein Herz schmerzt!!
Ich weiß nicht, wie ich dir jetzt noch in die Augen sehen soll.
Verzeih mir, Ohmi-kun.
Dabei hatte er mich gewarnt und gesagt, ich soll mich mehr anstrengen.

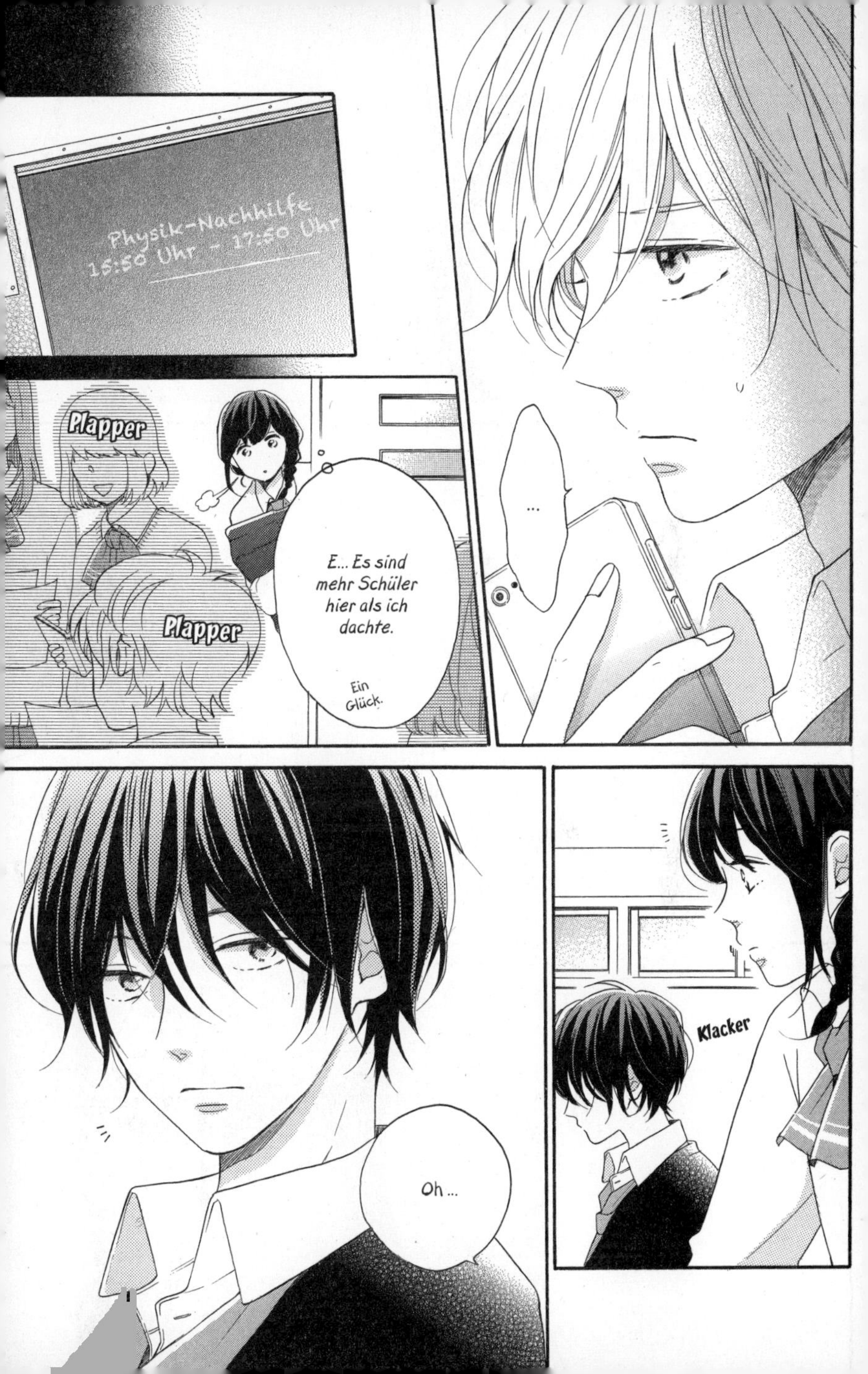

...

Physik-Nachhilfe
15:50 Uhr – 17:50 Uhr

Plapper

Plapper

E... Es sind mehr Schüler hier als ich dachte.

Ein Glück.

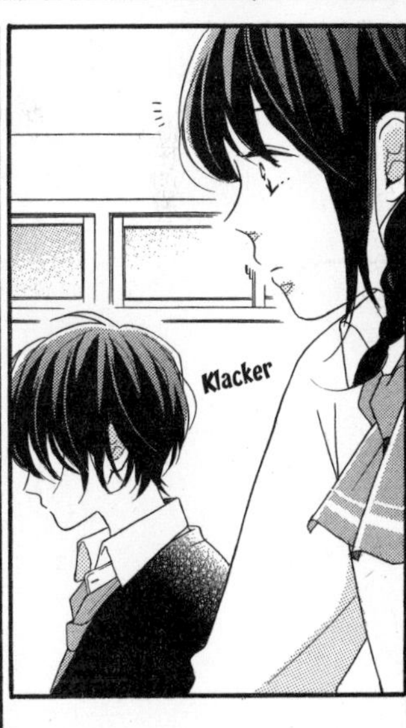

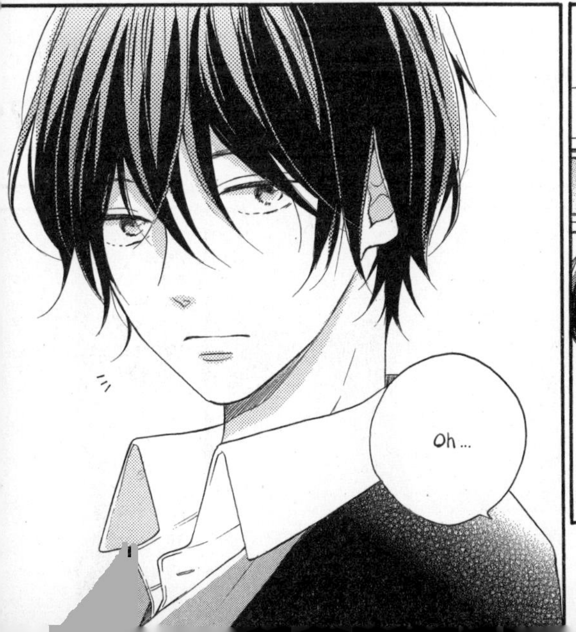

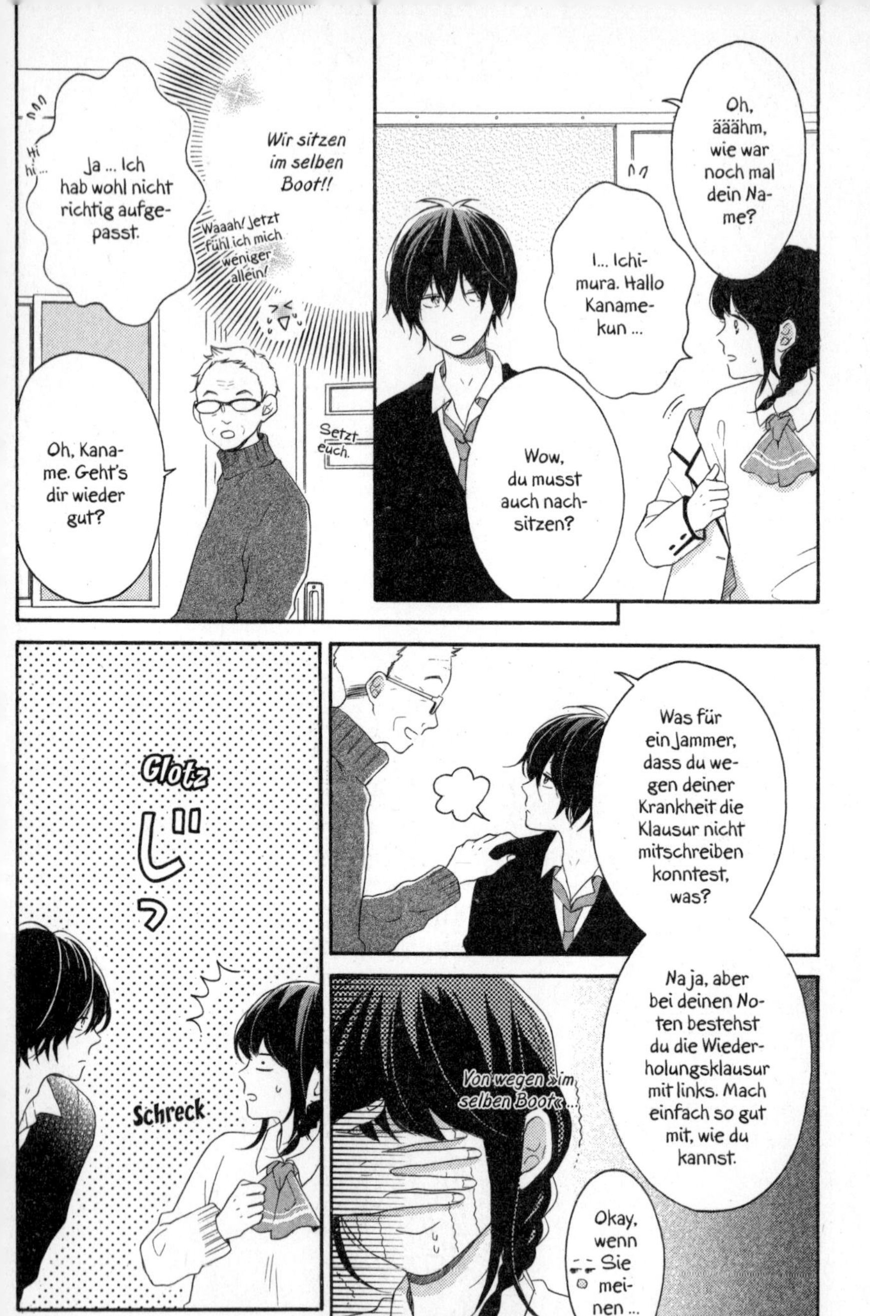

Oh, äääähm, wie war noch mal dein Name?
I... Ichimura. Hallo Kaname-kun ...
Wow, du musst auch nachsitzen?
Wir sitzen im selben Boot!!
Waaah! Jetzt fühl ich mich weniger allein!
Hi hi ...
Ja ... Ich hab wohl nicht richtig aufgepasst.
Setzt euch.
Oh, Kaname. Geht's dir wieder gut?
Was für ein Jammer, dass du wegen deiner Krankheit die Klausur nicht mitschreiben konntest, was?
Glotz
Schreck
Na ja, aber bei deinen Noten bestehst du die Wiederholungsklausur mit links. Mach einfach so gut mit, wie du kannst.
Von wegen »im selben Boot« ...
Okay, wenn Sie meinen ...

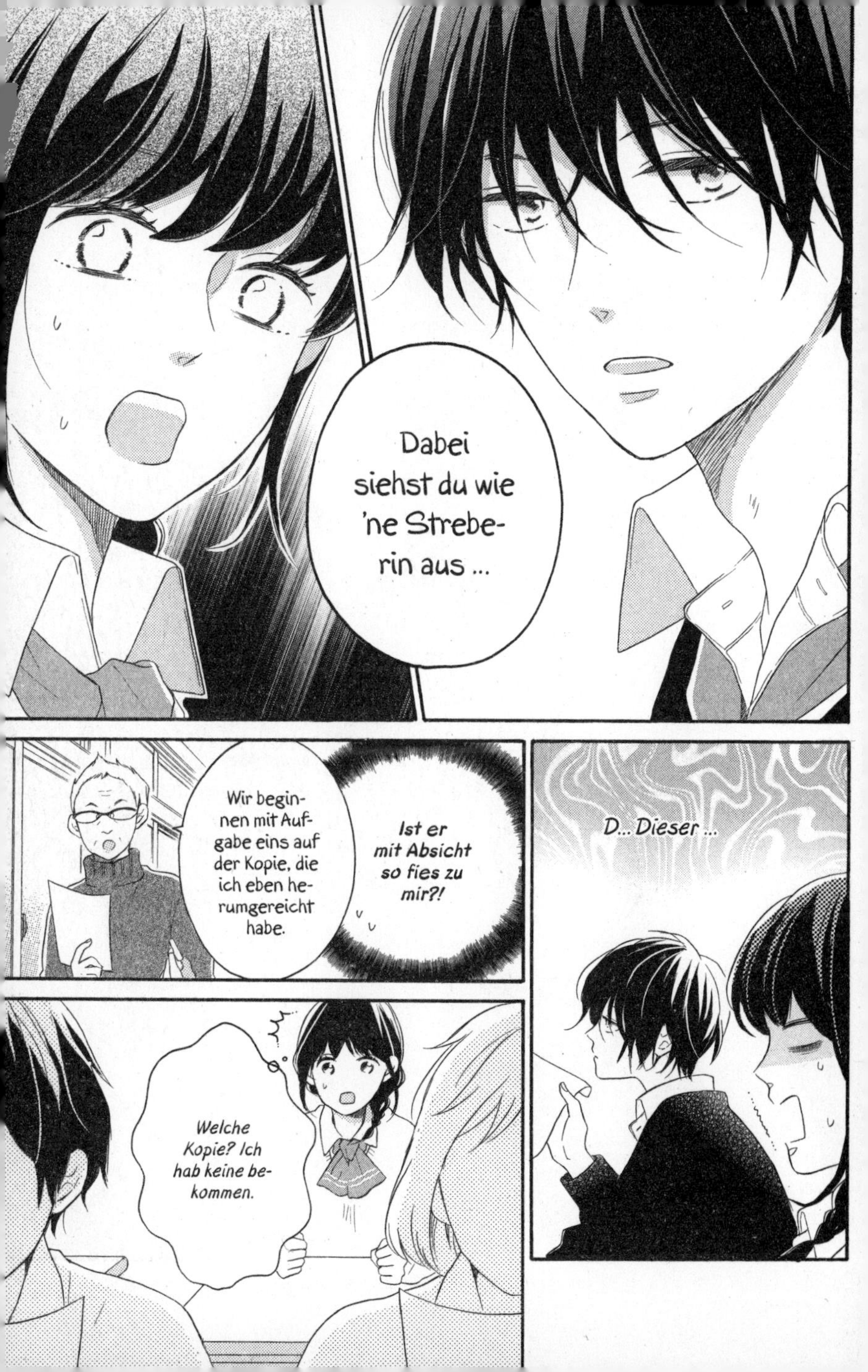

Dabei siehst du wie 'ne Streberin aus ...

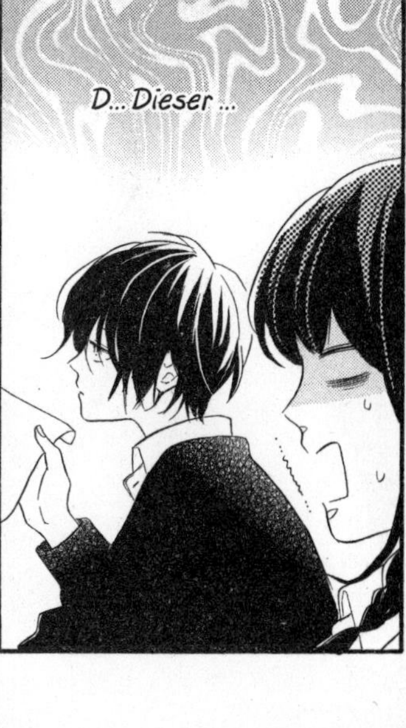

Ist er mit Absicht so fies zu mir?!

Wir beginnen mit Aufgabe eins auf der Kopie, die ich eben herumgereicht habe.

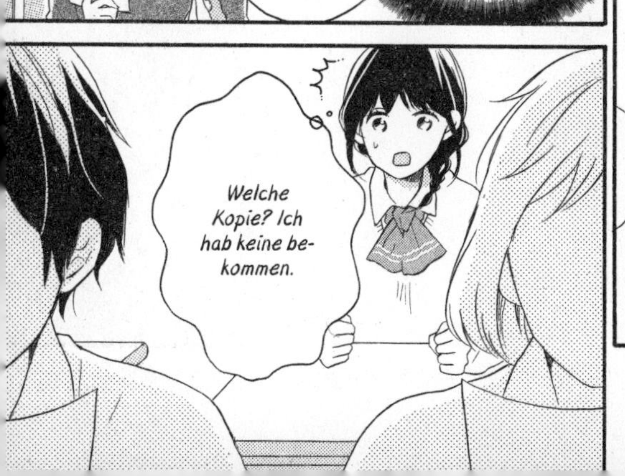

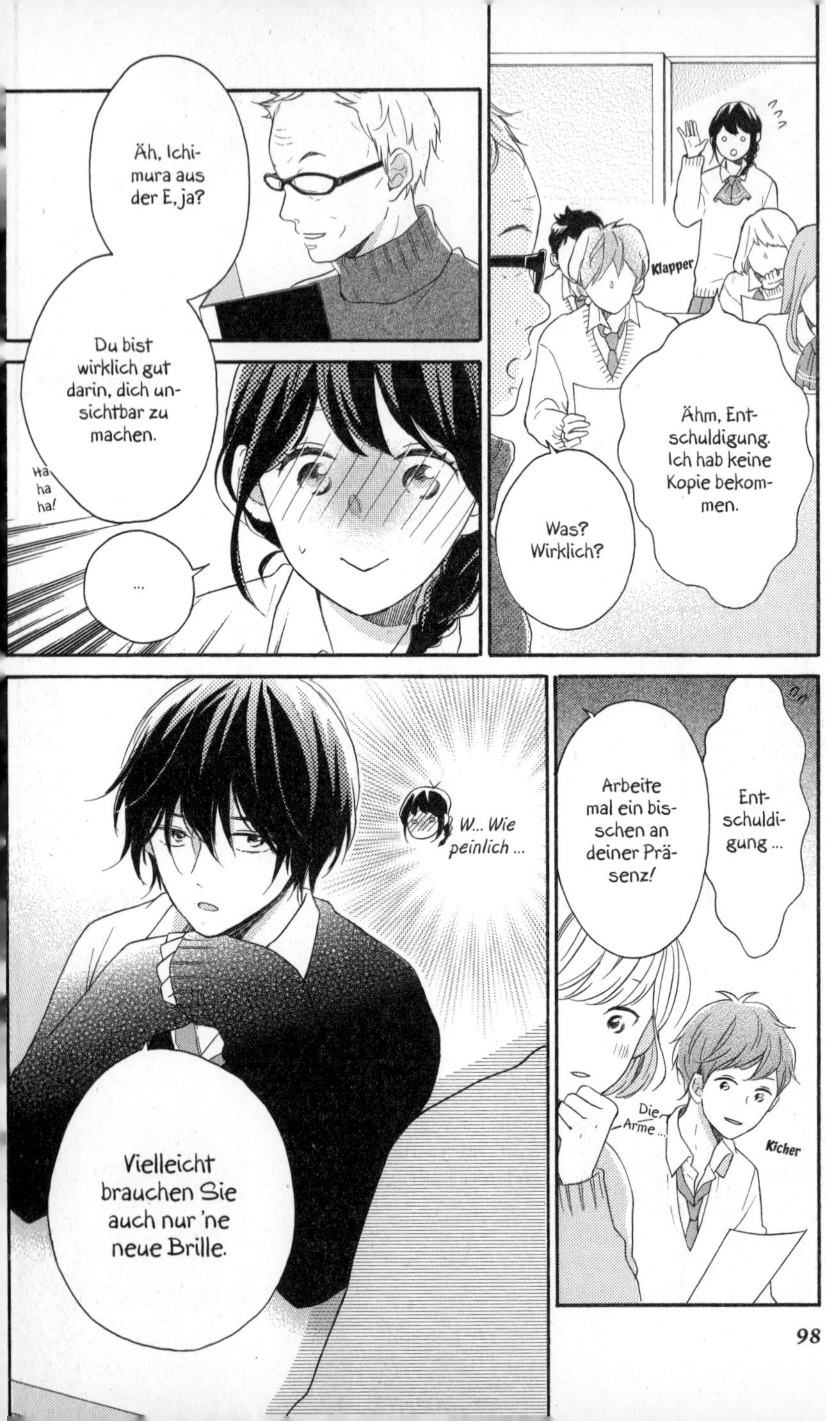

Klapper
Ähm, Entschuldigung. Ich hab keine Kopie bekommen.
Was? Wirklich?
Äh, Ichimura aus der E, ja?
Du bist wirklich gut darin, dich unsichtbar zu machen.
Ha ha ha!
...

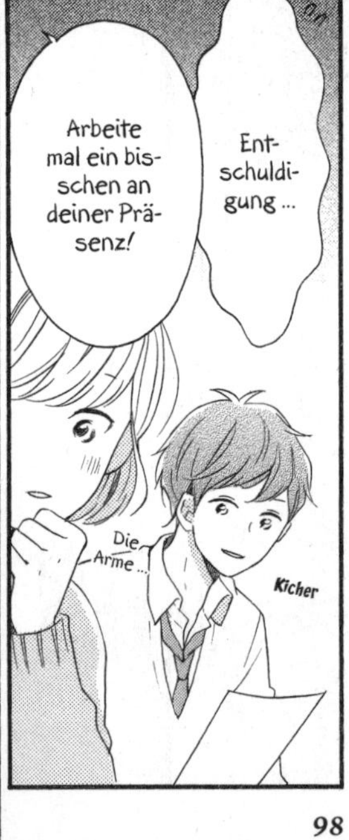

W... Wie peinlich ...
Vielleicht brauchen Sie auch nur 'ne neue Brille.

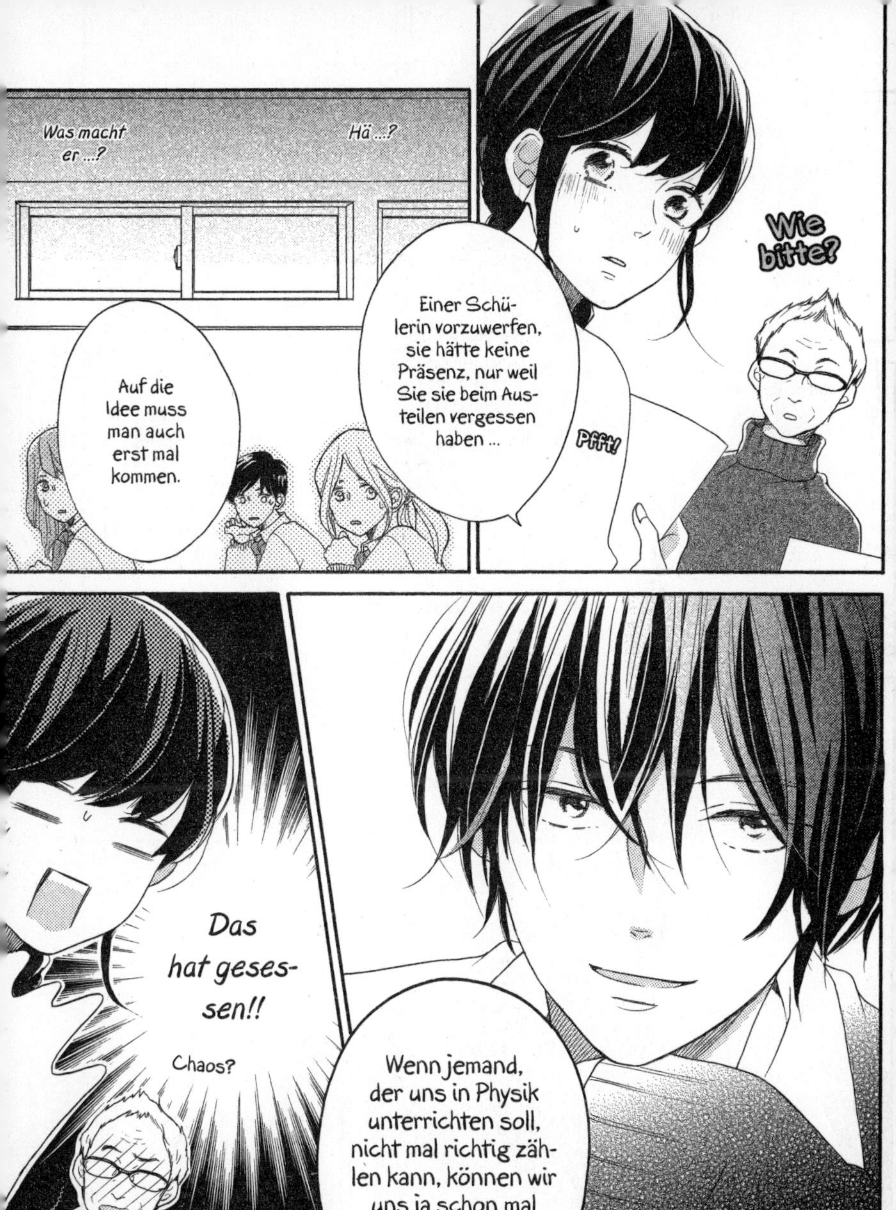
Wie bitte?
Einer Schülerin vorzuwerfen, sie hätte keine Präsenz, nur weil Sie sie beim Austeilen vergessen haben ...
Pfft!
Auf die Idee muss man auch erst mal kommen.
Hä ...?
Was macht er ...?
Wenn jemand, der uns in Physik unterrichten soll, nicht mal richtig zählen kann, können wir uns ja schon mal auf Chaos pur einstellen. Tse!
Das hat gesessen!!
Chaos?

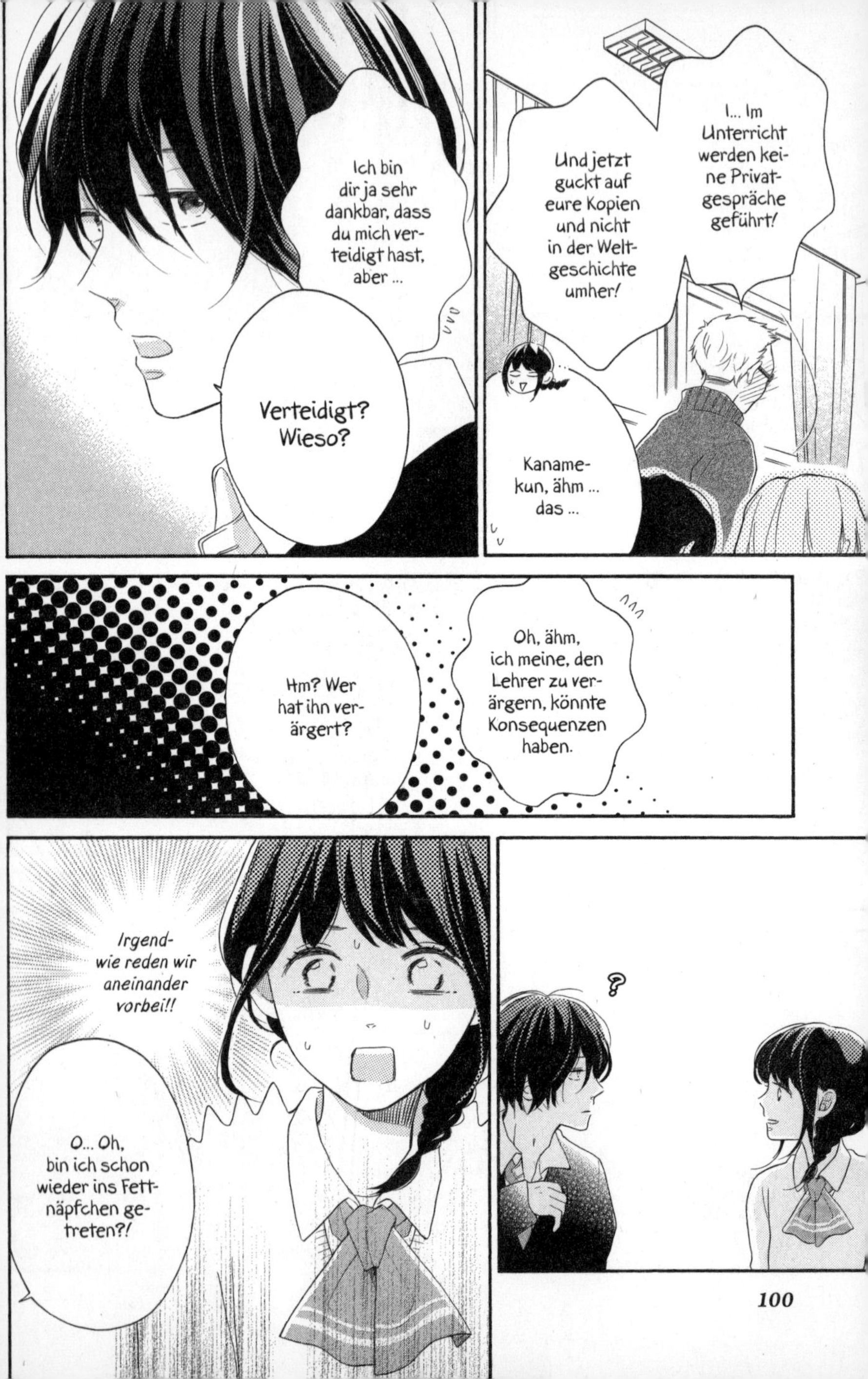

I... Im Unterricht werden keine Privatgespräche geführt!
Und jetzt guckt auf eure Kopien und nicht in der Weltgeschichte umher!
Kaname-kun, ähm ... das ...
Ich bin dir ja sehr dankbar, dass du mich verteidigt hast, aber ...
Verteidigt? Wieso?

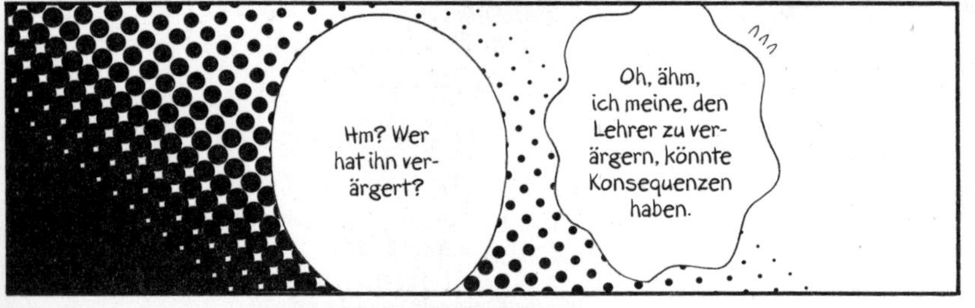

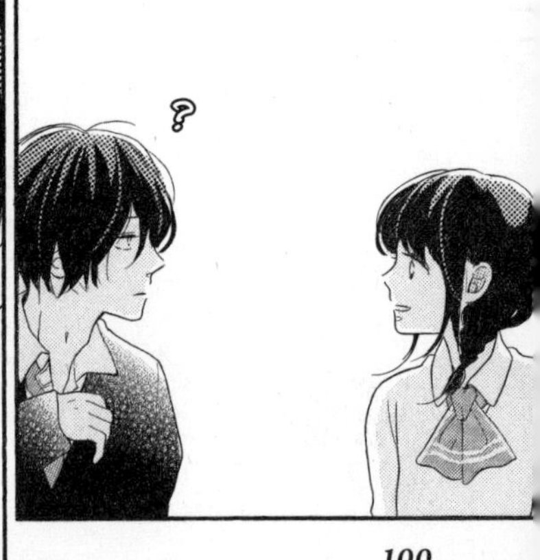

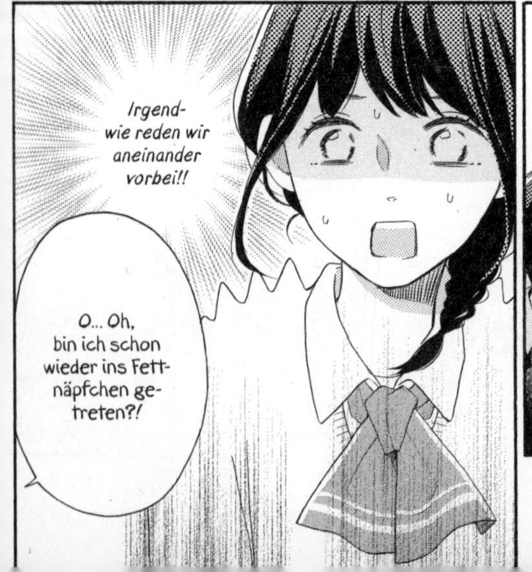

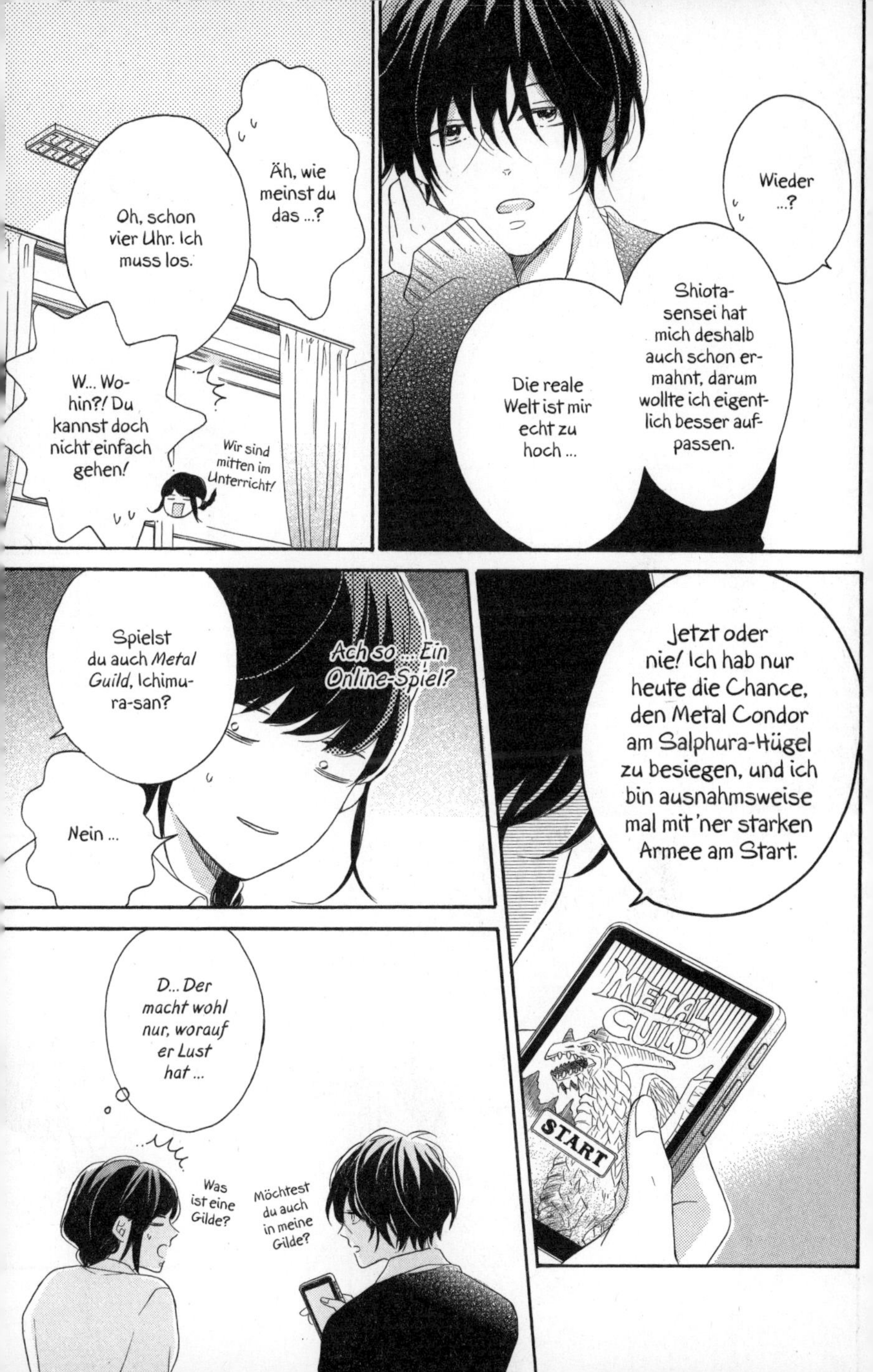
Wieder ...?
Shiota-sensei hat mich deshalb auch schon ermahnt, darum wollte ich eigentlich besser aufpassen.
Die reale Welt ist mir echt zu hoch ...
Äh, wie meinst du das ...?
Oh, schon vier Uhr. Ich muss los.
W... Wohin?! Du kannst doch nicht einfach gehen!
Wir sind mitten im Unterricht!
Jetzt oder nie! Ich hab nur heute die Chance, den Metal Condor am Salphura-Hügel zu besiegen, und ich bin ausnahmsweise mal mit 'ner starken Armee am Start.
METAL GUILD
START
Ach so ... Ein Online-Spiel?
Spielst du auch *Metal Guild*, Ichimura-san?
Nein ...
D... Der macht wohl nur, worauf er Lust hat ...
Möchtest du auch in meine Gilde?
Was ist eine Gilde?

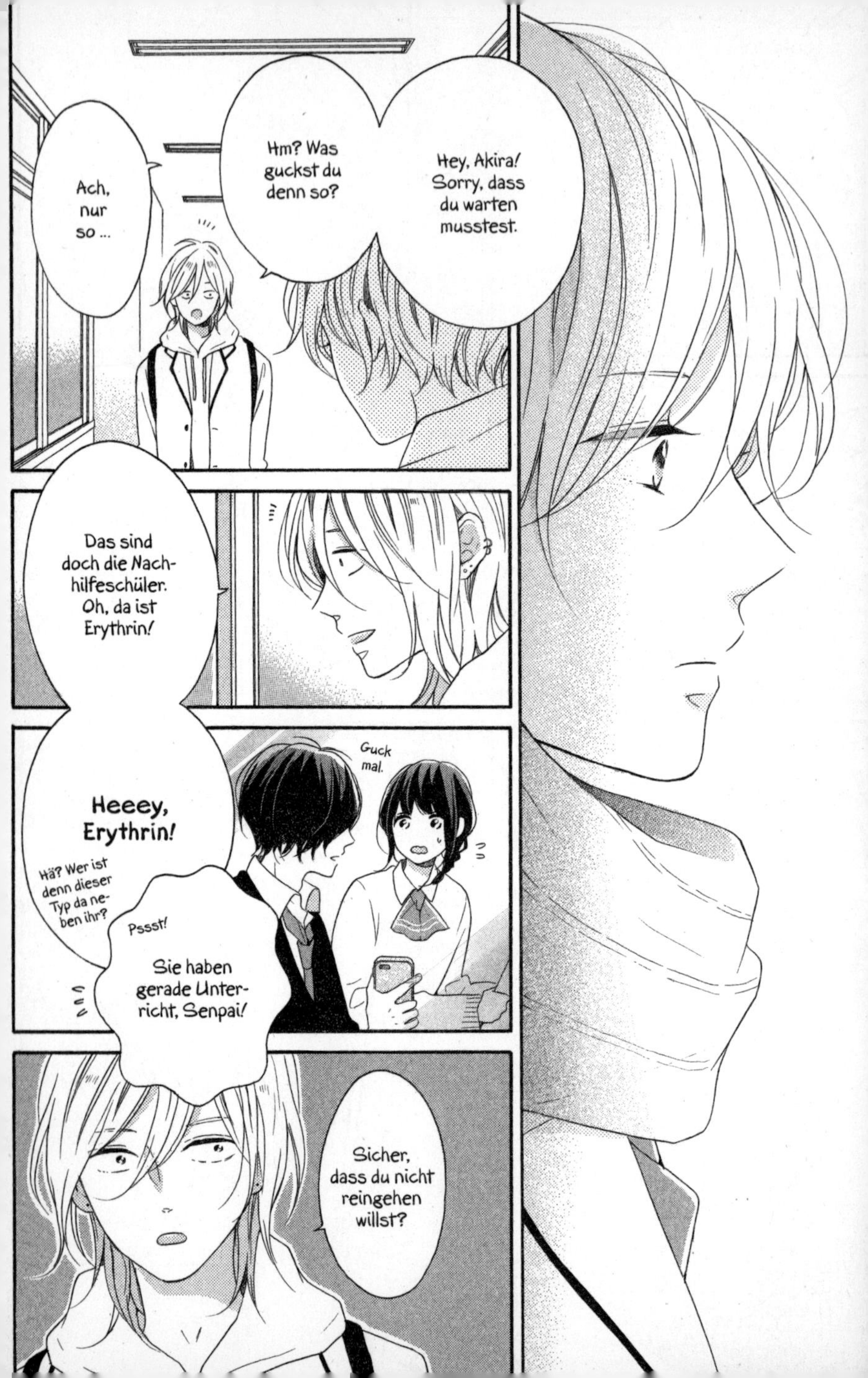
Hey, Akira! Sorry, dass du warten musstest.
Hm? Was guckst du denn so?
Ach, nur so ...
Das sind doch die Nachhilfeschüler. Oh, da ist Erythrin!
Heeey, Erythrin!
Guck mal.
Hä? Wer ist denn dieser Typ da neben ihr?
Pssst!
Sie haben gerade Unterricht, Senpai!
Sicher, dass du nicht reingehen willst?

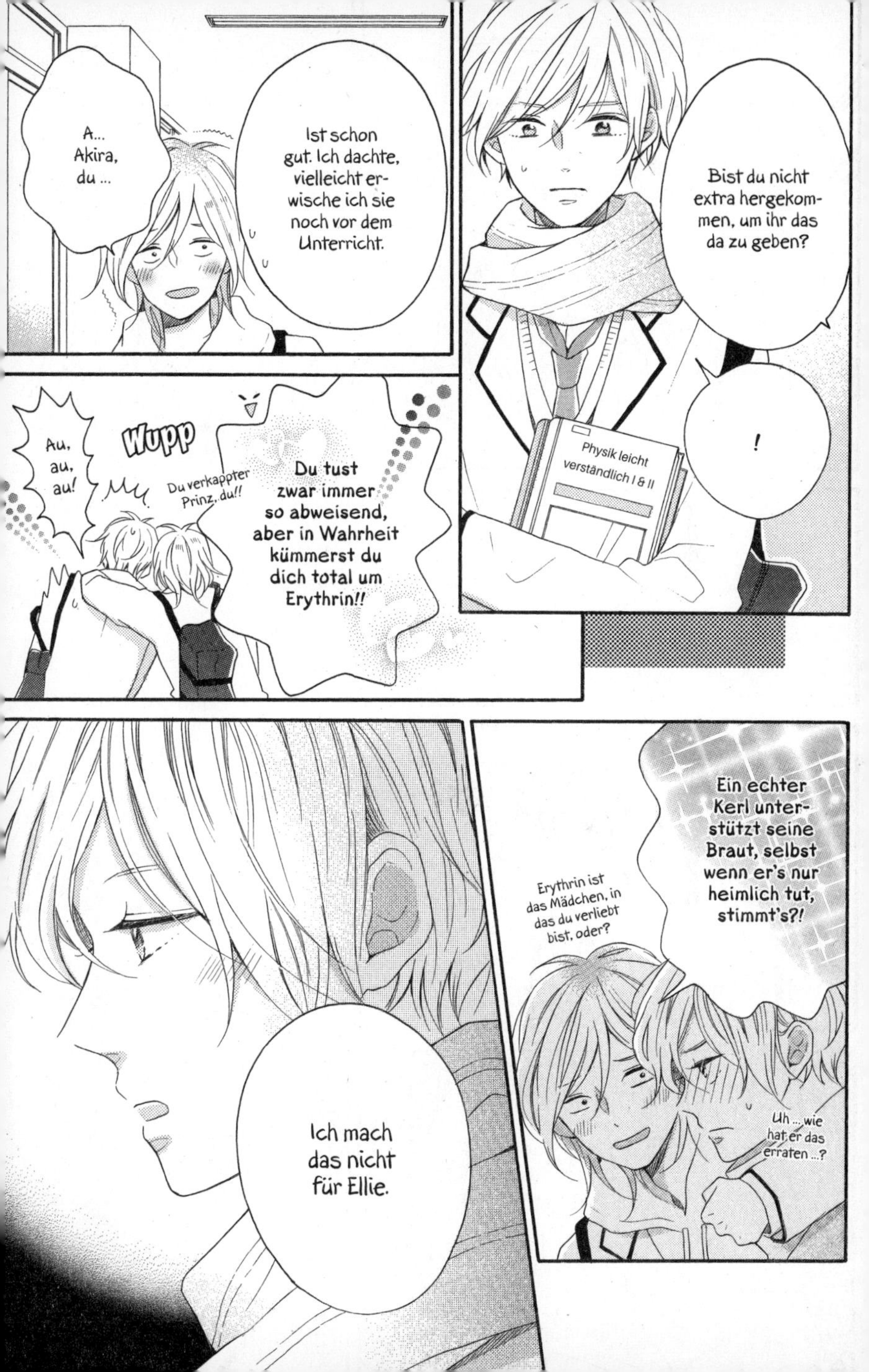
Bist du nicht extra hergekommen, um ihr das da zu geben?
!
Physik leicht verständlich I & II
Ist schon gut. Ich dachte, vielleicht erwische ich sie noch vor dem Unterricht.
A... Akira, du ...
Du tust zwar immer so abweisend, aber in Wahrheit kümmerst du dich total um Erythrin!!
Du verkappter Prinz, du!!
Wupp
Au, au, au!
Ein echter Kerl unterstützt seine Braut, selbst wenn er's nur heimlich tut, stimmt's?!
Erythrin ist das Mädchen, in das du verliebt bist, oder?
Uh ... wie hat er das erraten ...?
Ich mach das nicht für Ellie.

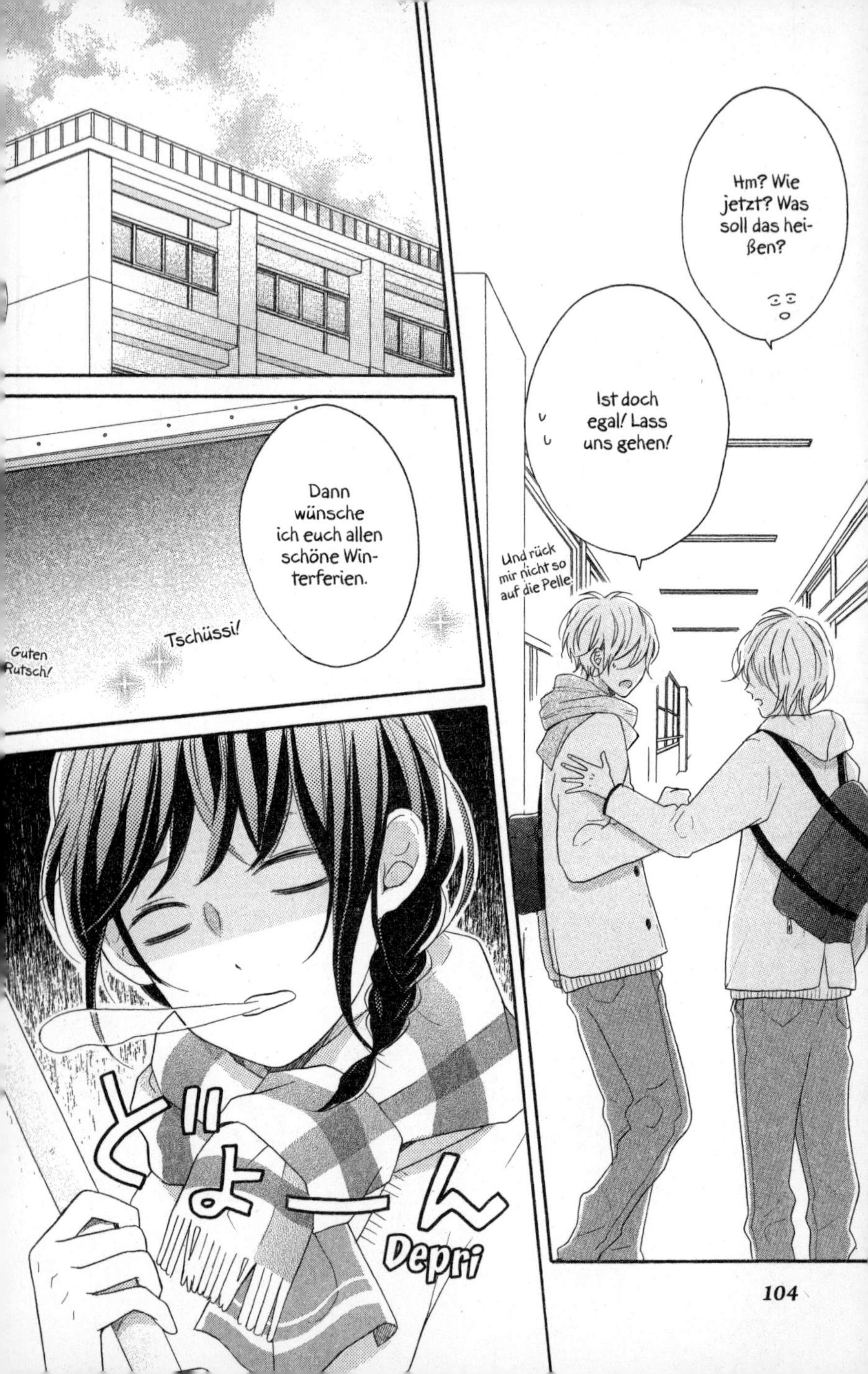
Hm? Wie jetzt? Was soll das hei-ßen?
Ist doch egal! Lass uns gehen!
Und rück mir nicht so auf die Pelle
Dann wünsche ich euch allen schöne Win-terferien.
Tschüssi!
Guten Rutsch!
どよーん
Depri

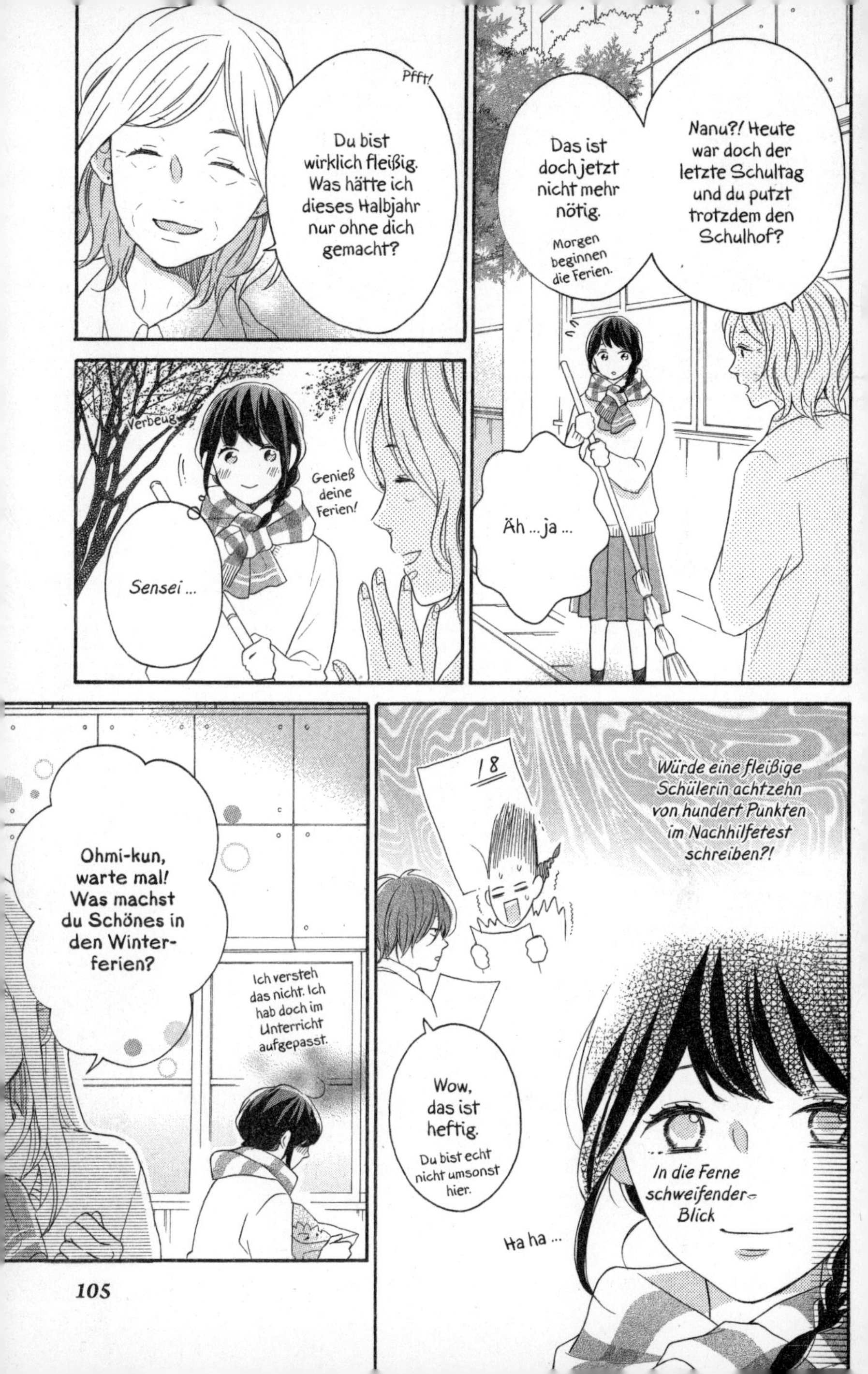

Nanu?! Heute war doch der letzte Schultag und du putzt trotzdem den Schulhof?

Das ist doch jetzt nicht mehr nötig.

Morgen beginnen die Ferien.

Äh ... ja ...

Pfft!

Du bist wirklich fleißig. Was hätte ich dieses Halbjahr nur ohne dich gemacht?

Genieß deine Ferien!

Verbeug

Sensei ...

Würde eine fleißige Schülerin achtzehn von hundert Punkten im Nachhilfetest schreiben?!

18

Wow, das ist heftig.

Du bist echt nicht umsonst hier.

In die Ferne schweifender Blick

Ha ha ...

Ich versteh das nicht. Ich hab doch im Unterricht aufgepasst.

Ohmi-kun, warte mal! Was machst du Schönes in den Winterferien?

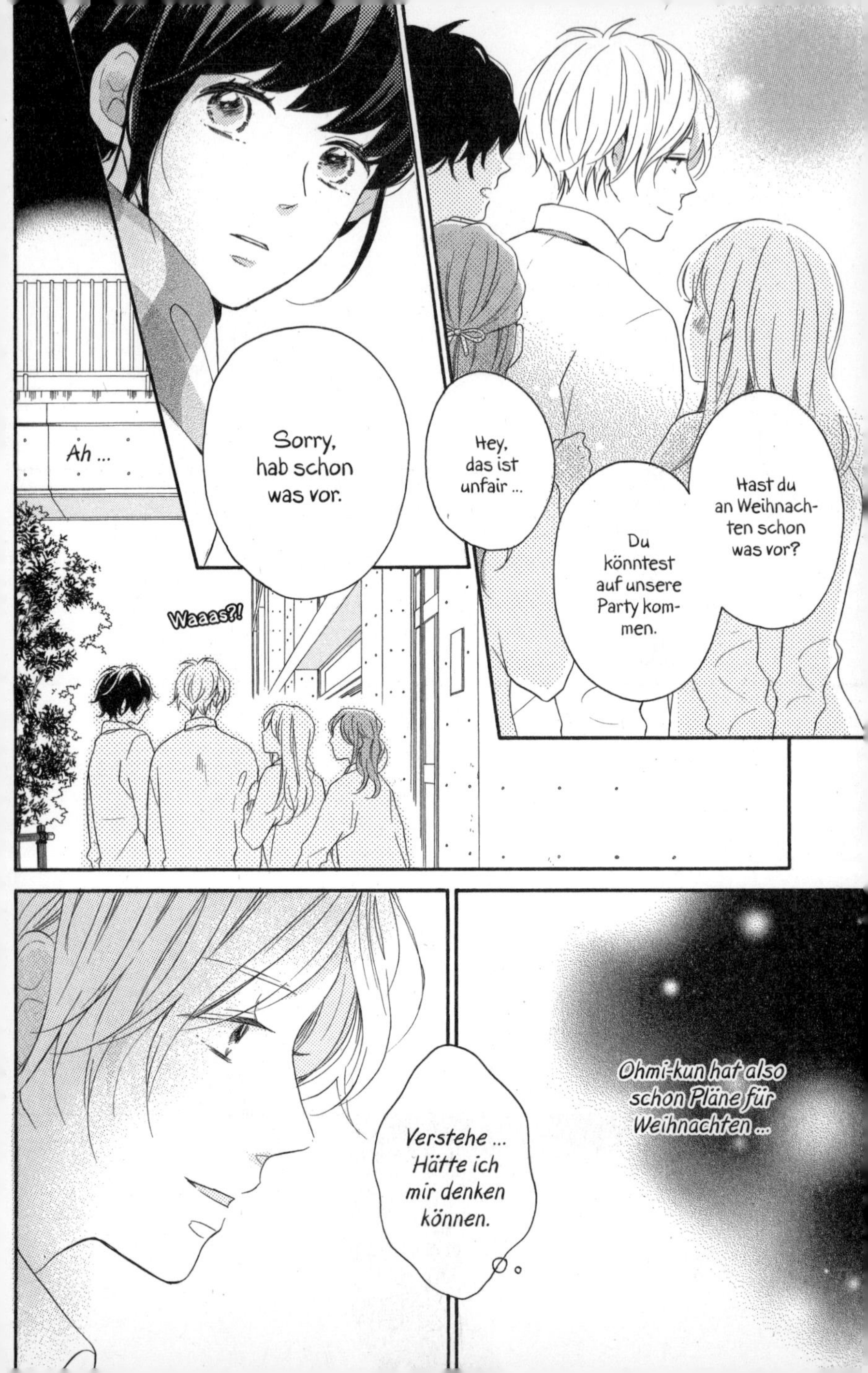
Hast du an Weihnachten schon was vor?
Du könntest auf unsere Party kommen.
Hey, das ist unfair ...
Sorry, hab schon was vor.
Ah ...
Waaas?!
Ohmi-kun hat also schon Pläne für Weihnachten ...
Verstehe ... Hätte ich mir denken können.

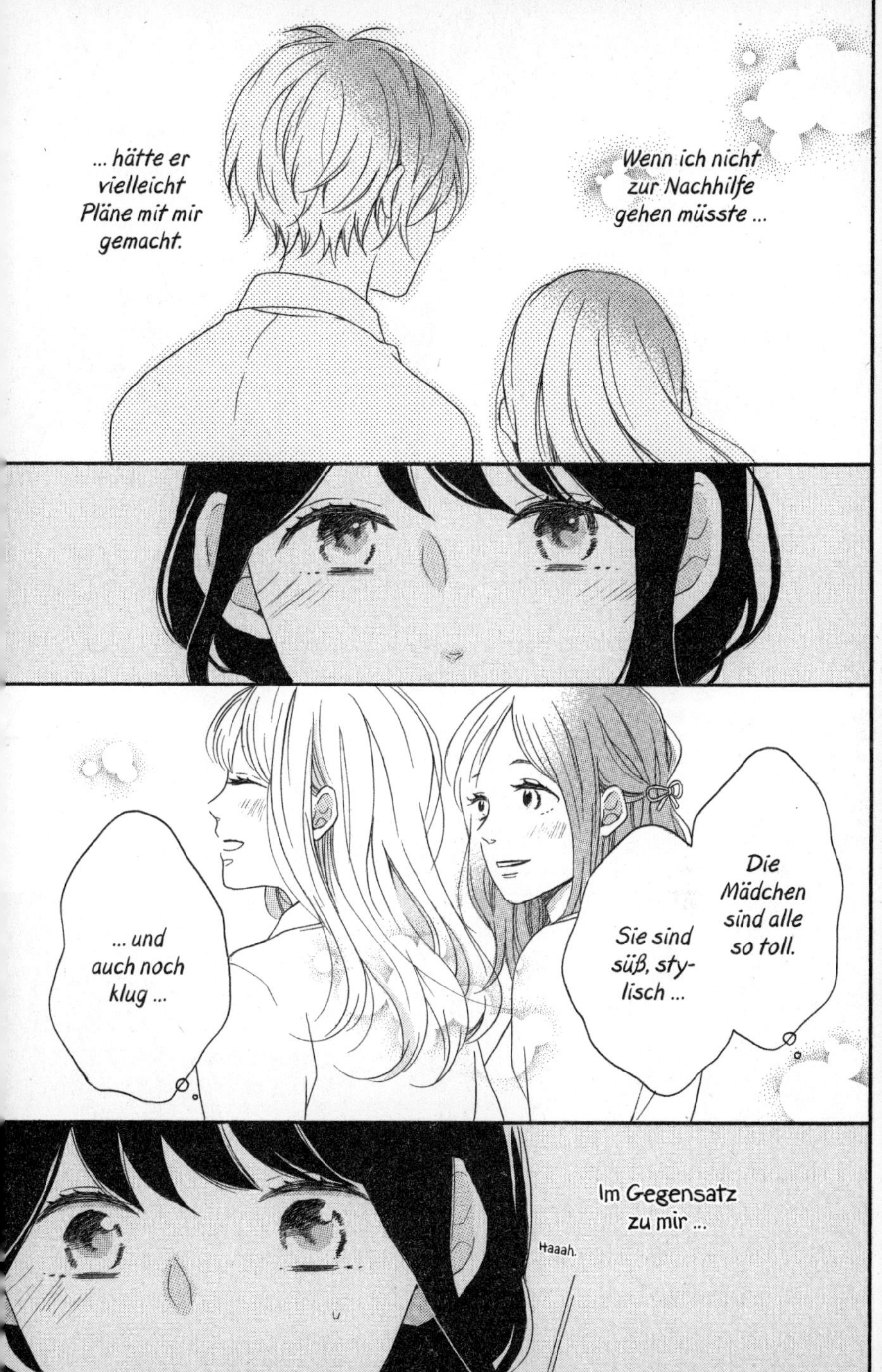
Wenn ich nicht zur Nachhilfe gehen müsste ...
... hätte er vielleicht Pläne mit mir gemacht.
Die Mädchen sind alle so toll.
Sie sind süß, stylisch ...
... und auch noch klug ...
Im Gegensatz zu mir ...
Haaah.

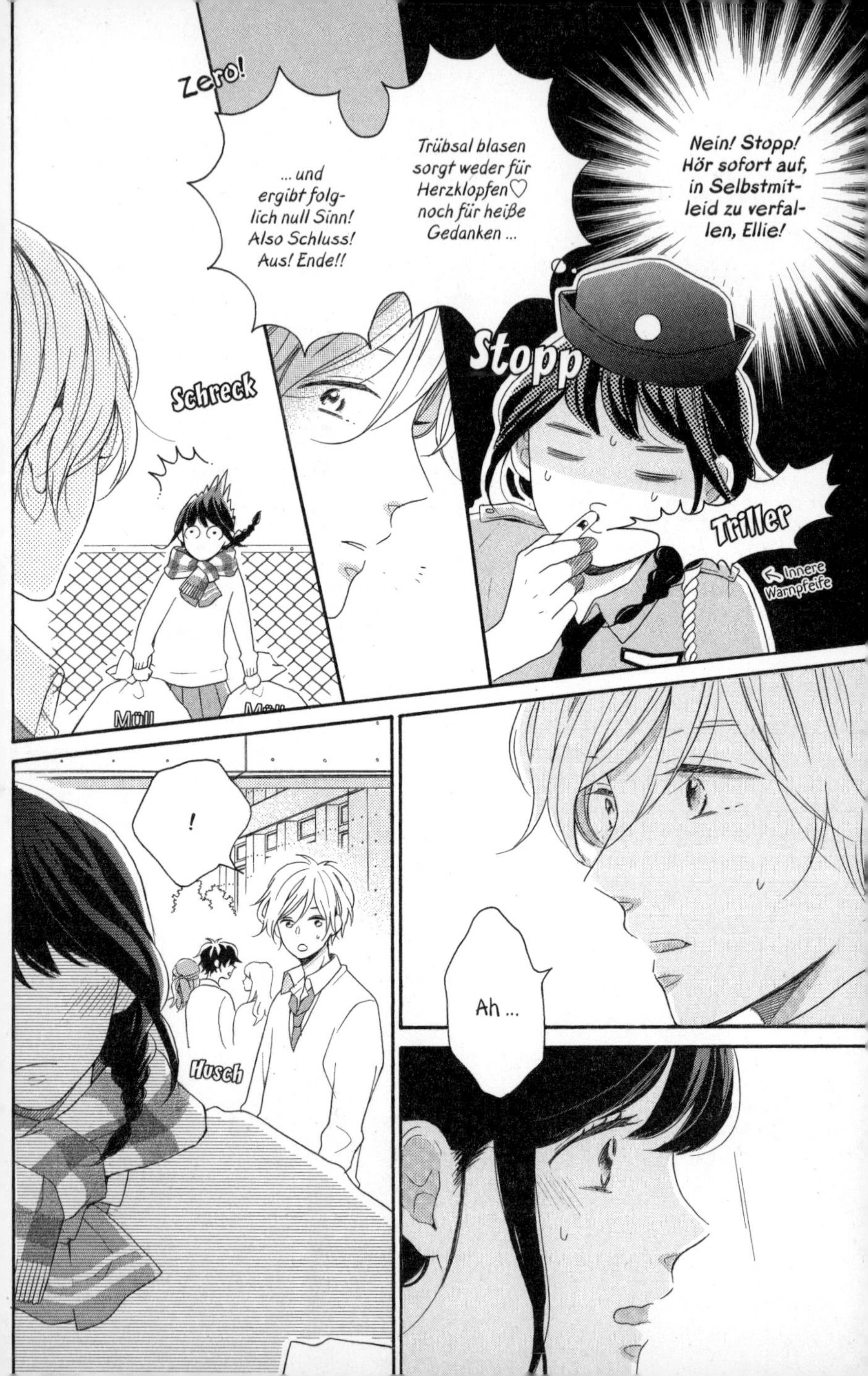
Nein! Stopp! Hör sofort auf, in Selbstmitleid zu verfallen, Ellie!
Stopp
Triller
Innere Warnpfeife
Trübsal blasen sorgt weder für Herzklopfen♡ noch für heiße Gedanken ...
... und ergibt folglich null Sinn! Also Schluss! Aus! Ende!!
Zero!
Schreck
Müll
Ah ...
!
Husch

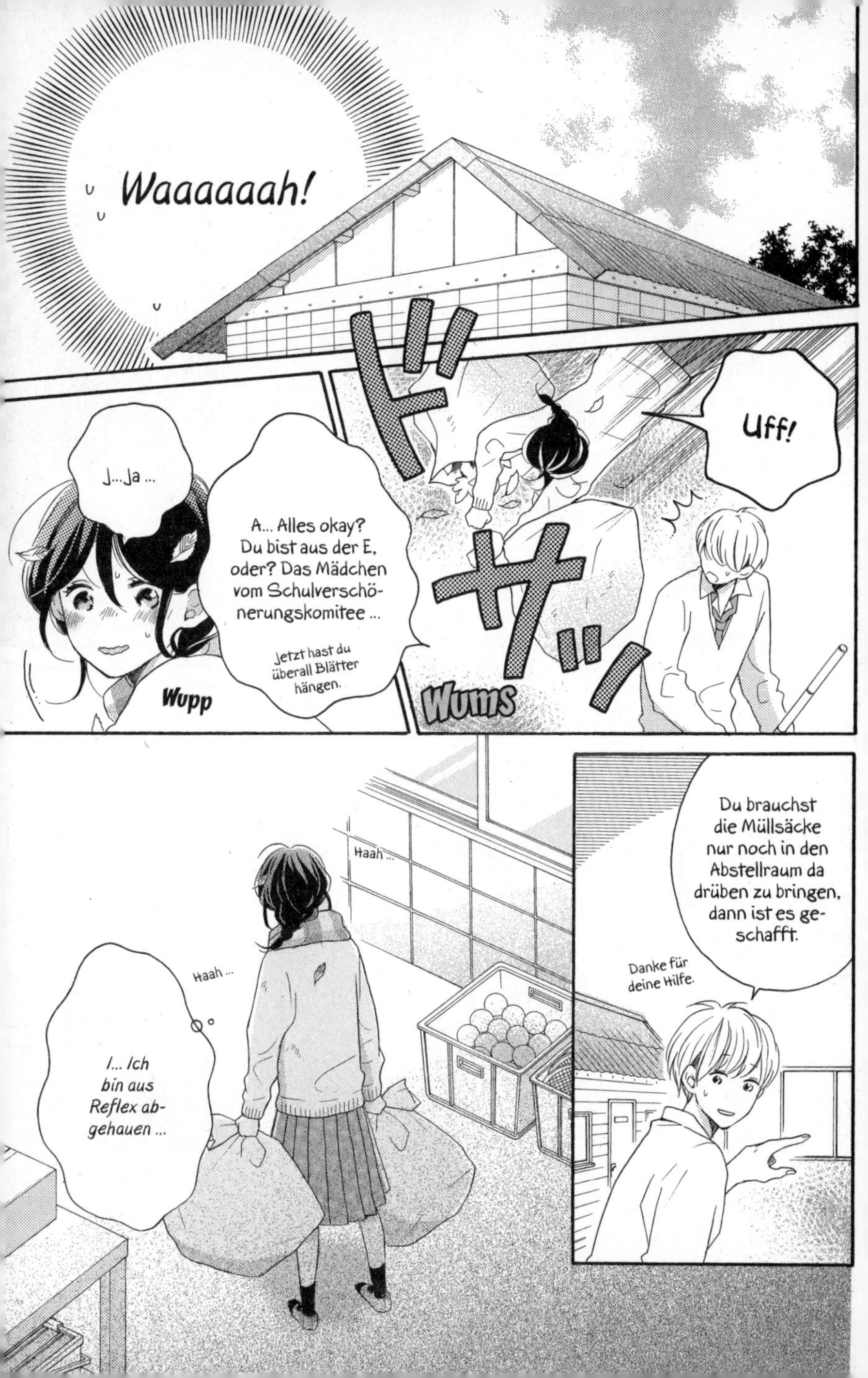
Waaaaaah!
Uff!
Wums
A... Alles okay? Du bist aus der E, oder? Das Mädchen vom Schulverschönerungskomitee ...
Jetzt hast du überall Blätter hängen.
J...Ja ...
Wupp
Du brauchst die Müllsäcke nur noch in den Abstellraum da drüben zu bringen, dann ist es geschafft.
Danke für deine Hilfe.
Haah ...
Haah ...
I... Ich bin aus Reflex abgehauen ...

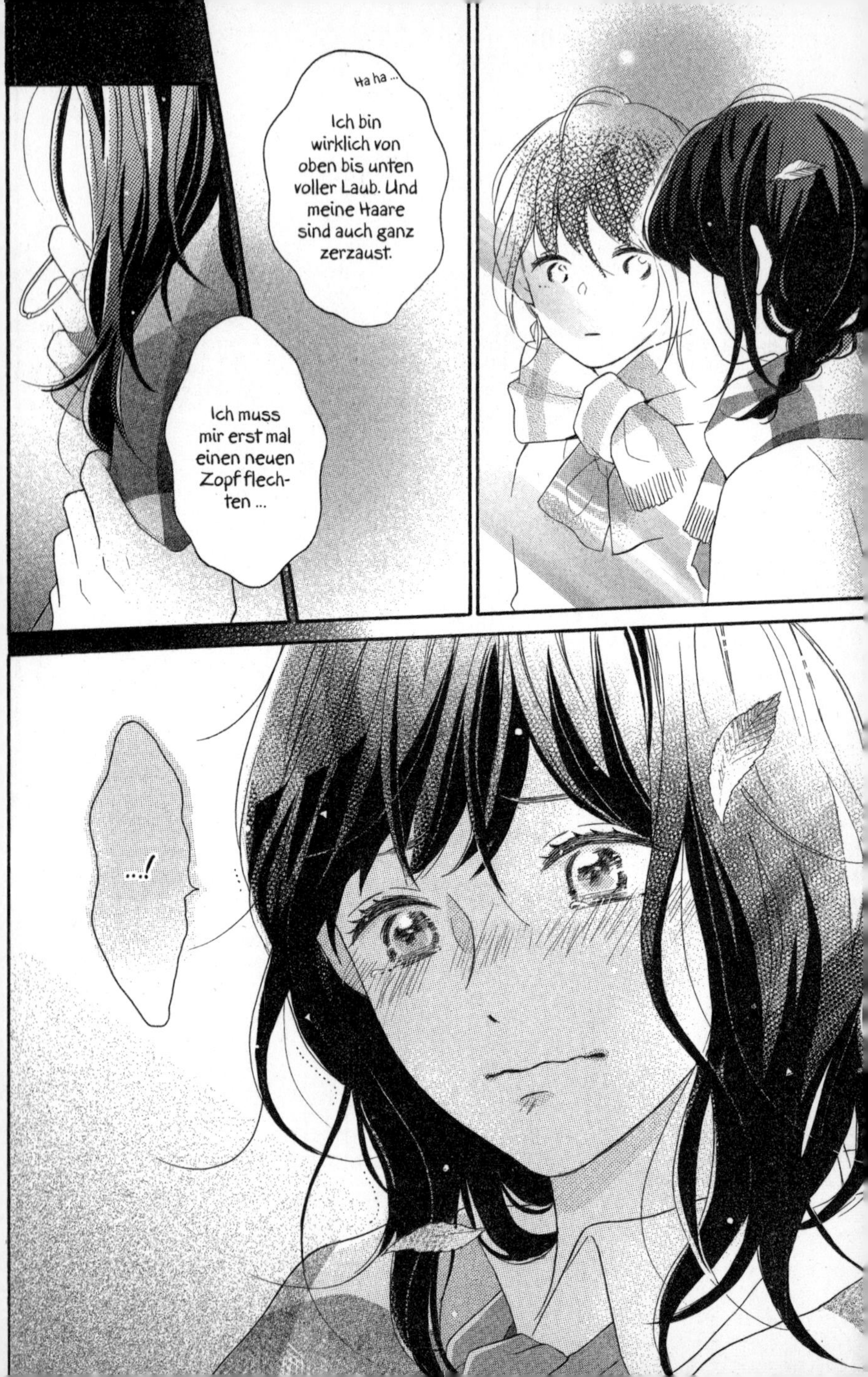
Ha ha ...
Ich bin wirklich von oben bis unten voller Laub. Und meine Haare sind auch ganz zerzaust.
Ich muss mir erst mal einen neuen Zopf flechten ...
...!

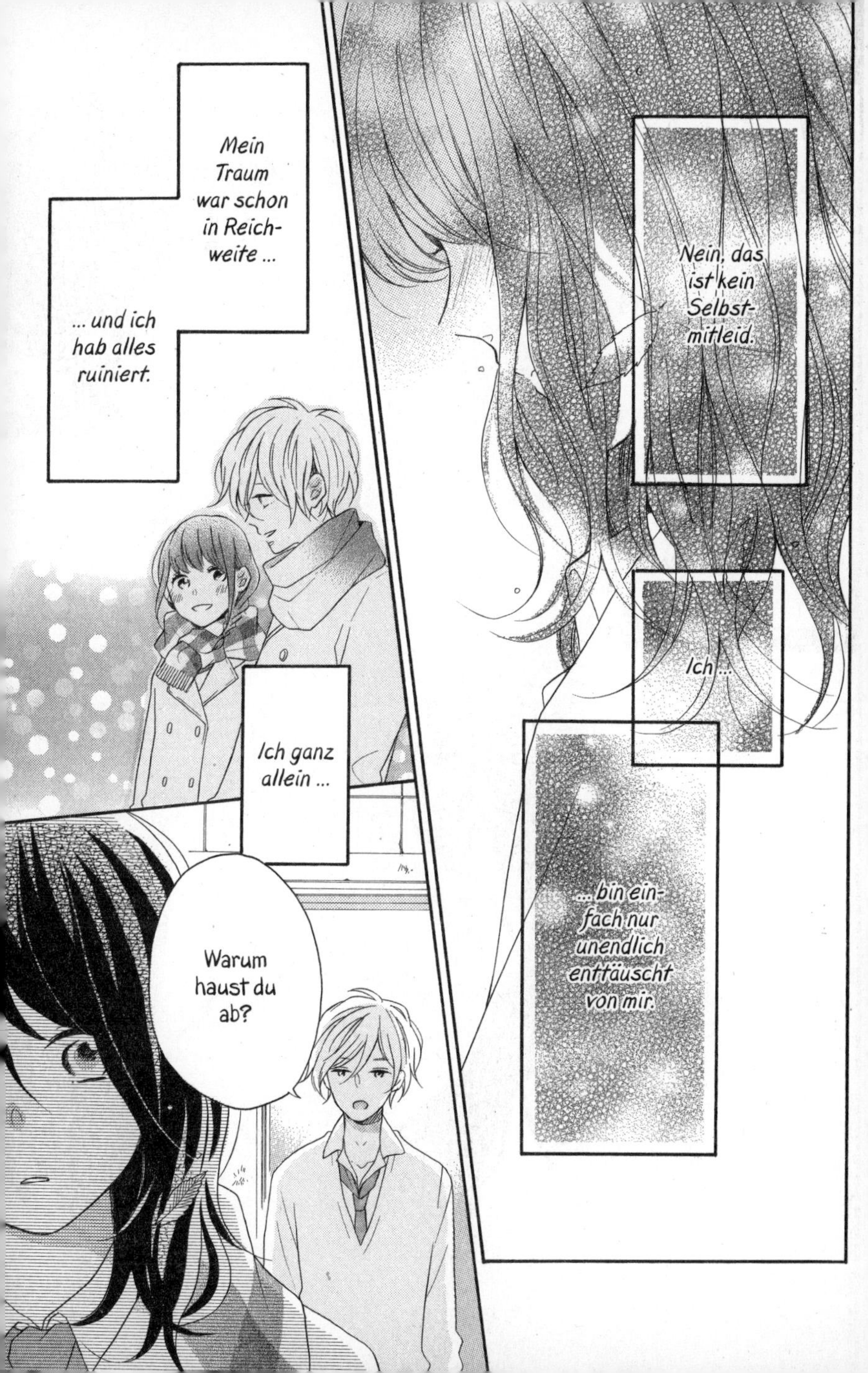
Nein, das ist kein Selbstmitleid.
Ich ...
... bin einfach nur unendlich enttäuscht von mir.
Mein Traum war schon in Reichweite ...
... und ich hab alles ruiniert.
Ich ganz allein ...
Warum haust du ab?

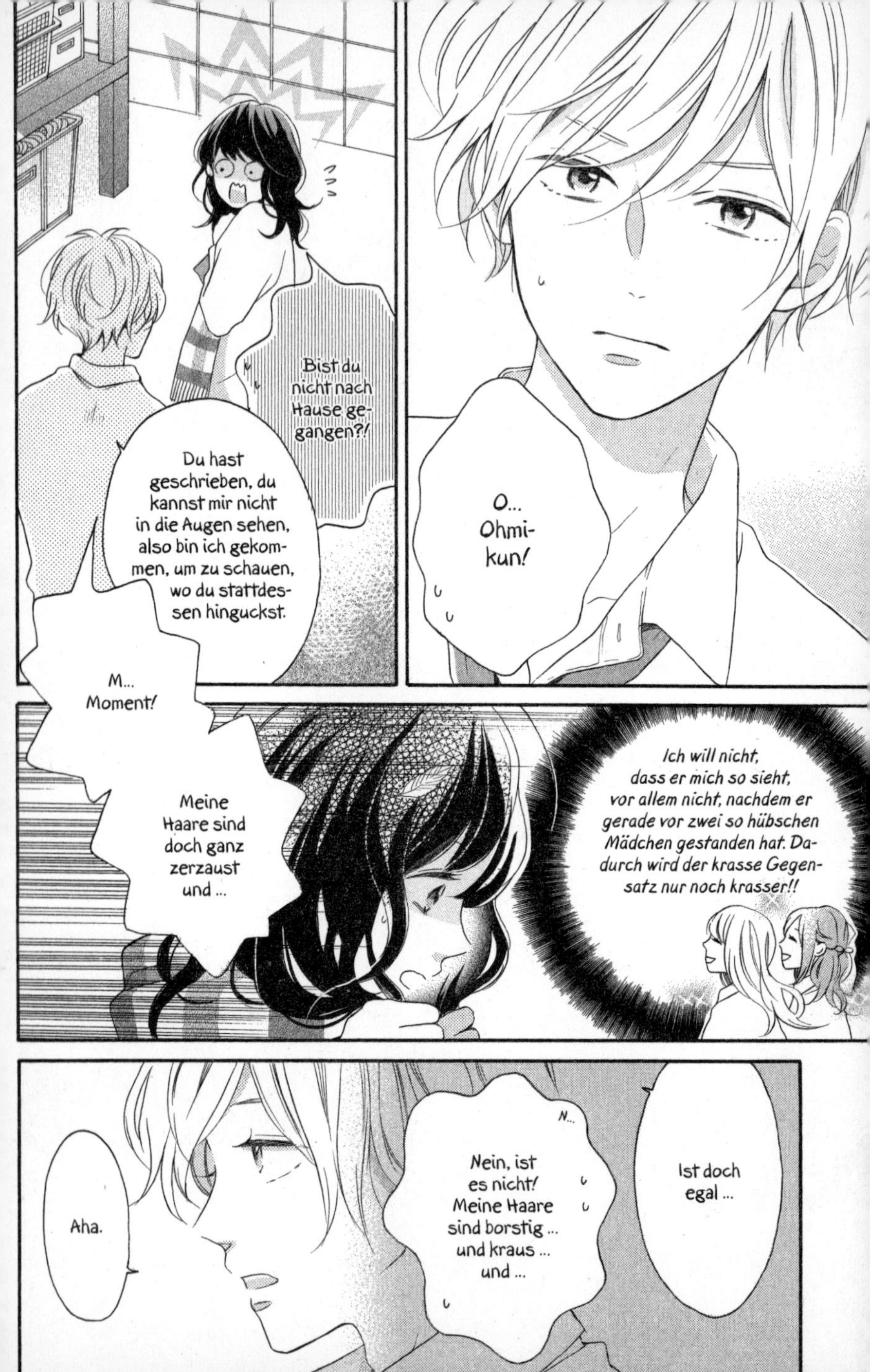
O... Ohmi-kun!
Bist du nicht nach Hause gegangen?!
Du hast geschrieben, du kannst mir nicht in die Augen sehen, also bin ich gekommen, um zu schauen, wo du stattdessen hinguckst.
M... Moment!
Ich will nicht, dass er mich so sieht, vor allem nicht, nachdem er gerade vor zwei so hübschen Mädchen gestanden hat. Dadurch wird der krasse Gegensatz nur noch krasser!!
Meine Haare sind doch ganz zerzaust und ...
Ist doch egal ...
N...
Nein, ist es nicht! Meine Haare sind borstig ... und kraus ... und ...
Aha.

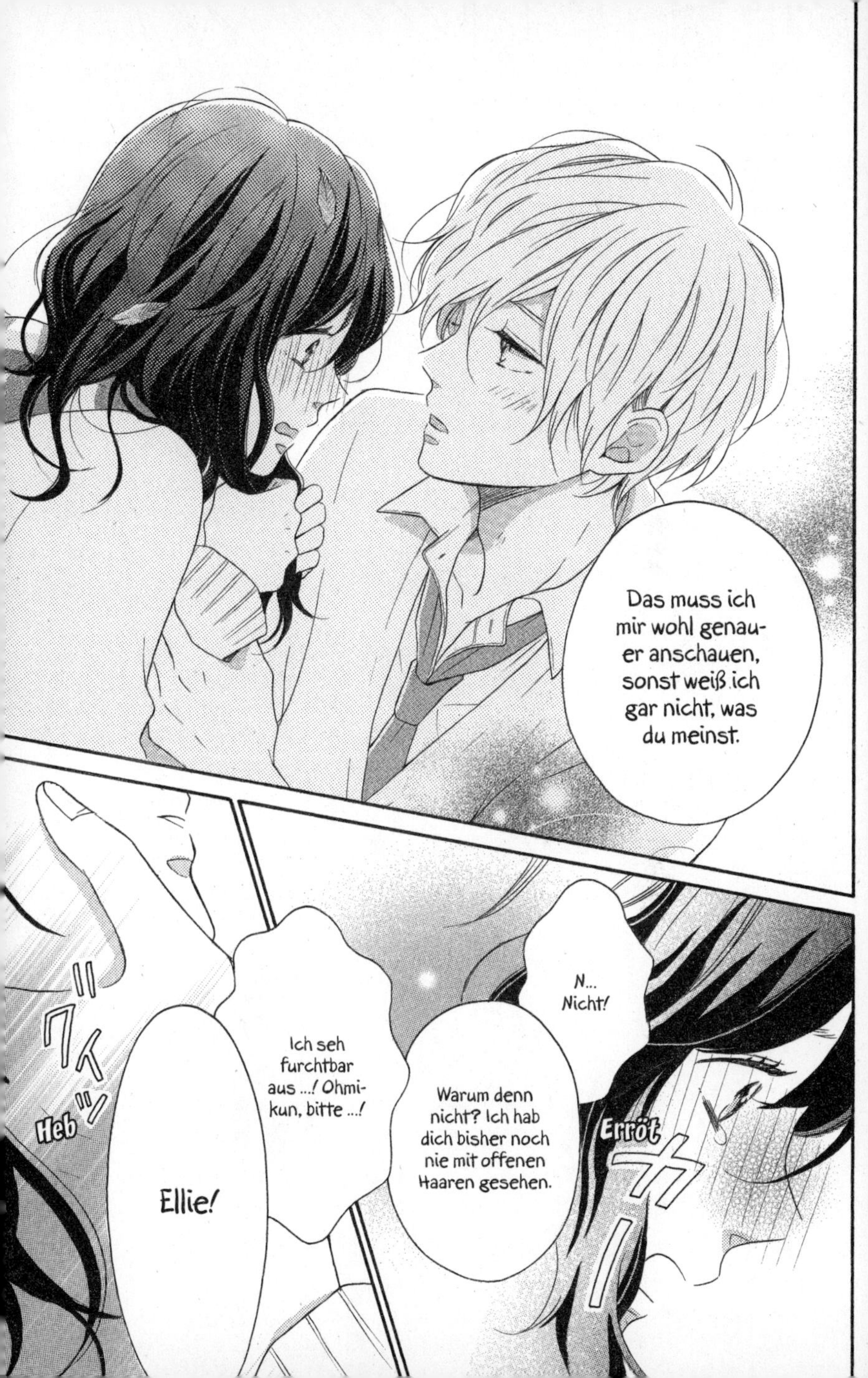
Das muss ich mir wohl genauer anschauen, sonst weiß ich gar nicht, was du meinst.
N... Nicht!
Warum denn nicht? Ich hab dich bisher noch nie mit offenen Haaren gesehen.
Erröt
Ich seh furchtbar aus ...! Ohmi-kun, bitte ...!
Ellie!
Heb

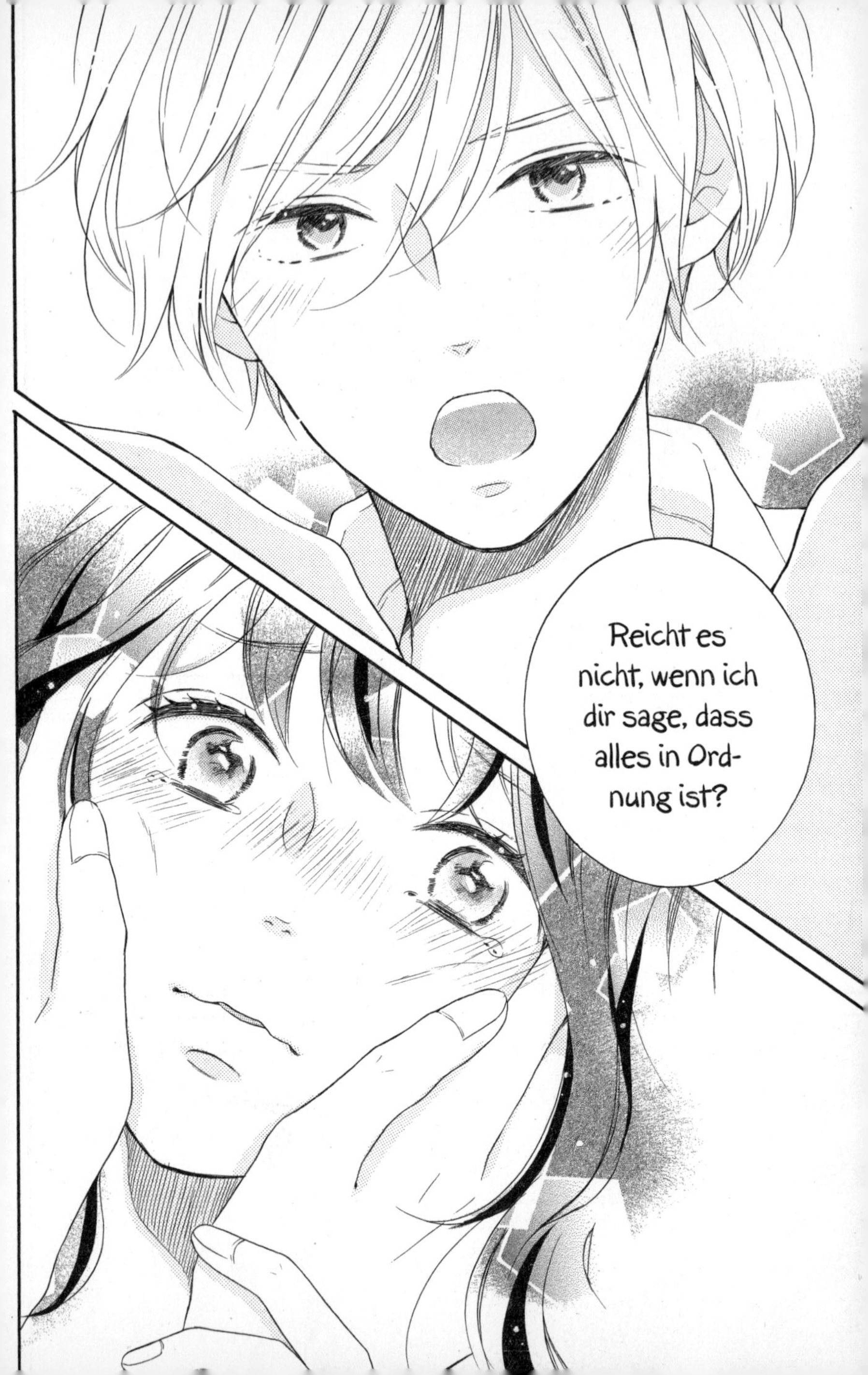
Reicht es nicht, wenn ich dir sage, dass alles in Ordnung ist?

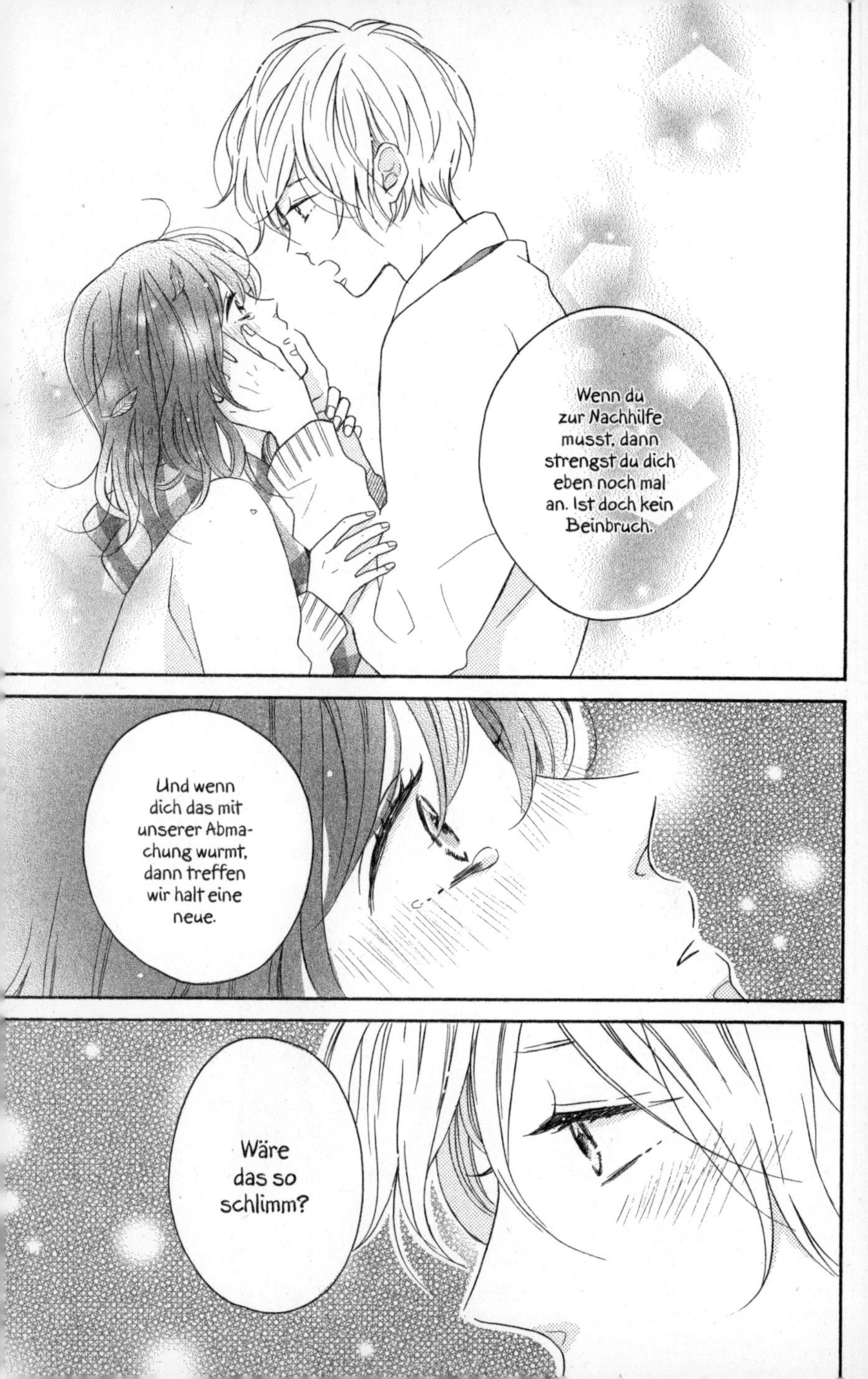
Wenn du zur Nachhilfe musst, dann strengst du dich eben noch mal an. Ist doch kein Beinbruch.
Und wenn dich das mit unserer Abmachung wurmt, dann treffen wir halt eine neue.
Wäre das so schlimm?

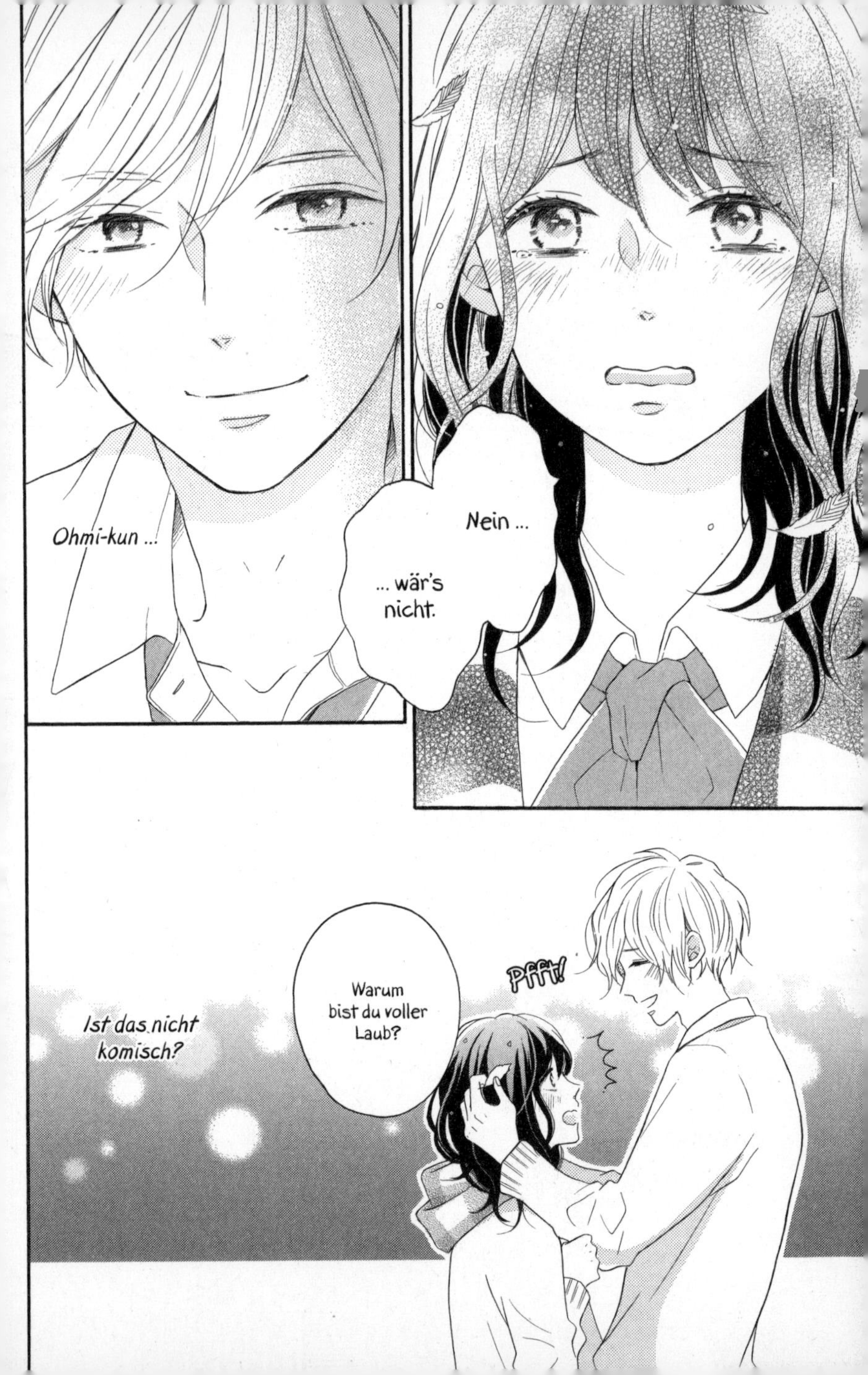
Nein ...
... wär's nicht.
Ohmi-kun ...
Pffft!
Warum bist du voller Laub?
Ist das nicht komisch?

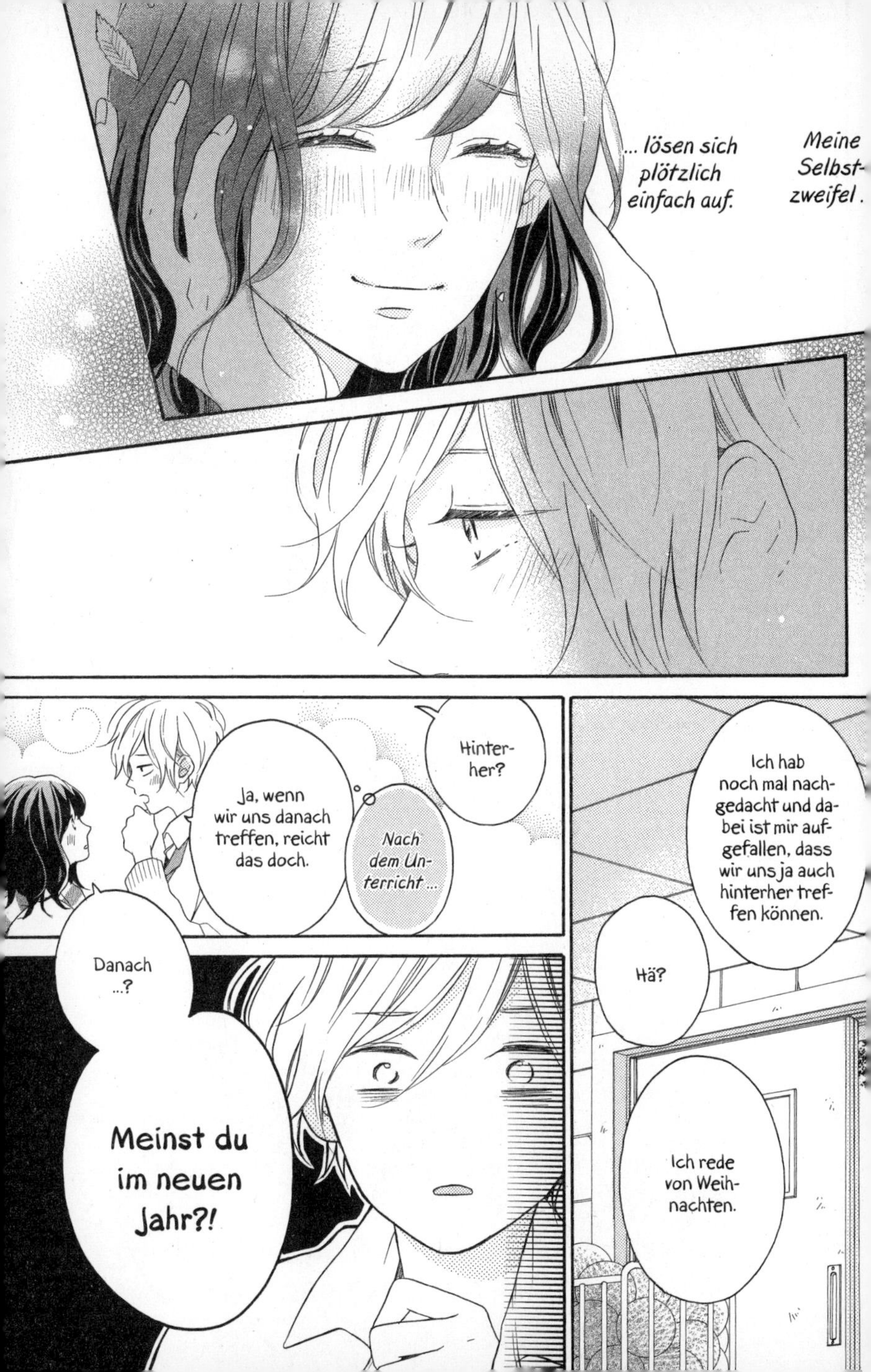
Meine Selbstzweifel ...
... lösen sich plötzlich einfach auf.
Ich hab noch mal nachgedacht und dabei ist mir aufgefallen, dass wir uns ja auch hinterher treffen können.
Hä?
Hinterher?
Nach dem Unterricht ...
Ja, wenn wir uns danach treffen, reicht das doch.
Ich rede von Weihnachten.
Danach ...?
Meinst du im neuen Jahr?!

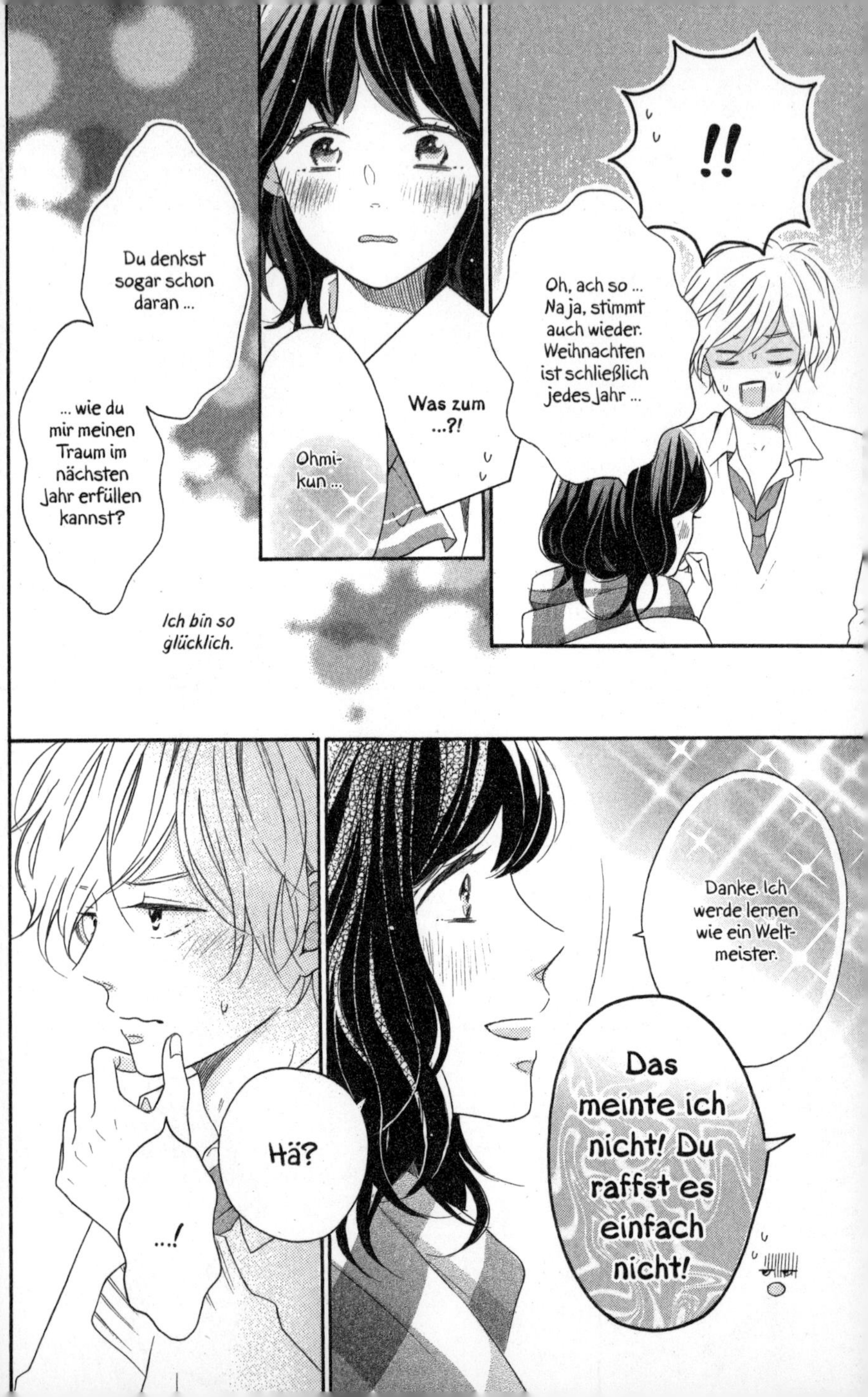

!!

Oh, ach so ... Na ja, stimmt auch wieder. Weihnachten ist schließlich jedes Jahr ...

Was zum ...?!

Ohmi-kun ...

Du denkst sogar schon daran ...

... wie du mir meinen Traum im nächsten Jahr erfüllen kannst?

Ich bin so glücklich.

Danke. Ich werde lernen wie ein Weltmeister.

Das meinte ich nicht! Du raffst es einfach nicht!

Hä?

...!

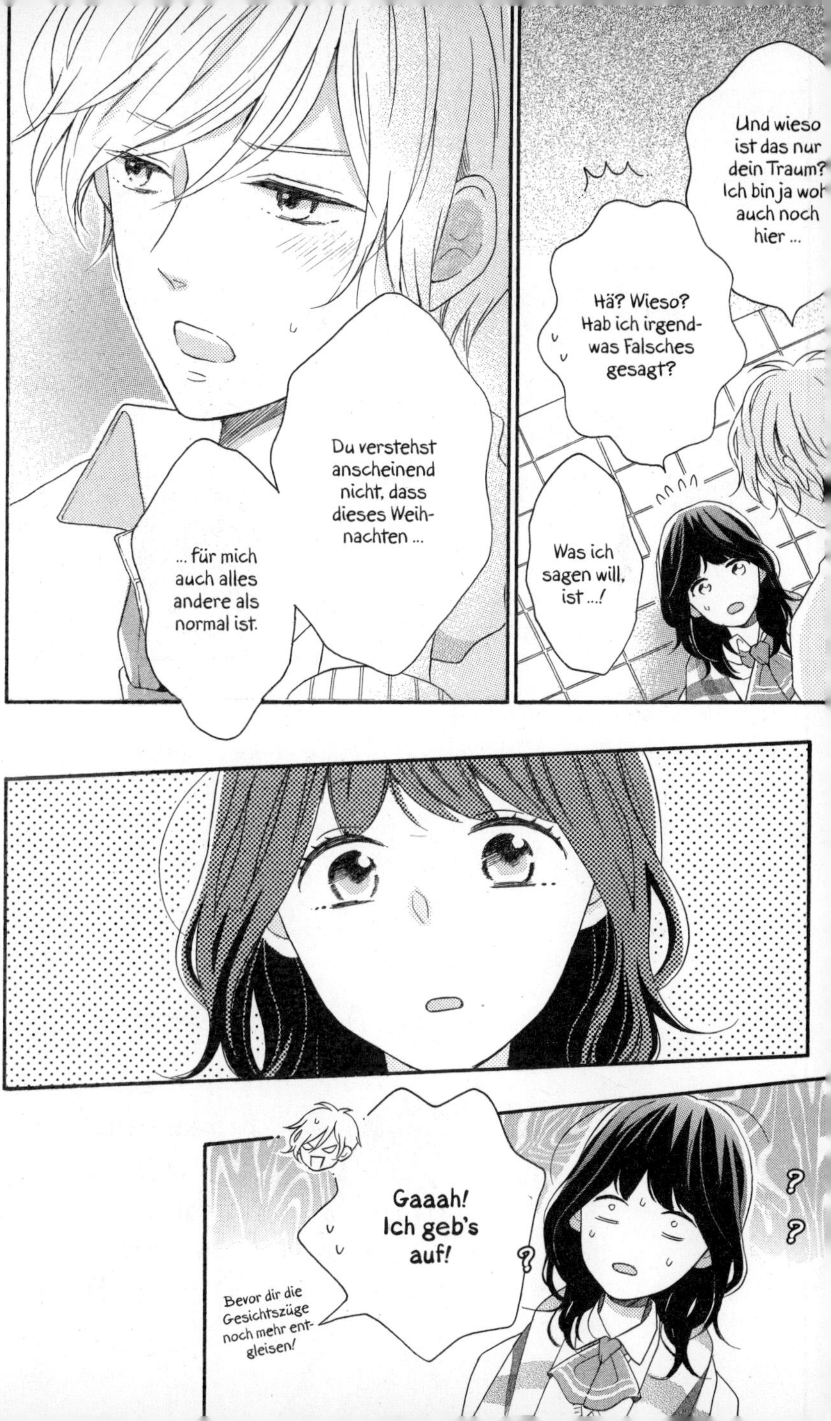

Und wieso ist das nur dein Traum? Ich bin ja woh auch noch hier ...

Hä? Wieso? Hab ich irgendwas Falsches gesagt?

Was ich sagen will, ist ...!

Du verstehst anscheinend nicht, dass dieses Weihnachten ...

... für mich auch alles andere als normal ist.

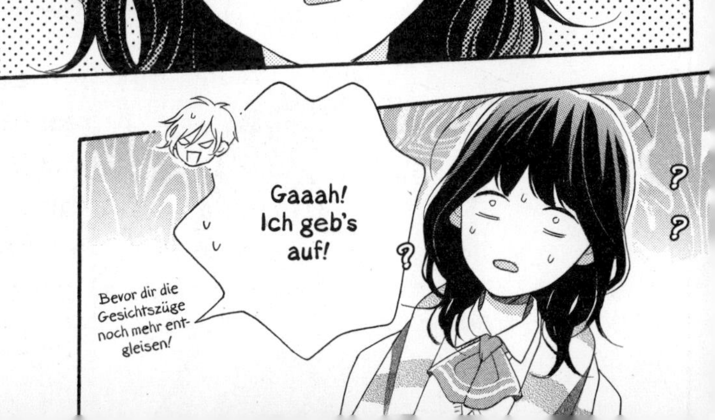

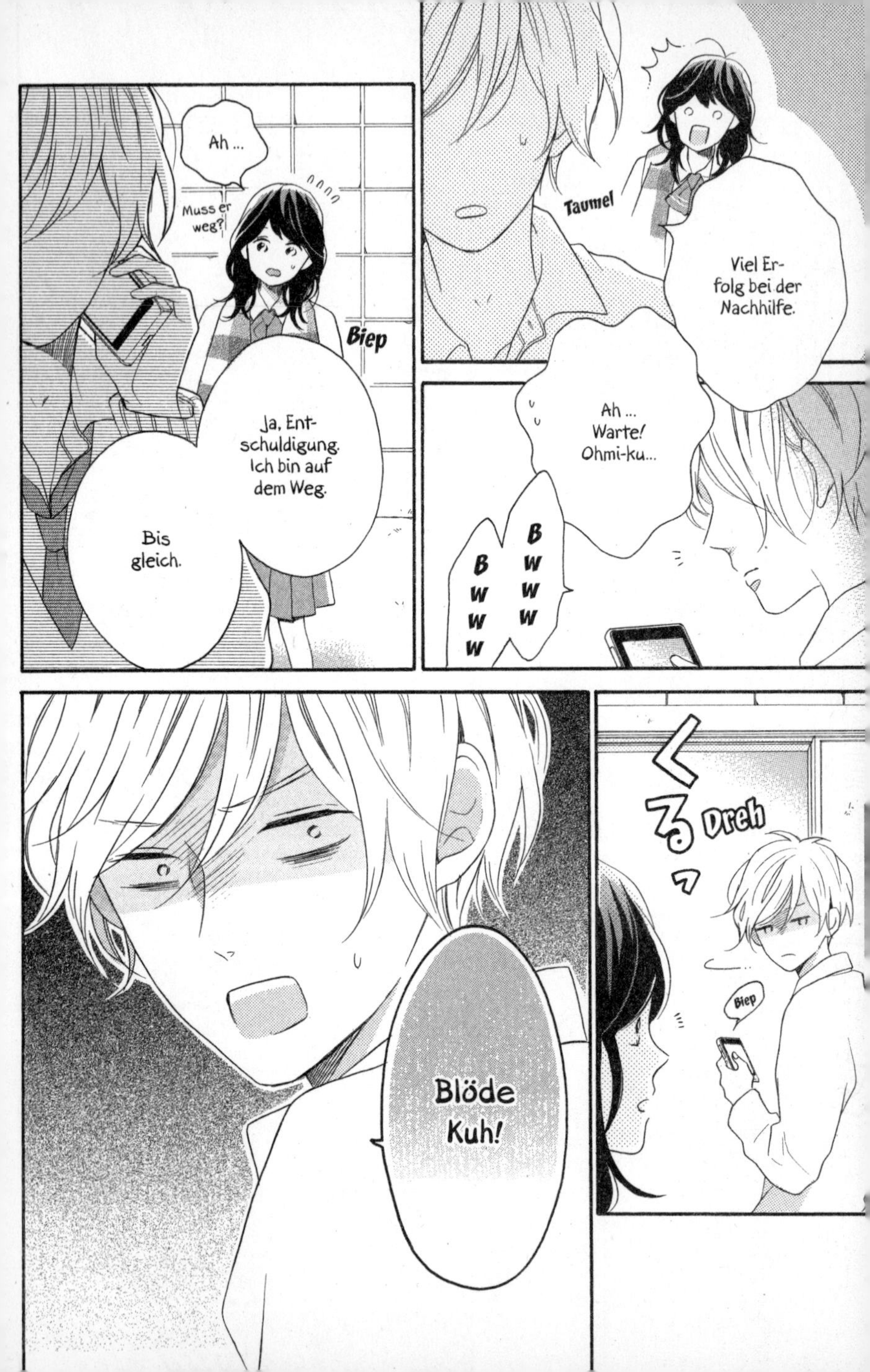
Ah ...
Muss er weg?
Biep
Ja, Entschuldigung. Ich bin auf dem Weg.
Bis gleich.
Taumel
Viel Erfolg bei der Nachhilfe.
Ah ... Warte! Ohmi-ku...
BWWW
BWWW
Dreh
Biep
Blöde Kuh!

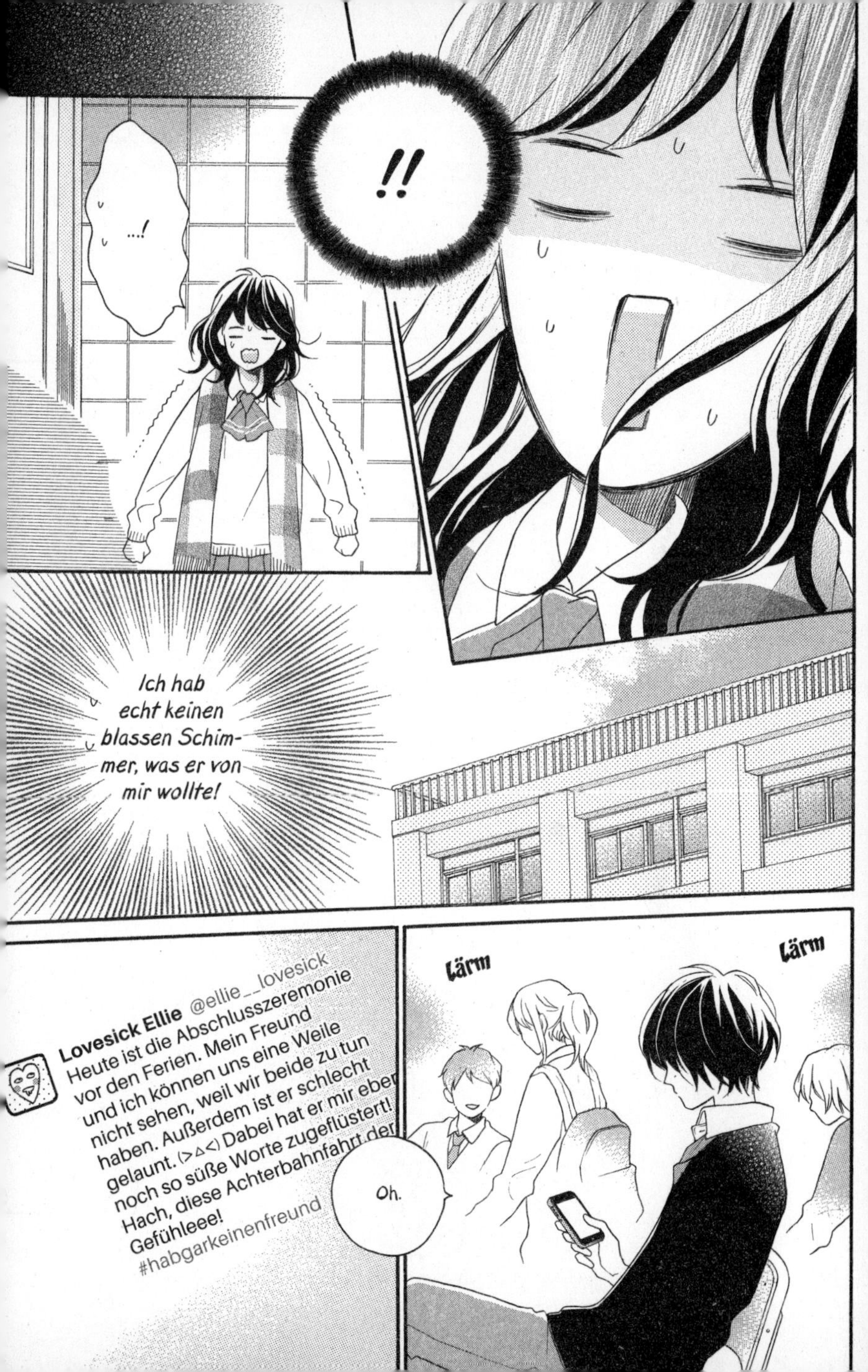
!!
...!
Ich hab echt keinen blassen Schimmer, was er von mir wollte!
Lärm
Lärm
Oh.
Lovesick Ellie @ellie__lovesick
Heute ist die Abschlusszeremonie vor den Ferien. Mein Freund und ich können uns eine Weile nicht sehen, weil wir beide zu tun haben. Außerdem ist er schlecht gelaunt. (>△<) Dabei hat er mir eben noch so süße Worte zugeflüstert! Hach, diese Achterbahnfahrt der Gefühleee!
#habgarkeinenfreund

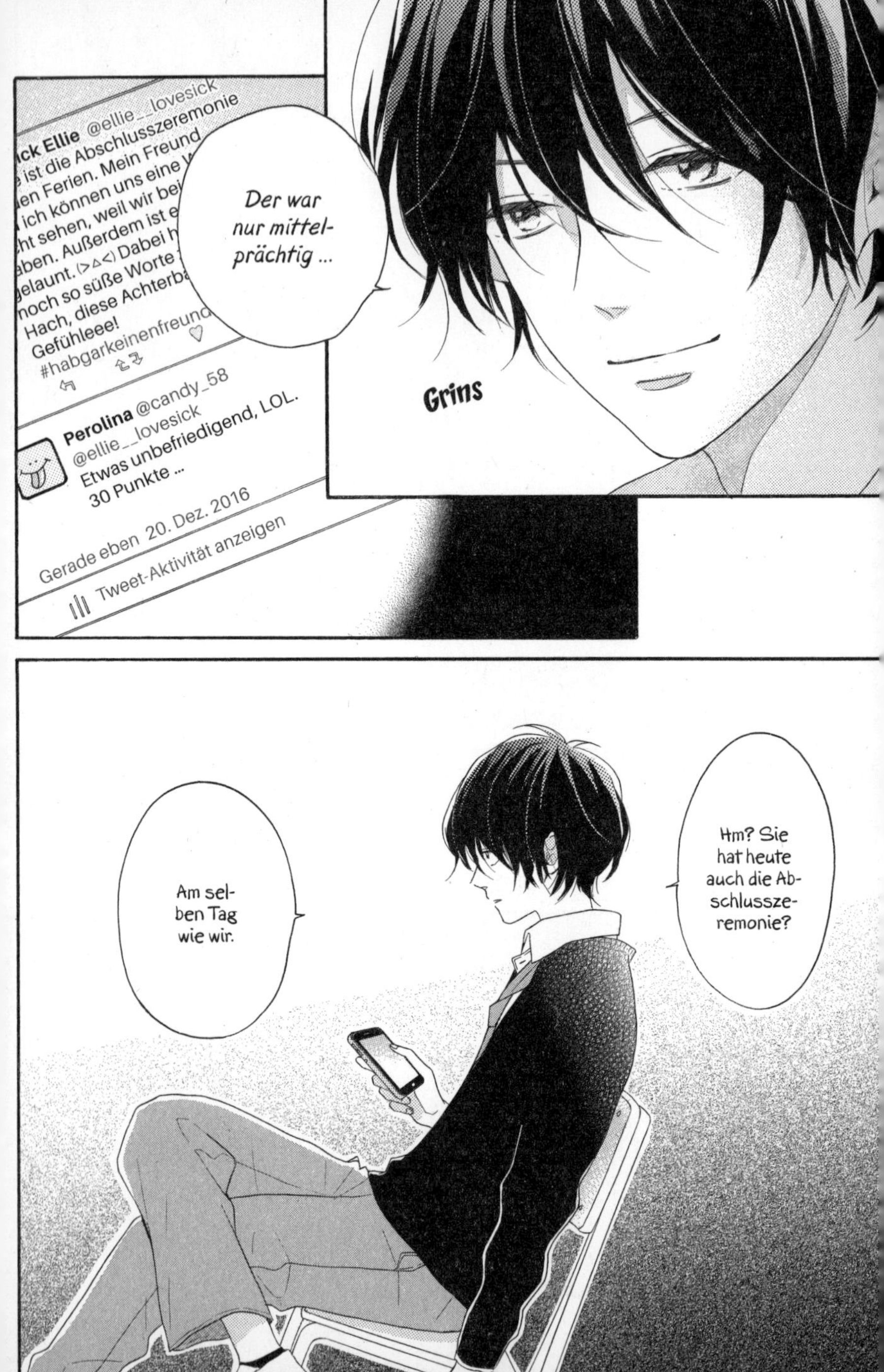

Der war nur mittelprächtig ...
Grins
Gefühleee!
Perolina @candy_58
@ellie__lovesick
Etwas unbefriedigend, LOL.
30 Punkte ...
Gerade eben 20. Dez. 2016
Tweet-Aktivität anzeigen
Hm? Sie hat heute auch die Abschlusszeremonie?
Am selben Tag wie wir.

Lovesick

@

Ellie

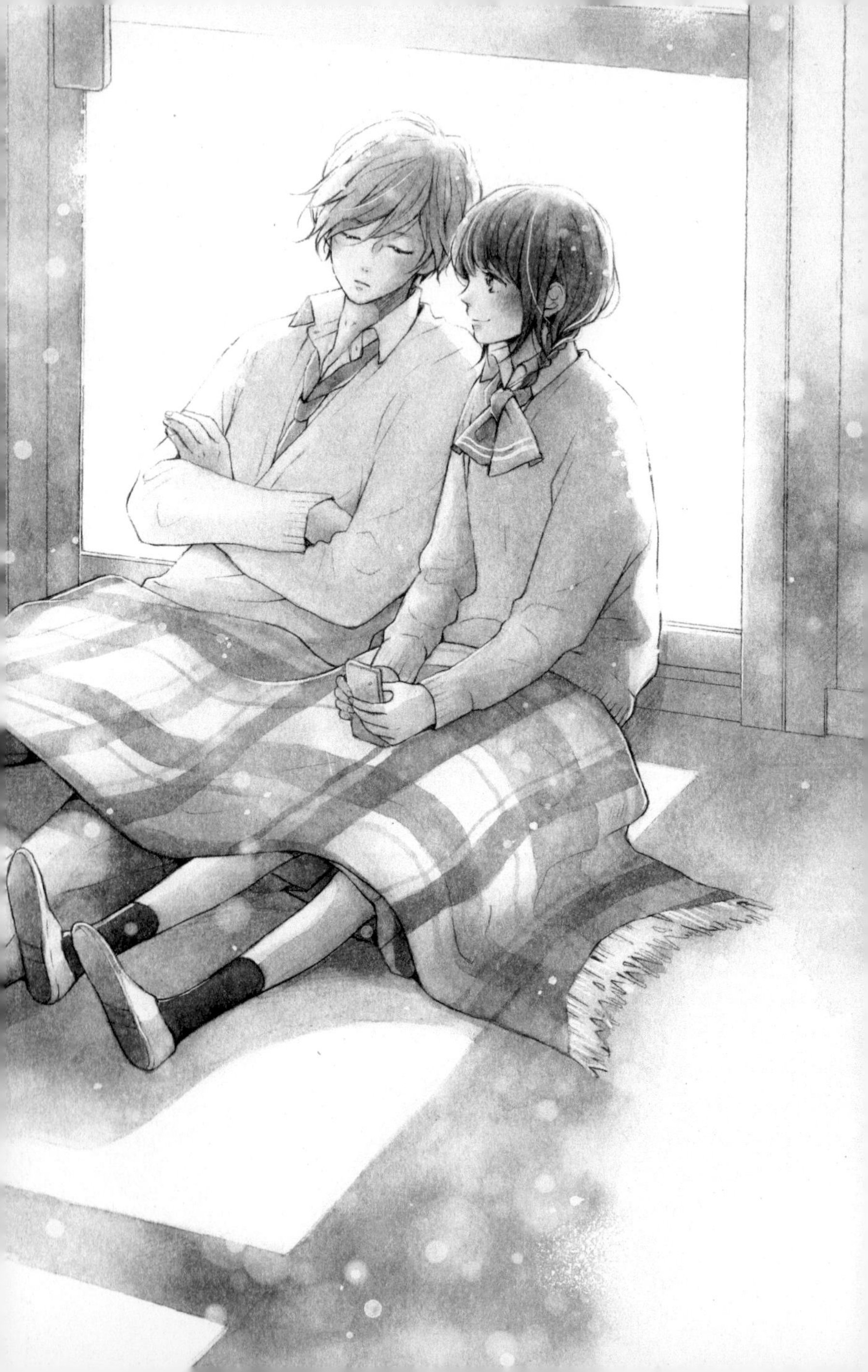

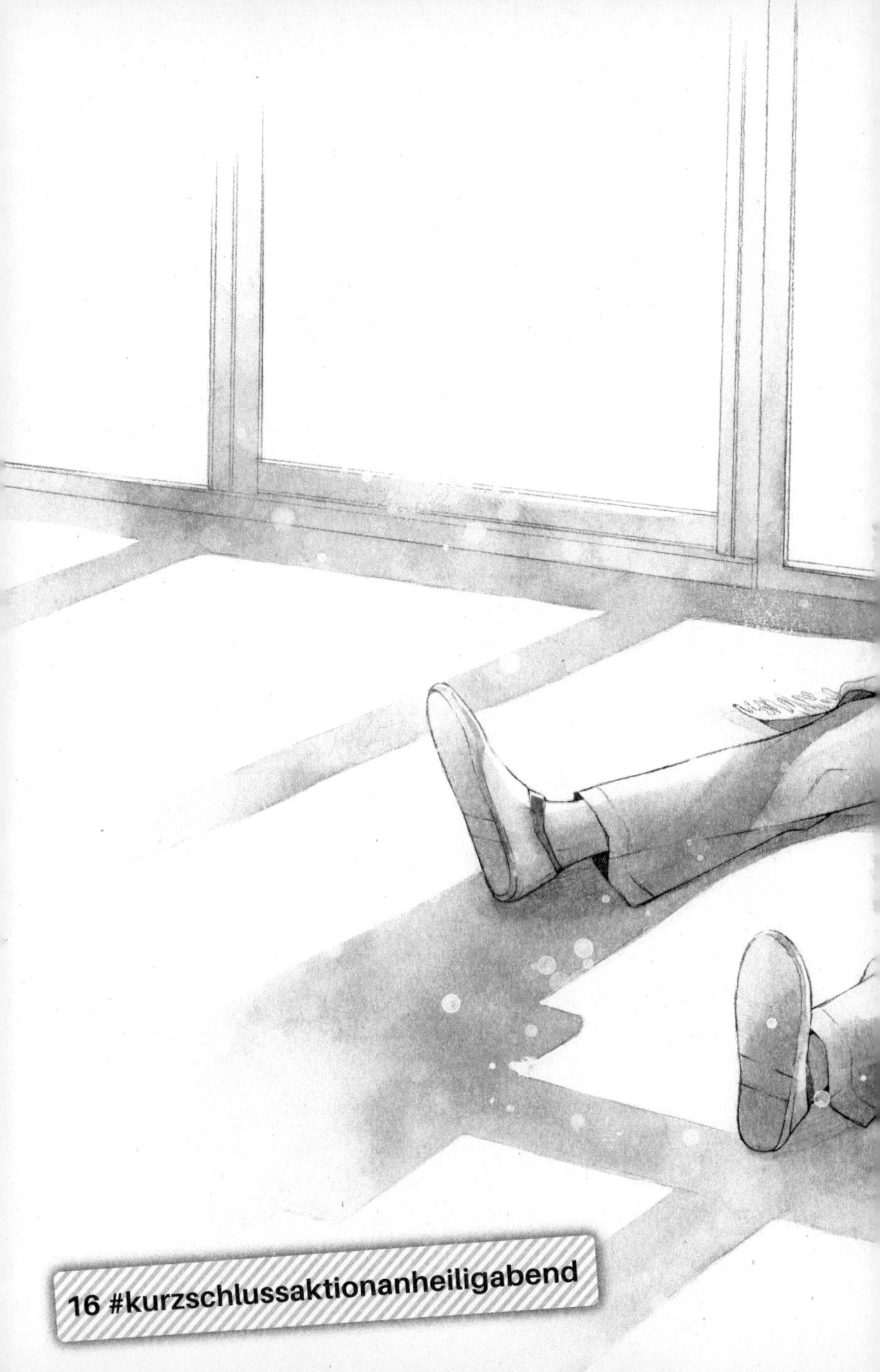
16 #kurzschlussaktionanheiligabend

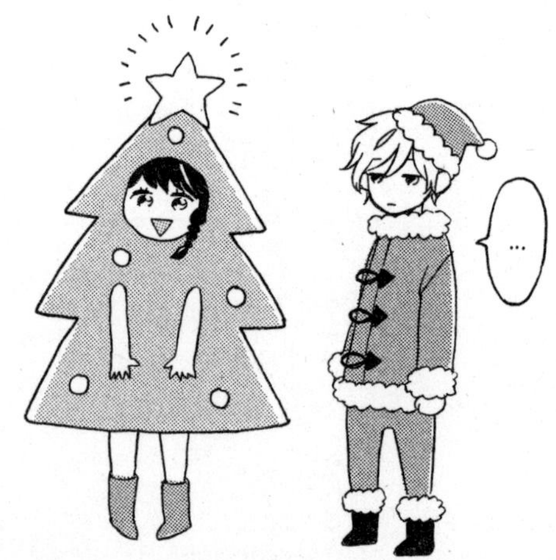

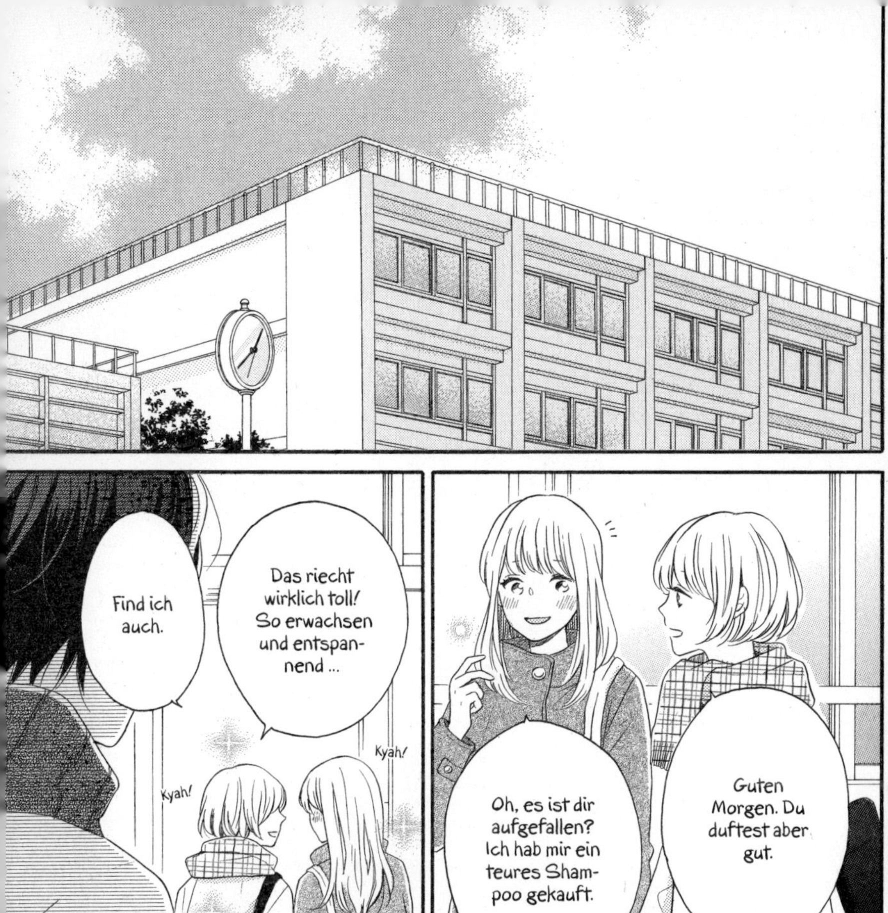

Ich weiß nicht, wie ich das geschafft habe, aber es geht tatsächlich weiter mit Band 5! Dass ich mich jedes Mal aufs Neue wundere, liegt wohl daran, dass ich immer noch bei jedem Kapitel zu kämpfen habe. (Lach) Ich habe noch nicht gelernt, meine (seelischen) Kapazitäten vernünftig einzuteilen.

Bei Band 5 werde ich auch wieder alles geben!

Vielen Dank!
Kuumii-sama*
Nagasaki-sama, Chiaki-sama,
Okumura-sama
An meine Redakteurin Minchi-sama,
Ohsawa-sama fürs Design
An die *Dessert*-Redaktion
und an alle Leser!

*sehr höfliche, geschlechtsunabhängige Anrede

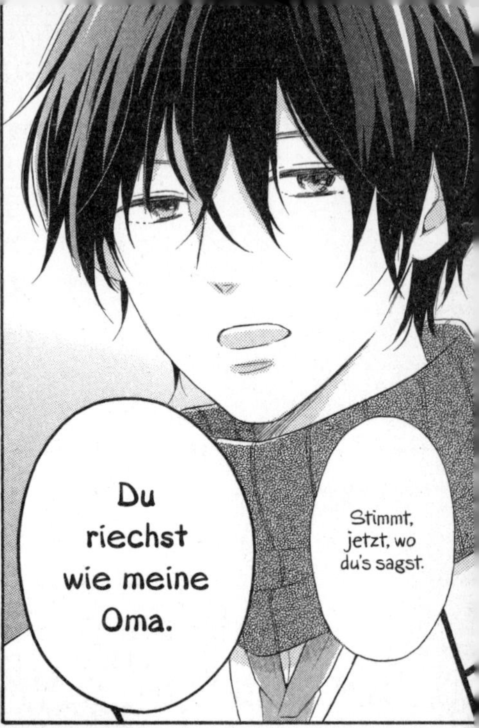
Stimmt, jetzt, wo du's sagst.
Du riechst wie meine Oma.

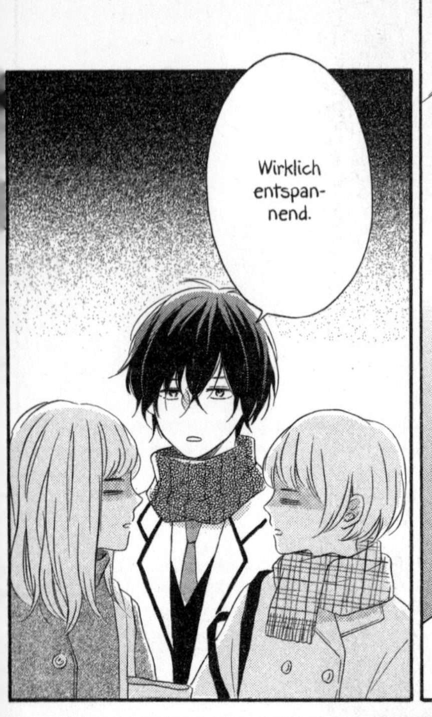
Wirklich entspan-nend.

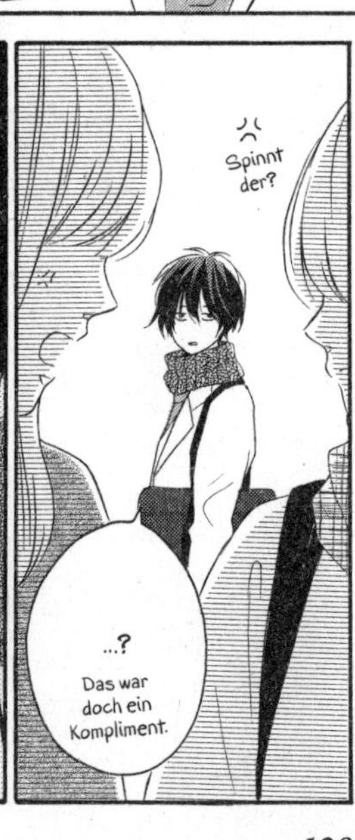
Spinnt der?
...?
Das war doch ein Kompliment.

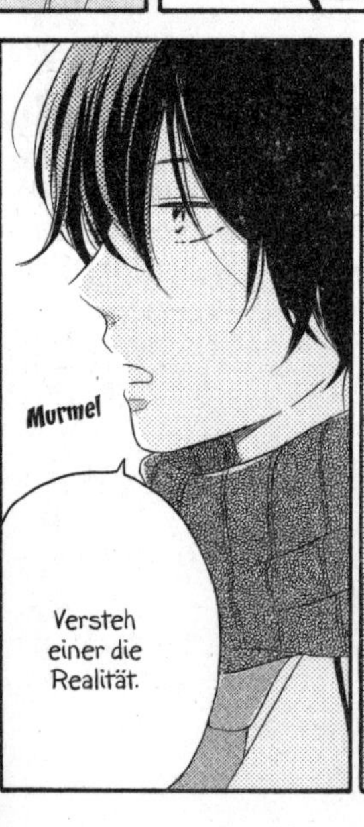
Murmel
Versteh einer die Realität.

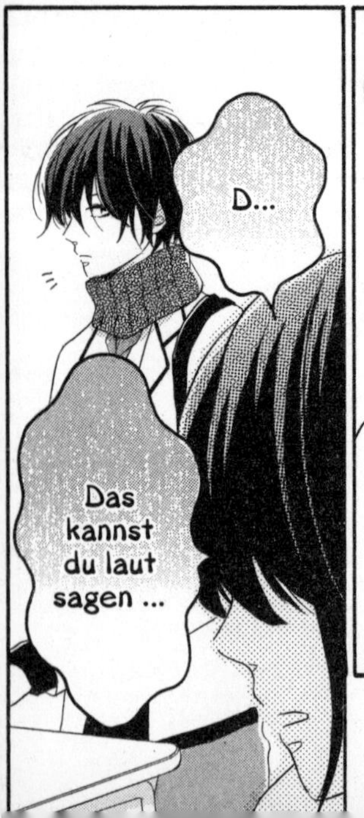
D...
Das kannst du laut sagen ...

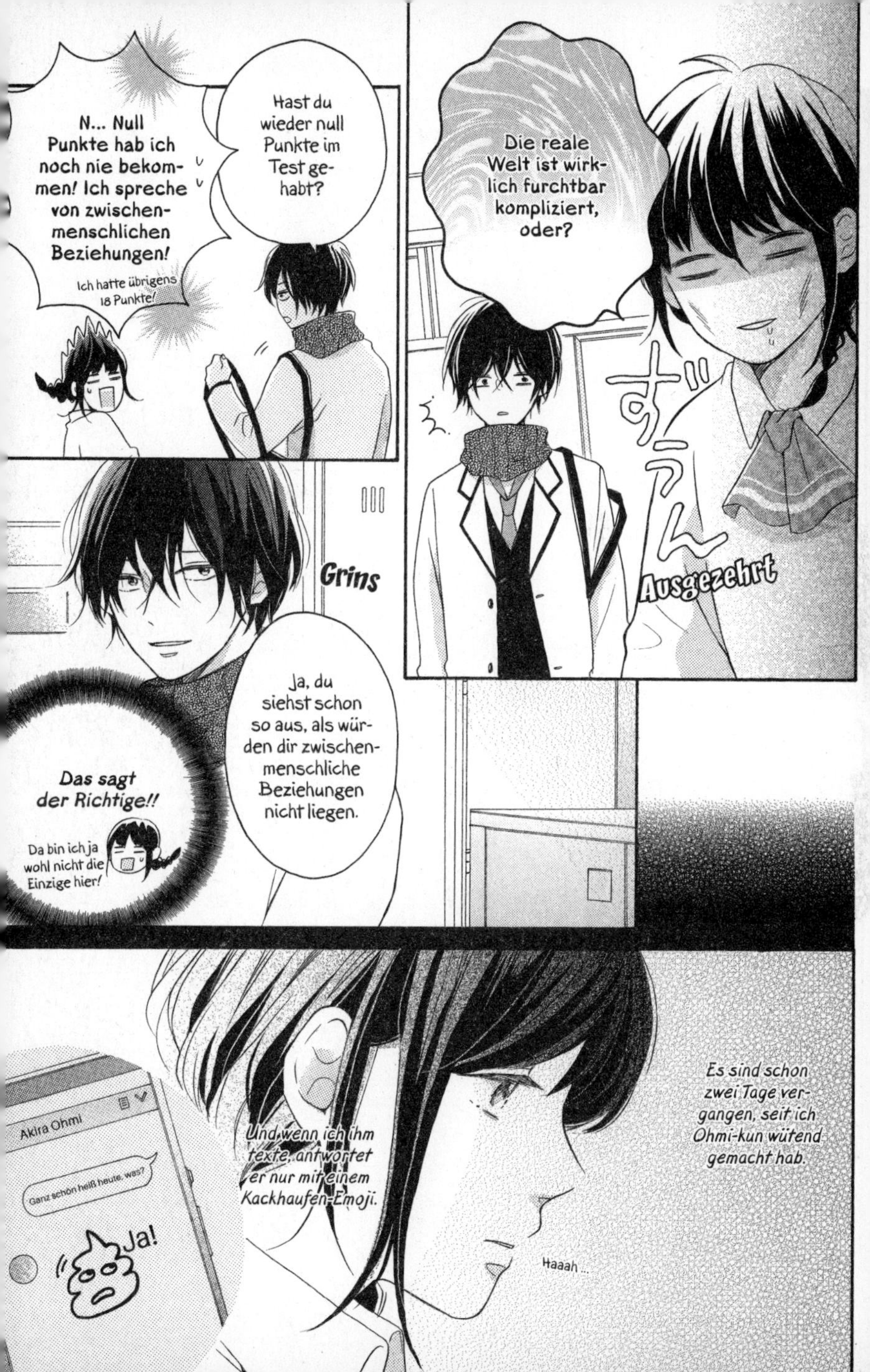
Die reale Welt ist wirklich furchtbar kompliziert, oder?
すぅん
Ausgezehrt
Hast du wieder null Punkte im Test gehabt?
N... Null Punkte hab ich noch nie bekommen! Ich spreche von zwischenmenschlichen Beziehungen!
Ich hatte übrigens 18 Punkte!
Grins
Ja, du siehst schon so aus, als würden dir zwischenmenschliche Beziehungen nicht liegen.
Das sagt der Richtige!!
Da bin ich ja wohl nicht die Einzige hier!
Es sind schon zwei Tage vergangen, seit ich Ohmi-kun wütend gemacht hab.
Und wenn ich ihm texte, antwortet er nur mit einem Kackhaufen-Emoji.
Akira Ohmi
Ganz schön heiß heute, was?
Ja!
Haaah ...

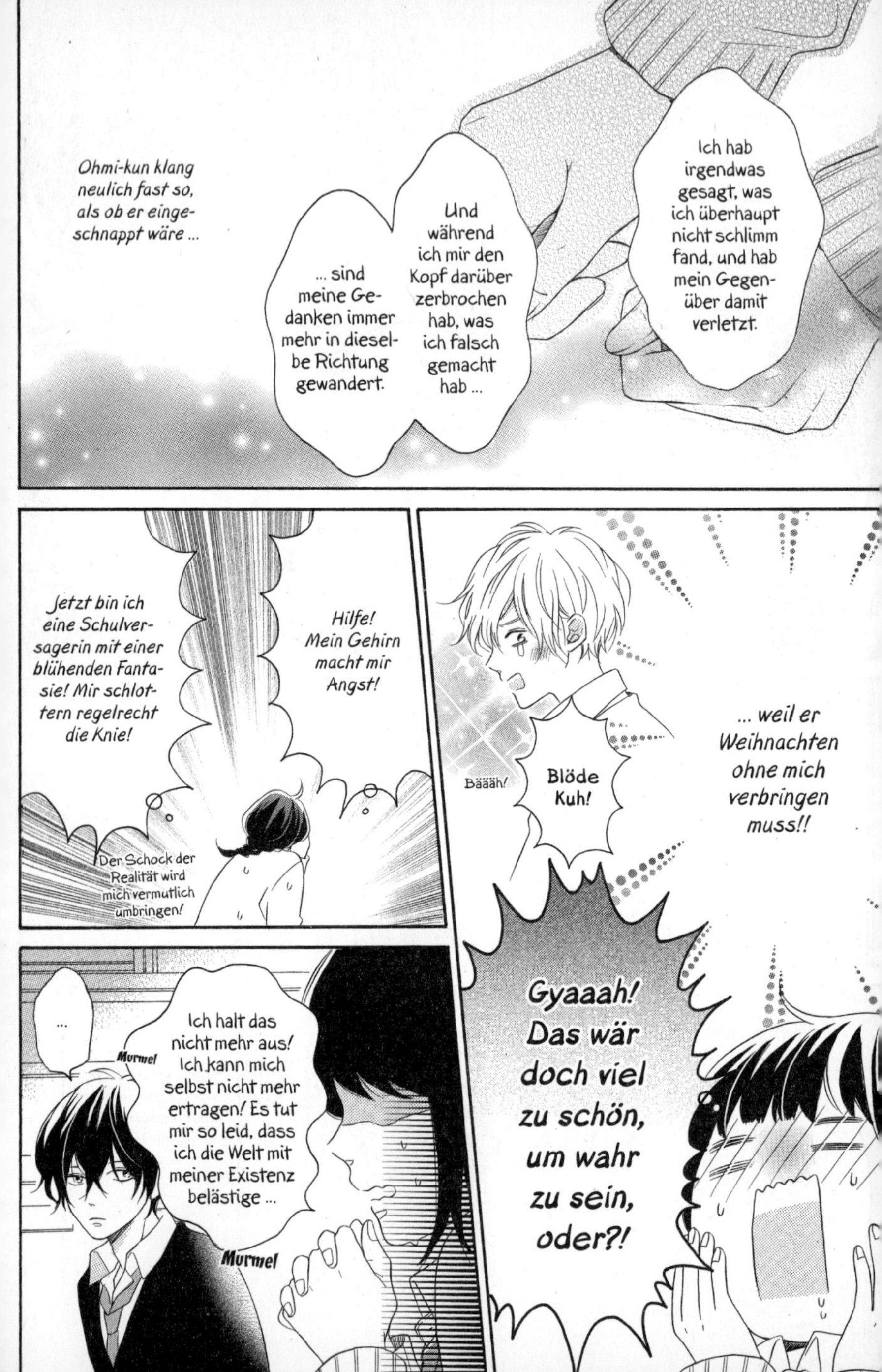
Ich hab irgendwas gesagt, was ich überhaupt nicht schlimm fand, und hab mein Gegenüber damit verletzt.
Und während ich mir den Kopf darüber zerbrochen hab, was ich falsch gemacht hab ...
... sind meine Gedanken immer mehr in dieselbe Richtung gewandert.
Ohmi-kun klang neulich fast so, als ob er eingeschnappt wäre ...
... weil er Weihnachten ohne mich verbringen muss!!
Blöde Kuh!
Bäääh!
Hilfe! Mein Gehirn macht mir Angst!
Jetzt bin ich eine Schulversagerin mit einer blühenden Fantasie! Mir schlottern regelrecht die Knie!
Der Schock der Realität wird mich vermutlich umbringen!
Gyaaah! Das wär doch viel zu schön, um wahr zu sein, oder?!
Ich halt das nicht mehr aus! Ich kann mich selbst nicht mehr ertragen! Es tut mir so leid, dass ich die Welt mit meiner Existenz belästige ...
Murmel
Murmel
...

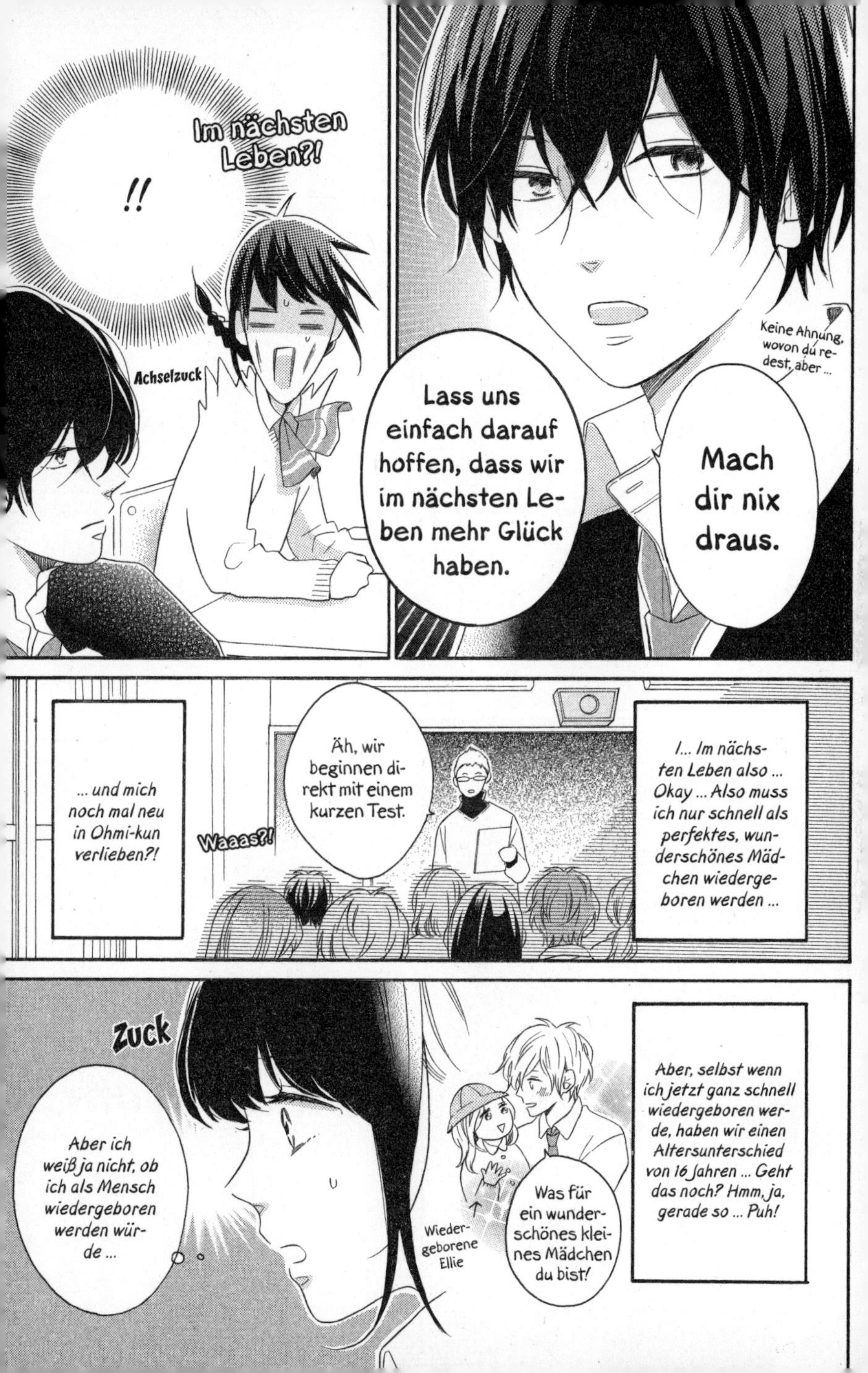

Keine Ahnung, wovon du redest, aber ...

Mach dir nix draus.

Lass uns einfach darauf hoffen, dass wir im nächsten Leben mehr Glück haben.

Im nächsten Leben?!

!!

Achselzuck

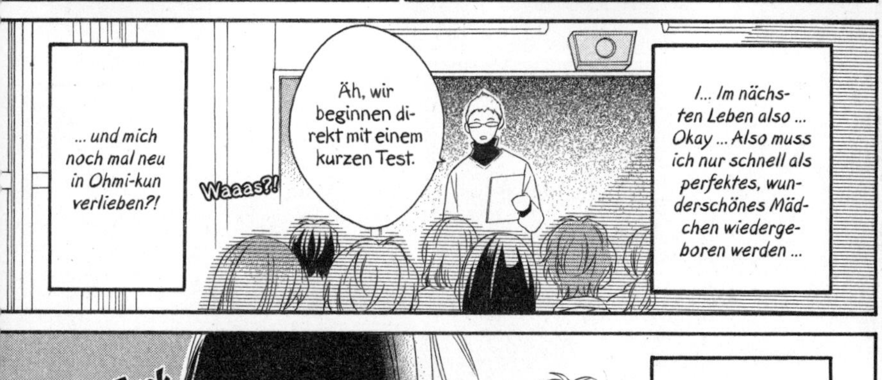

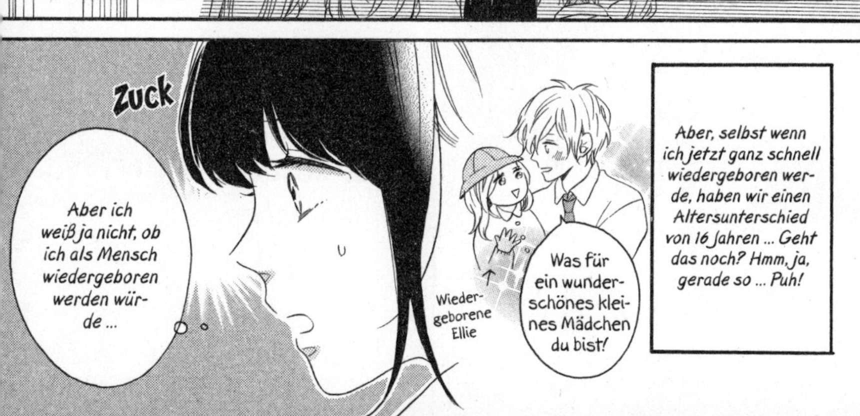

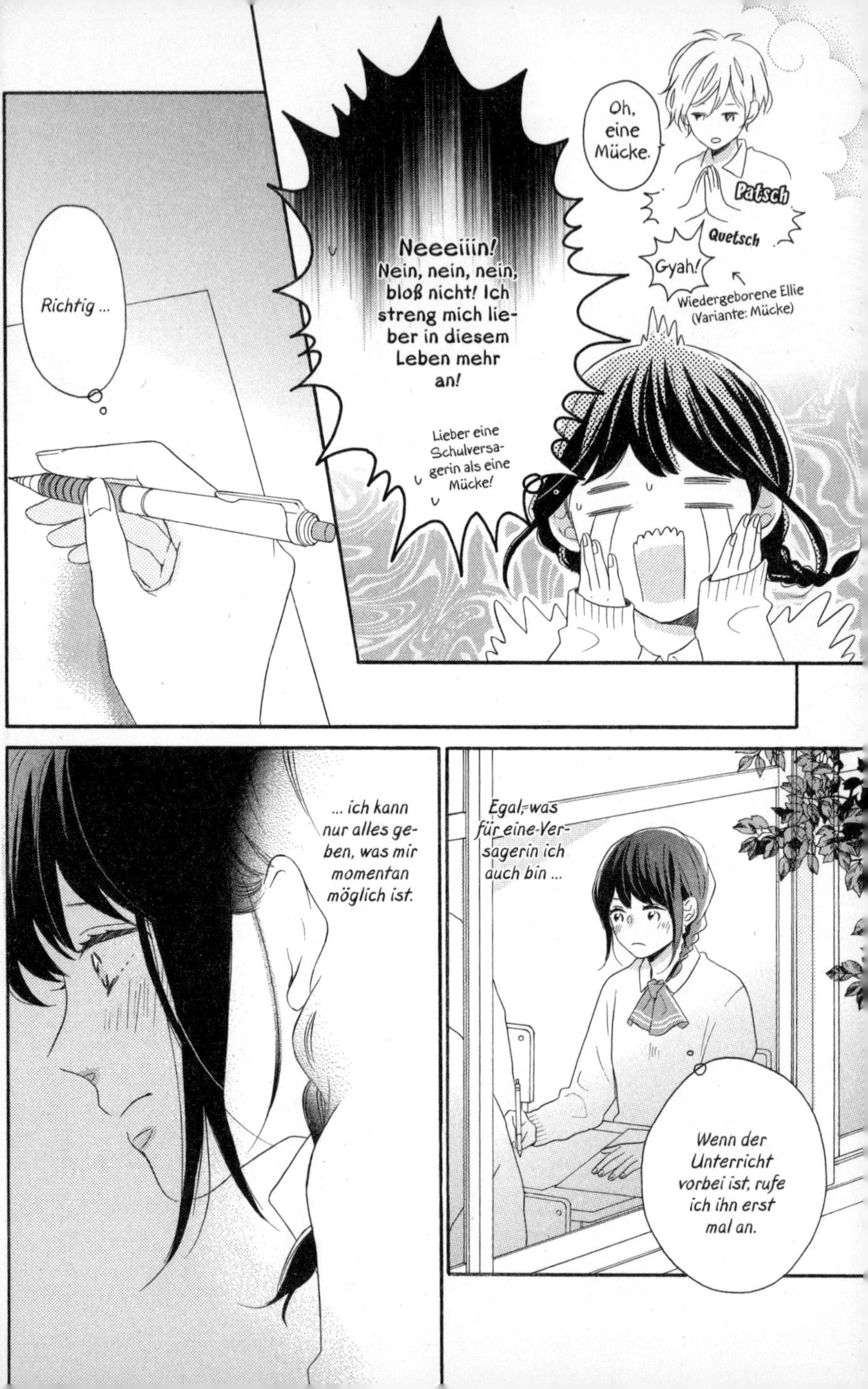

Oh, eine Mücke.

Patsch

Quetsch

Gyah!

Wiedergeborene Ellie (Variante: Mücke)

Neeeiiin! Nein, nein, nein, bloß nicht! Ich streng mich lieber in diesem Leben mehr an!

Lieber eine Schulversagerin als eine Mücke!

Richtig ...

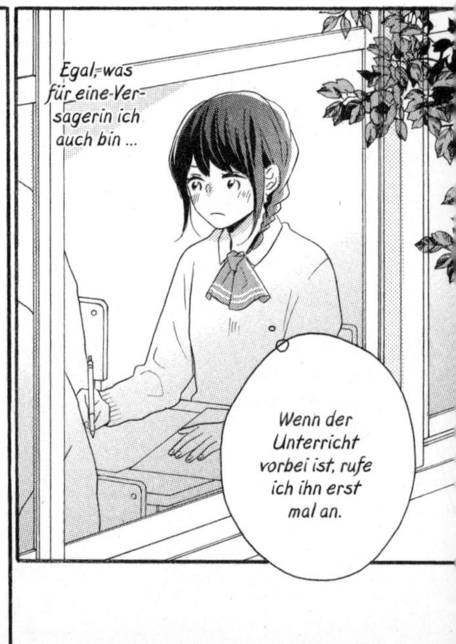

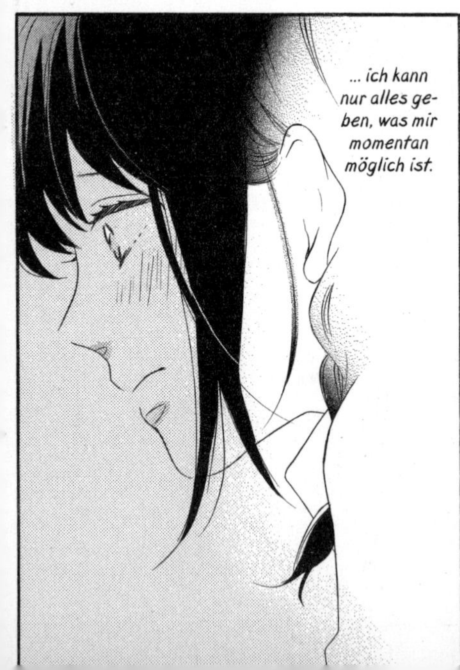

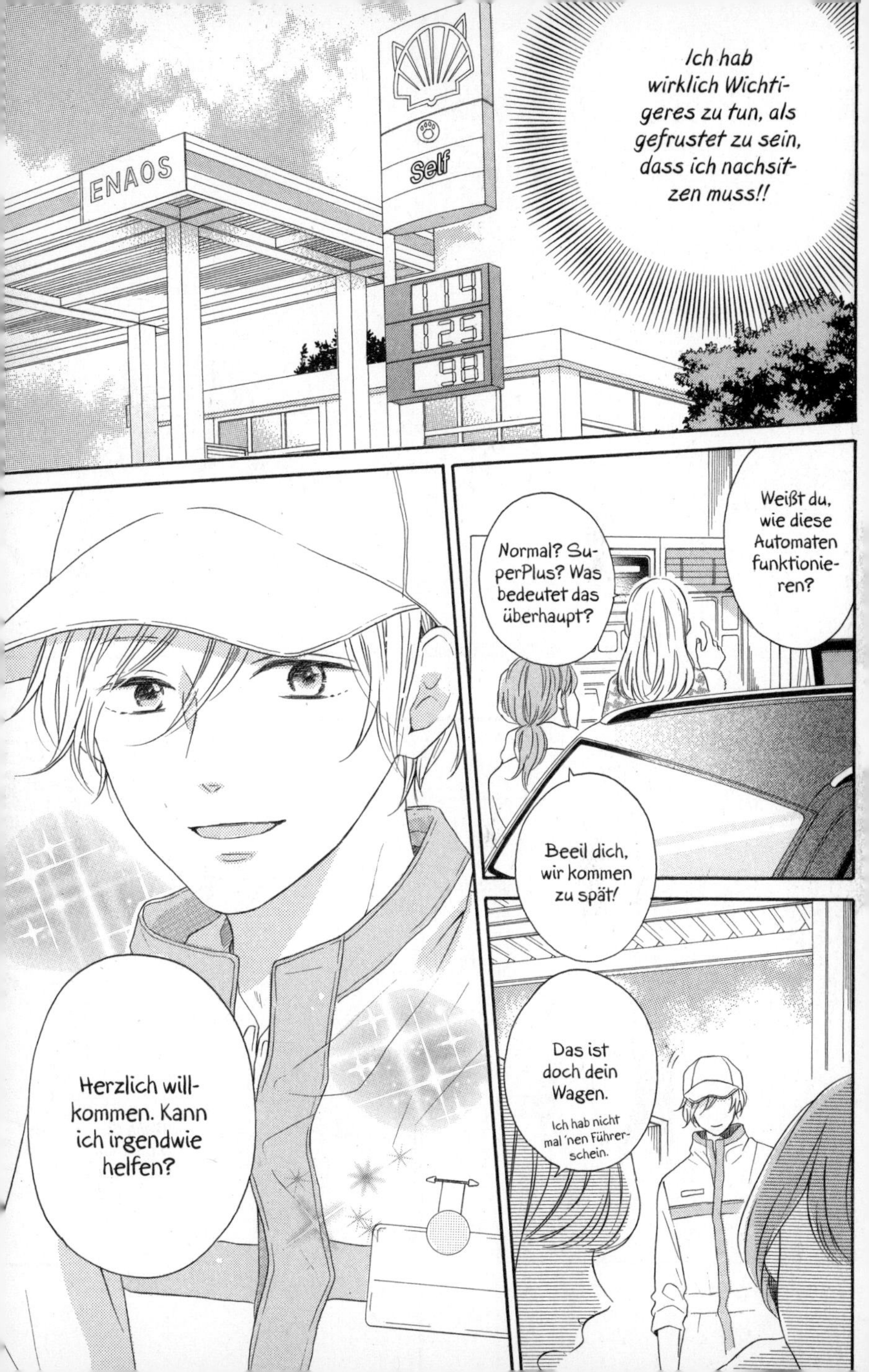
Ich hab wirklich Wichtigeres zu tun, als gefrustet zu sein, dass ich nachsitzen muss!!
ENAOS
Self
114
125
98
Weißt du, wie diese Automaten funktionieren?
Normal? SuperPlus? Was bedeutet das überhaupt?
Beeil dich, wir kommen zu spät!
Das ist doch dein Wagen.
Ich hab nicht mal 'nen Führerschein.
Herzlich willkommen. Kann ich irgendwie helfen?

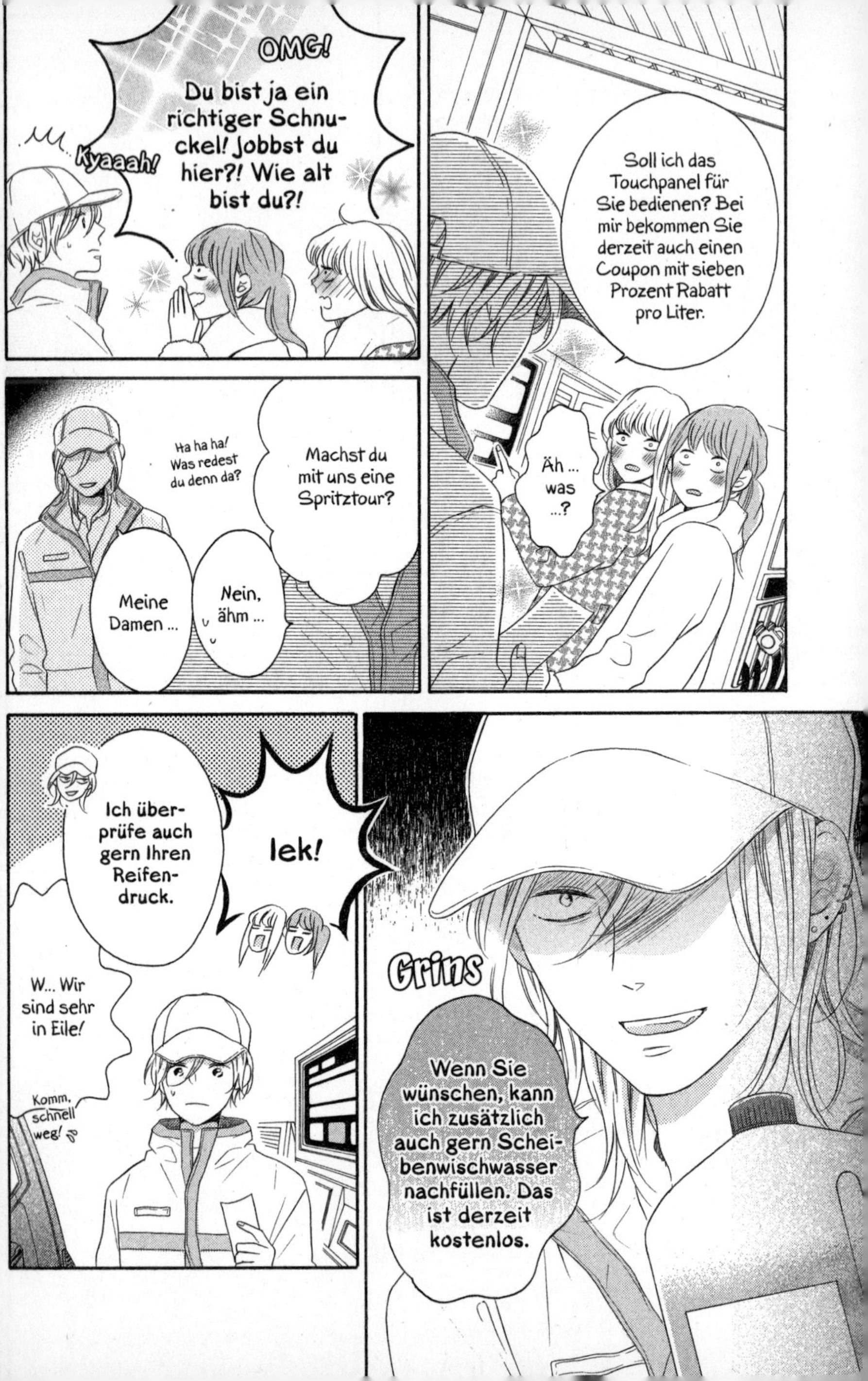

OMG!
Du bist ja ein richtiger Schnuckel! Jobbst du hier?! Wie alt bist du?!
Kyaaah!
Machst du mit uns eine Spritztour?
Ha ha ha! Was redest du denn da?
Nein, ähm ...
Meine Damen ...
Soll ich das Touchpanel für Sie bedienen? Bei mir bekommen Sie derzeit auch einen Coupon mit sieben Prozent Rabatt pro Liter.
Äh ... was ...?
Grins
Wenn Sie wünschen, kann ich zusätzlich auch gern Scheibenwischwasser nachfüllen. Das ist derzeit kostenlos.
Ich überprüfe auch gern Ihren Reifendruck.
Iek!
W... Wir sind sehr in Eile!
Komm, schnell weg!

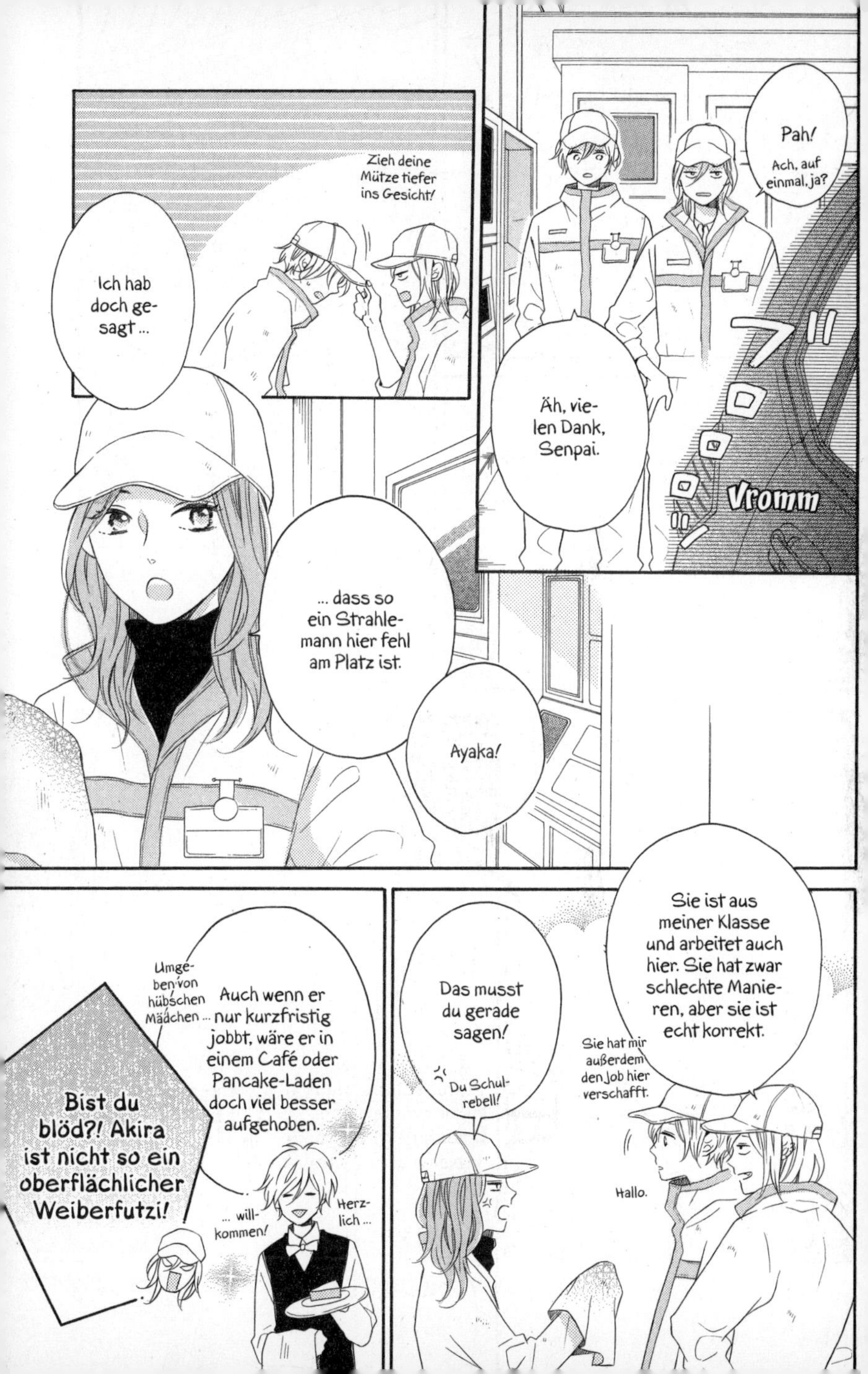
Pah!
Ach, auf einmal, ja?
Vromm
Äh, vielen Dank, Senpai.
Zieh deine Mütze tiefer ins Gesicht!
Ich hab doch gesagt ...
... dass so ein Strahlemann hier fehl am Platz ist.
Ayaka!
Sie ist aus meiner Klasse und arbeitet auch hier. Sie hat zwar schlechte Manieren, aber sie ist echt korrekt.
Sie hat mir außerdem den Job hier verschafft.
Hallo.
Das musst du gerade sagen!
Du Schulrebell!
Auch wenn er nur kurzfristig jobbt, wäre er in einem Café oder Pancake-Laden doch viel besser aufgehoben.
Umgeben von hübschen Mädchen ...
Herzlich ...
... willkommen!
Bist du blöd?! Akira ist nicht so ein oberflächlicher Weiberfutzi!

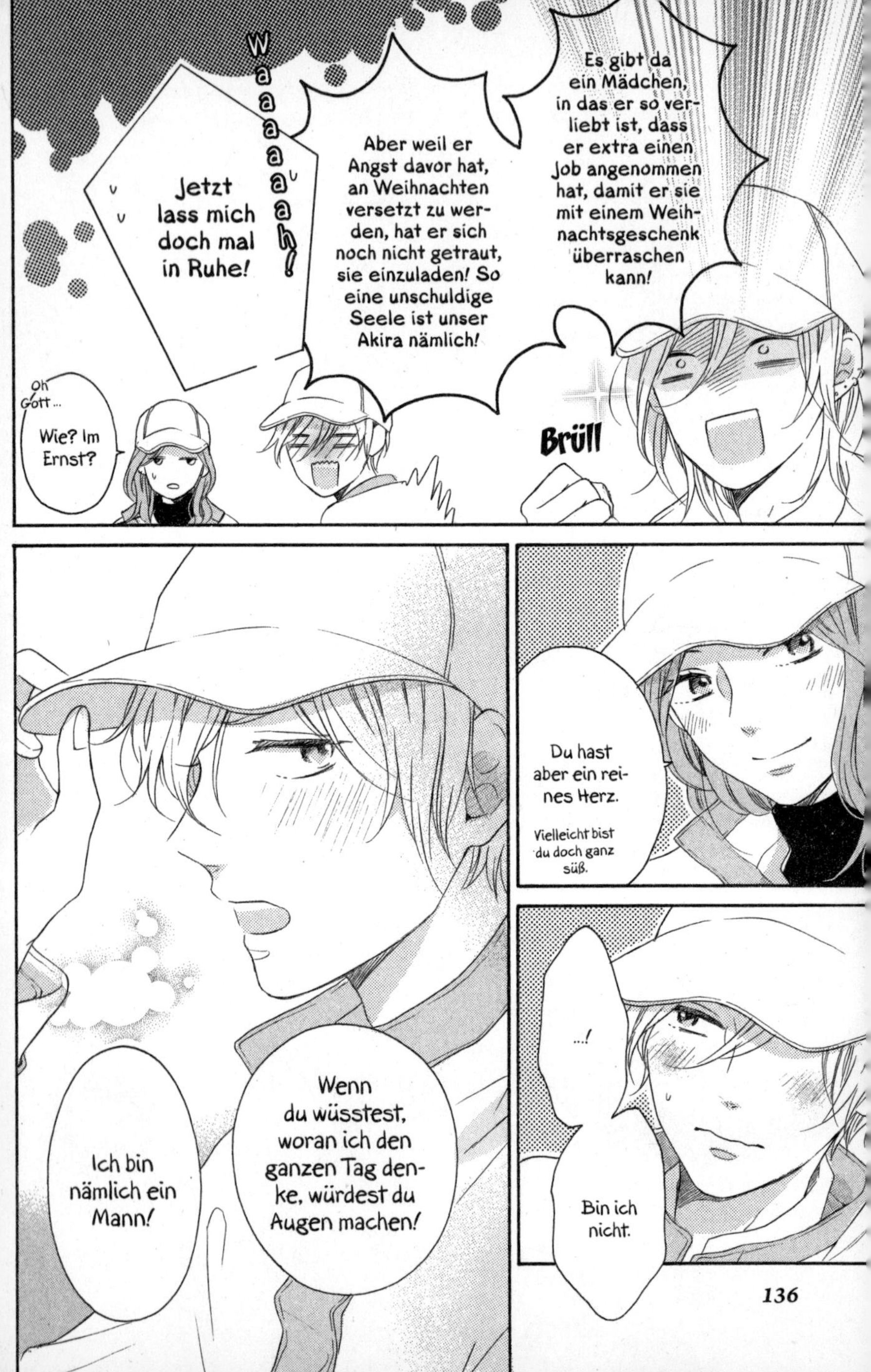
Es gibt da ein Mädchen, in das er so verliebt ist, dass er extra einen Job angenommen hat, damit er sie mit einem Weihnachtsgeschenk überraschen kann!
Brüll
Aber weil er Angst davor hat, an Weihnachten versetzt zu werden, hat er sich noch nicht getraut, sie einzuladen! So eine unschuldige Seele ist unser Akira nämlich!
Jetzt lass mich doch mal in Ruhe!
Waaaaaah!
Oh Gott ...
Wie? Im Ernst?
Du hast aber ein reines Herz.
Vielleicht bist du doch ganz süß.
...!
Bin ich nicht.
Wenn du wüsstest, woran ich den ganzen Tag denke, würdest du Augen machen!
Ich bin nämlich ein Mann!

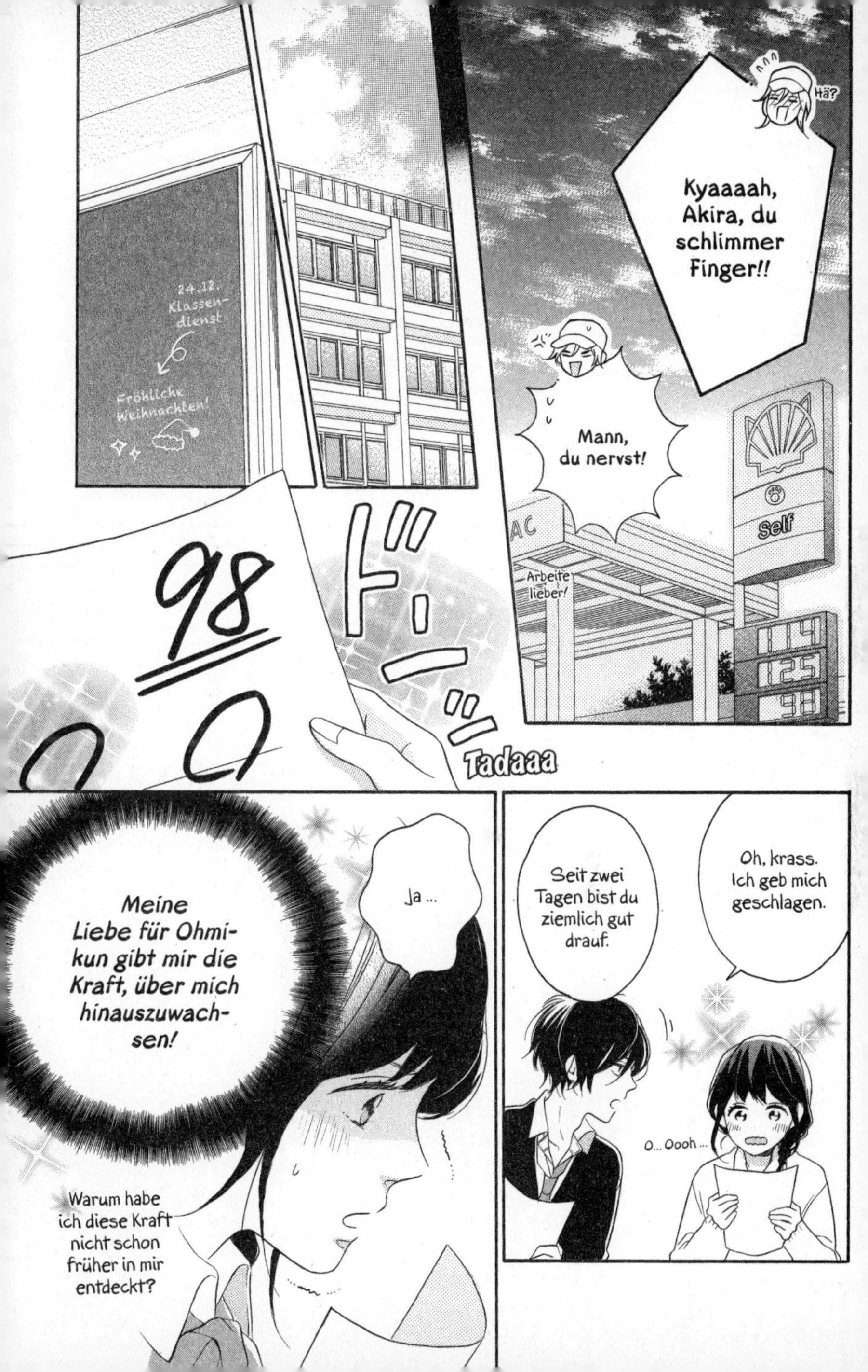

Hä?
Kyaaaah, Akira, du schlimmer Finger!!
Mann, du nervst!
Arbeite lieber!
Self
24.12. Klassen-dienst
Fröhliche Weihnachten!
98
Tadaaa

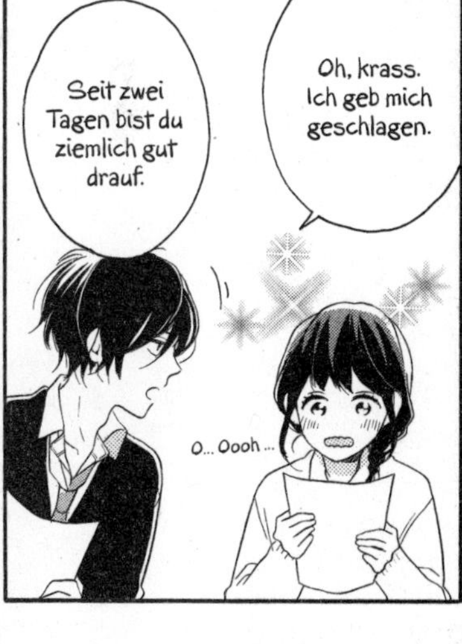

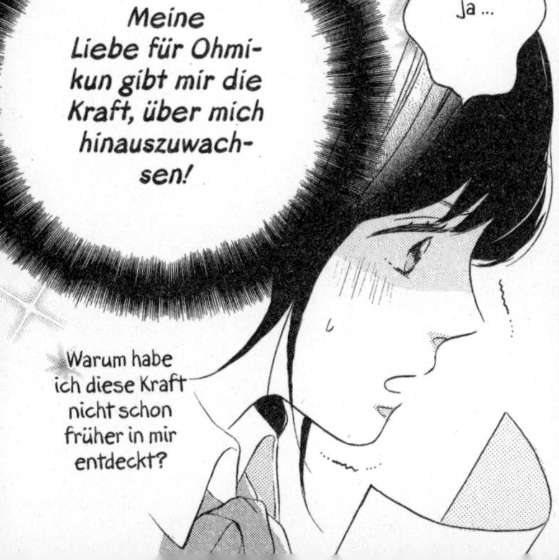

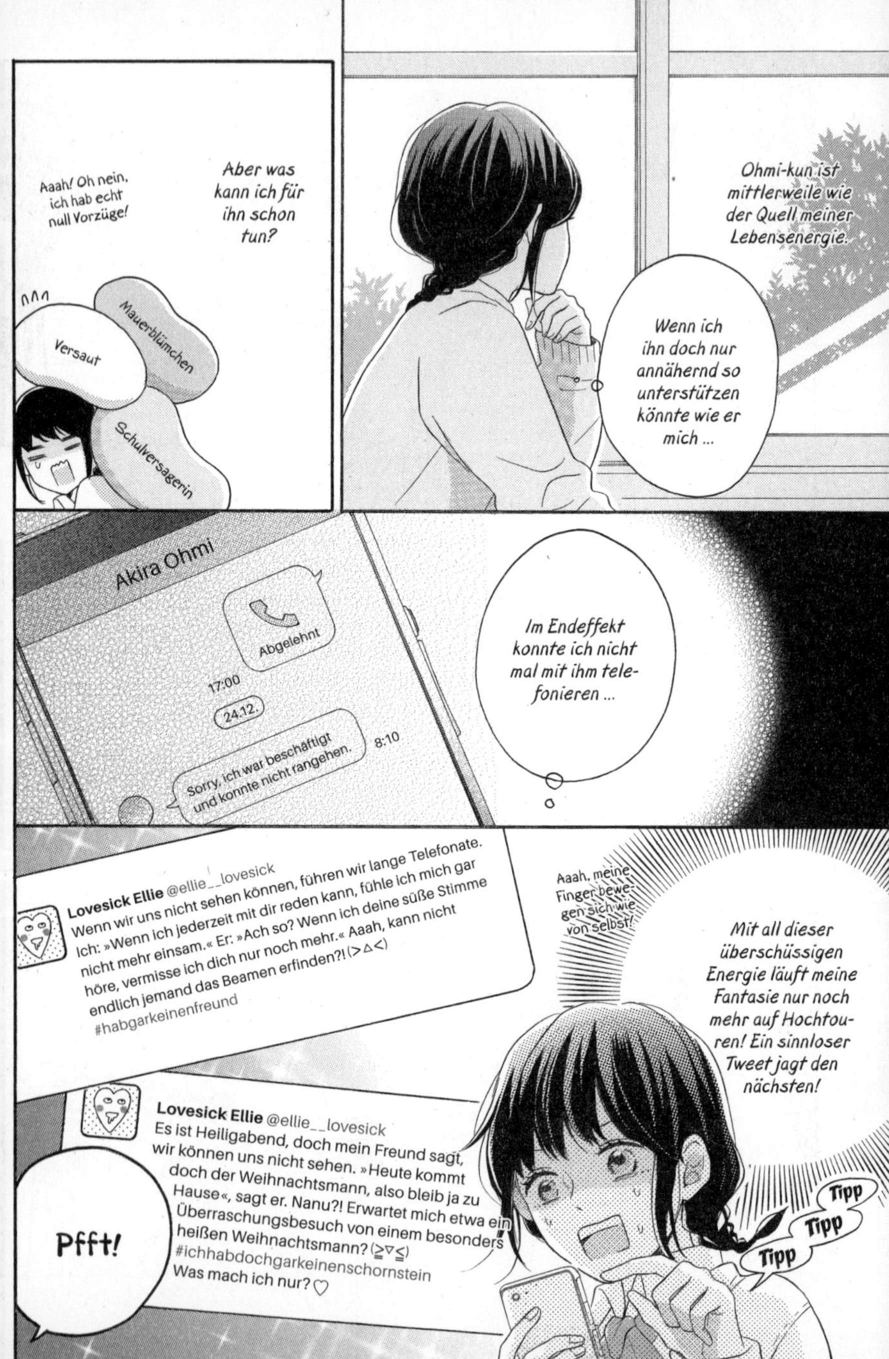

Ohmi-kun ist mittlerweile wie der Quell meiner Lebensenergie.
Wenn ich ihn doch nur annähernd so unterstützen könnte wie er mich ...
Aber was kann ich für ihn schon tun?
Aaah! Oh nein, ich hab echt null Vorzüge!
Mauerblümchen
Versaut
Schulversagerin
Im Endeffekt konnte ich nicht mal mit ihm telefonieren ...
Akira Ohmi
Abgelehnt
17:00
24.12.
Sorry, ich war beschäftigt und konnte nicht rangehen.
8:10
Mit all dieser überschüssigen Energie läuft meine Fantasie nur noch mehr auf Hochtouren! Ein sinnloser Tweet jagt den nächsten!
Aaah, meine Finger bewegen sich wie von selbst!
Lovesick Ellie @ellie__lovesick
Wenn wir uns nicht sehen können, führen wir lange Telefonate. Ich: »Wenn ich jederzeit mit dir reden kann, fühle ich mich gar nicht mehr einsam.« Er: »Ach so? Wenn ich deine süße Stimme höre, vermisse ich dich nur noch mehr.« Aaah, kann nicht endlich jemand das Beamen erfinden?! (>△<)
#habgarkeinenfreund
Tipp
Tipp
Tipp
Lovesick Ellie @ellie__lovesick
Es ist Heiligabend, doch mein Freund sagt, wir können uns nicht sehen. »Heute kommt doch der Weihnachtsmann, also bleib ja zu Hause«, sagt er. Nanu?! Erwartet mich etwa ein Überraschungsbesuch von einem besonders heißen Weihnachtsmann? (≧▽≦)
#ichhabdochgarkeinenschornstein
Was mach ich nur? ♡
Pfft!

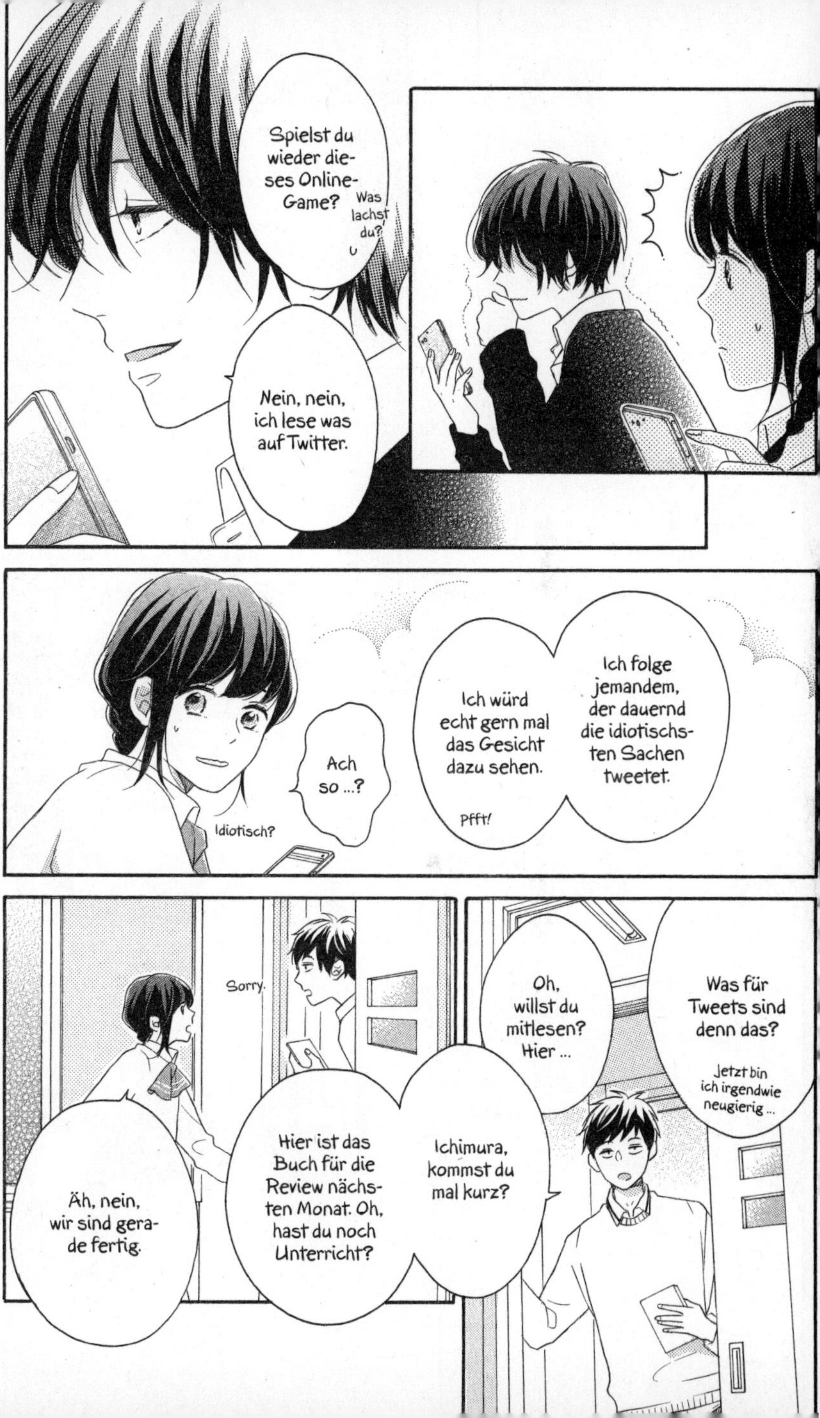

Spielst du wieder dieses Online-Game?
Was lachst du?
Nein, nein, ich lese was auf Twitter.

Ich folge jemandem, der dauernd die idiotischsten Sachen tweetet.
Ich würd echt gern mal das Gesicht dazu sehen.
Pfft!
Ach so ...?
Idiotisch?

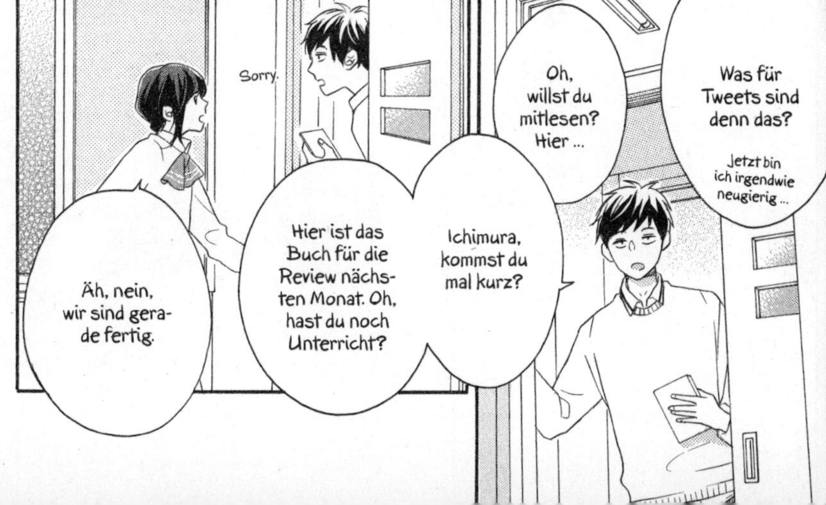

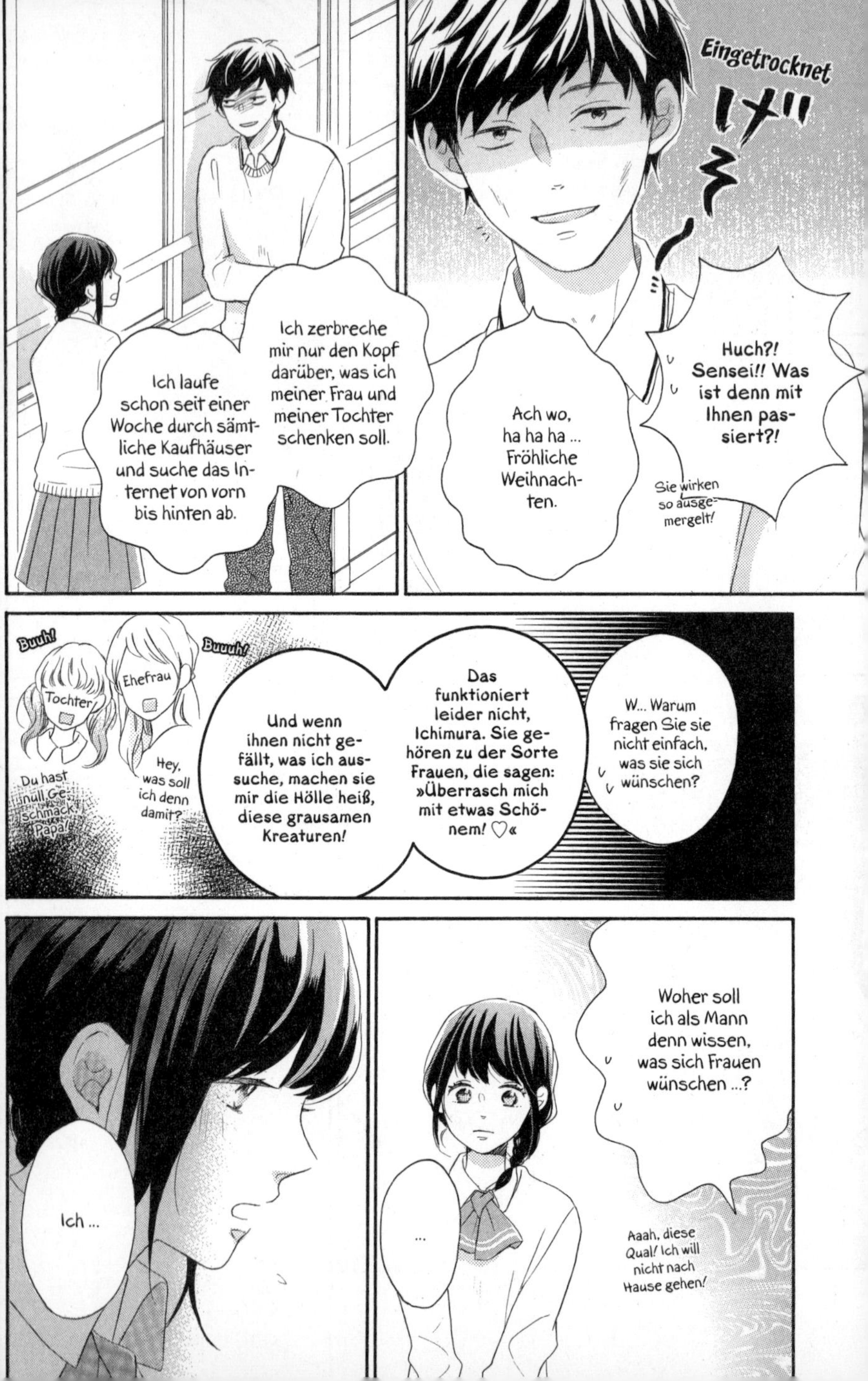

Eingetrocknet
Huch?! Sensei!! Was ist denn mit Ihnen passiert?!
Sie wirken so ausgemergelt!
Ach wo, ha ha ha ... Fröhliche Weihnachten.
Ich zerbreche mir nur den Kopf darüber, was ich meiner Frau und meiner Tochter schenken soll.
Ich laufe schon seit einer Woche durch sämtliche Kaufhäuser und suche das Internet von vorn bis hinten ab.

W... Warum fragen Sie sie nicht einfach, was sie sich wünschen?
Das funktioniert leider nicht, Ichimura. Sie gehören zu der Sorte Frauen, die sagen: »Überrasch mich mit etwas Schönem! ♡«
Und wenn ihnen nicht gefällt, was ich aussuche, machen sie mir die Hölle heiß, diese grausamen Kreaturen!
Buuuh!
Ehefrau
Hey, was soll ich denn damit?
Buuh!
Tochter
Du hast null Geschmack, Papa!

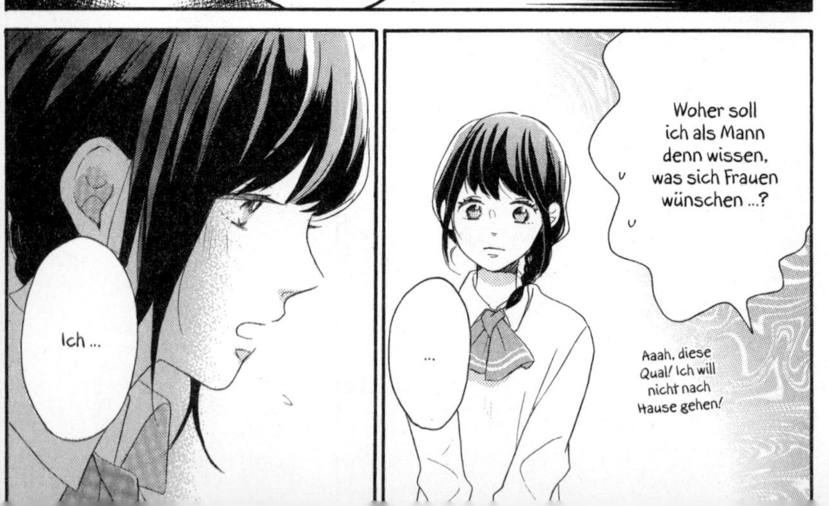

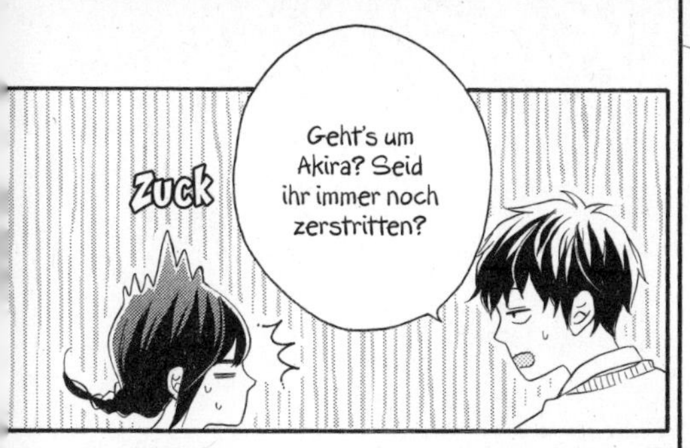

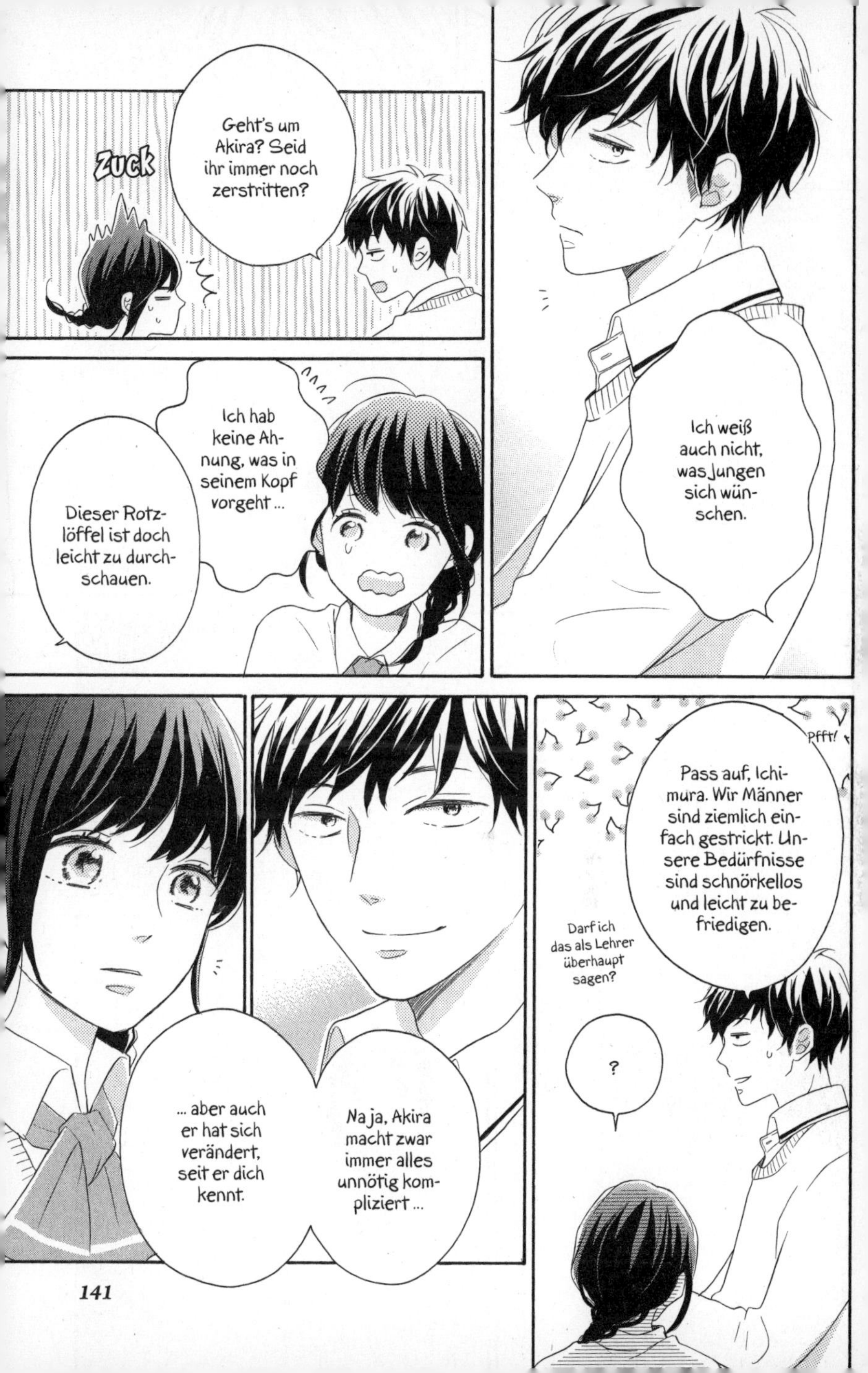

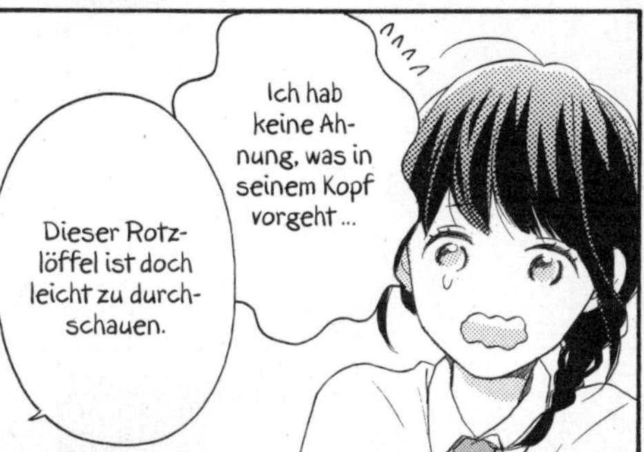

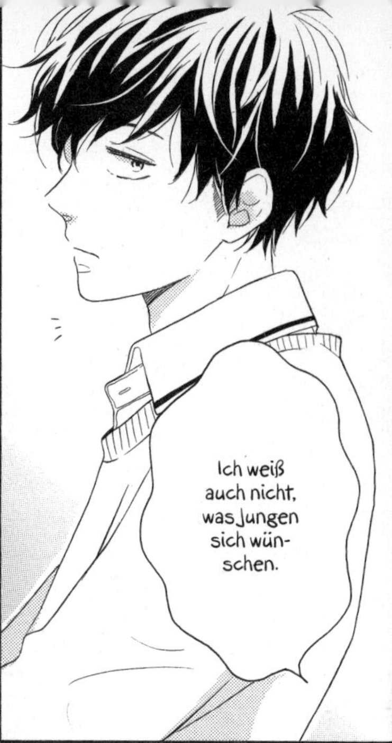

Pfft!

Pass auf, Ichimura. Wir Männer sind ziemlich einfach gestrickt. Unsere Bedürfnisse sind schnörkellos und leicht zu befriedigen.

Darf ich das als Lehrer überhaupt sagen?

?

Na ja, Akira macht zwar immer alles unnötig kompliziert ...

... aber auch er hat sich verändert, seit er dich kennt.

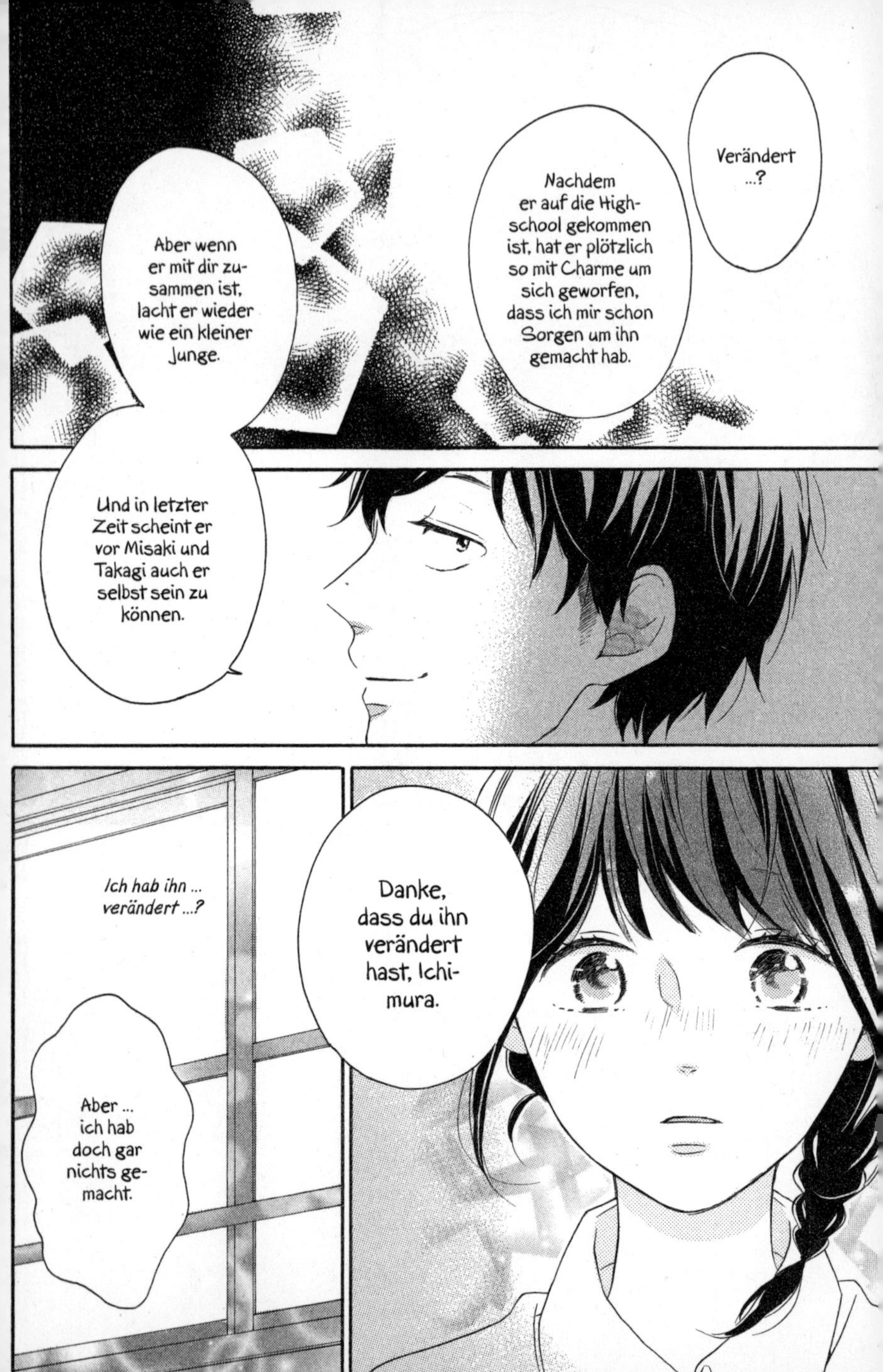
Verändert ...?
Nachdem er auf die Highschool gekommen ist, hat er plötzlich so mit Charme um sich geworfen, dass ich mir schon Sorgen um ihn gemacht hab.
Aber wenn er mit dir zusammen ist, lacht er wieder wie ein kleiner Junge.
Und in letzter Zeit scheint er vor Misaki und Takagi auch er selbst sein zu können.
Danke, dass du ihn verändert hast, Ichimura.
Ich hab ihn ... verändert ...?
Aber ... ich hab doch gar nichts gemacht.

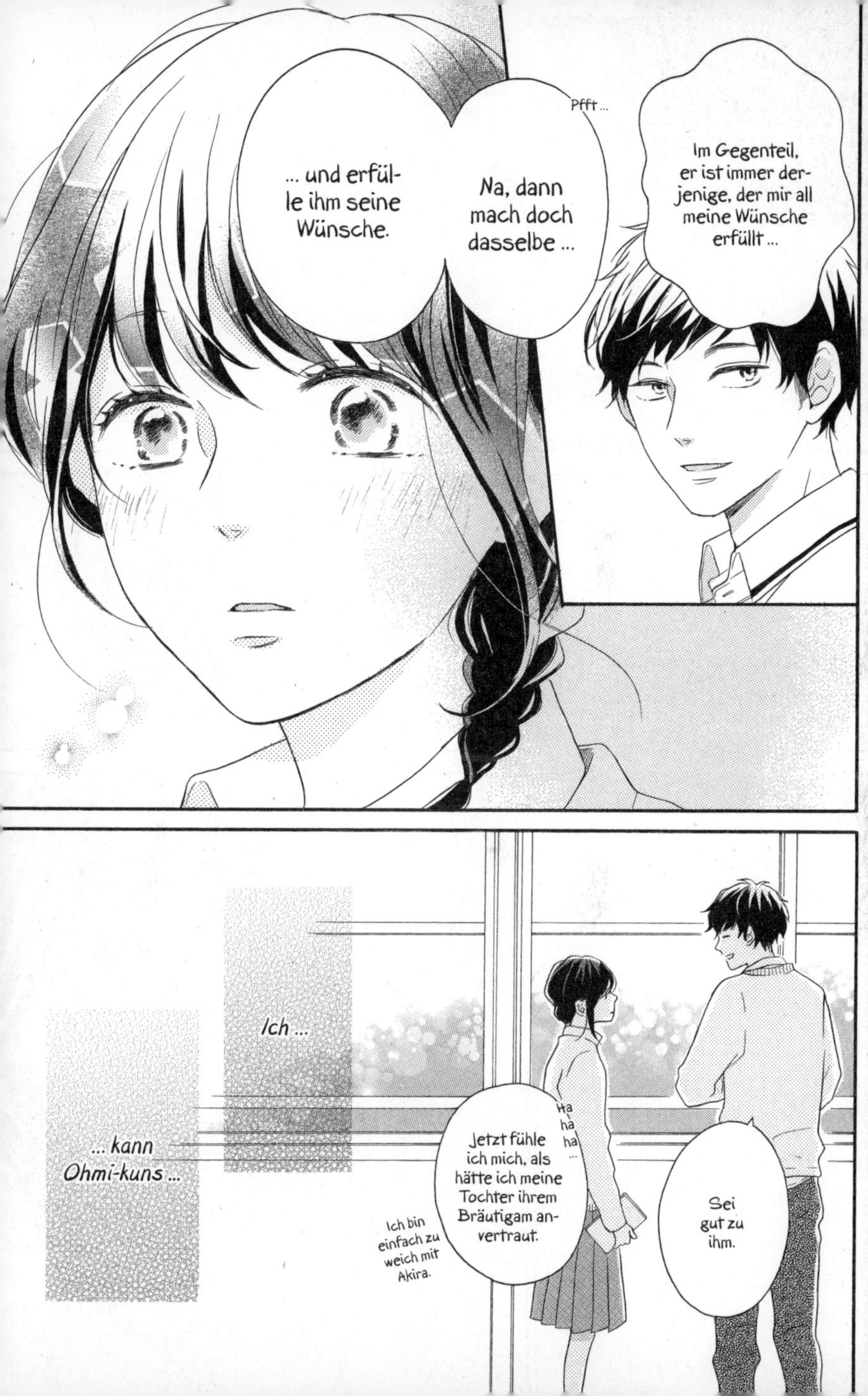

Im Gegenteil, er ist immer derjenige, der mir all meine Wünsche erfüllt ...

Pfft ...

Na, dann mach doch dasselbe ...

... und erfülle ihm seine Wünsche.

Sei gut zu ihm.

Ha ha ha ...

Jetzt fühle ich mich, als hätte ich meine Tochter ihrem Bräutigam anvertraut.

Ich bin einfach zu weich mit Akira.

Ich ...

... kann Ohmi-kuns ...

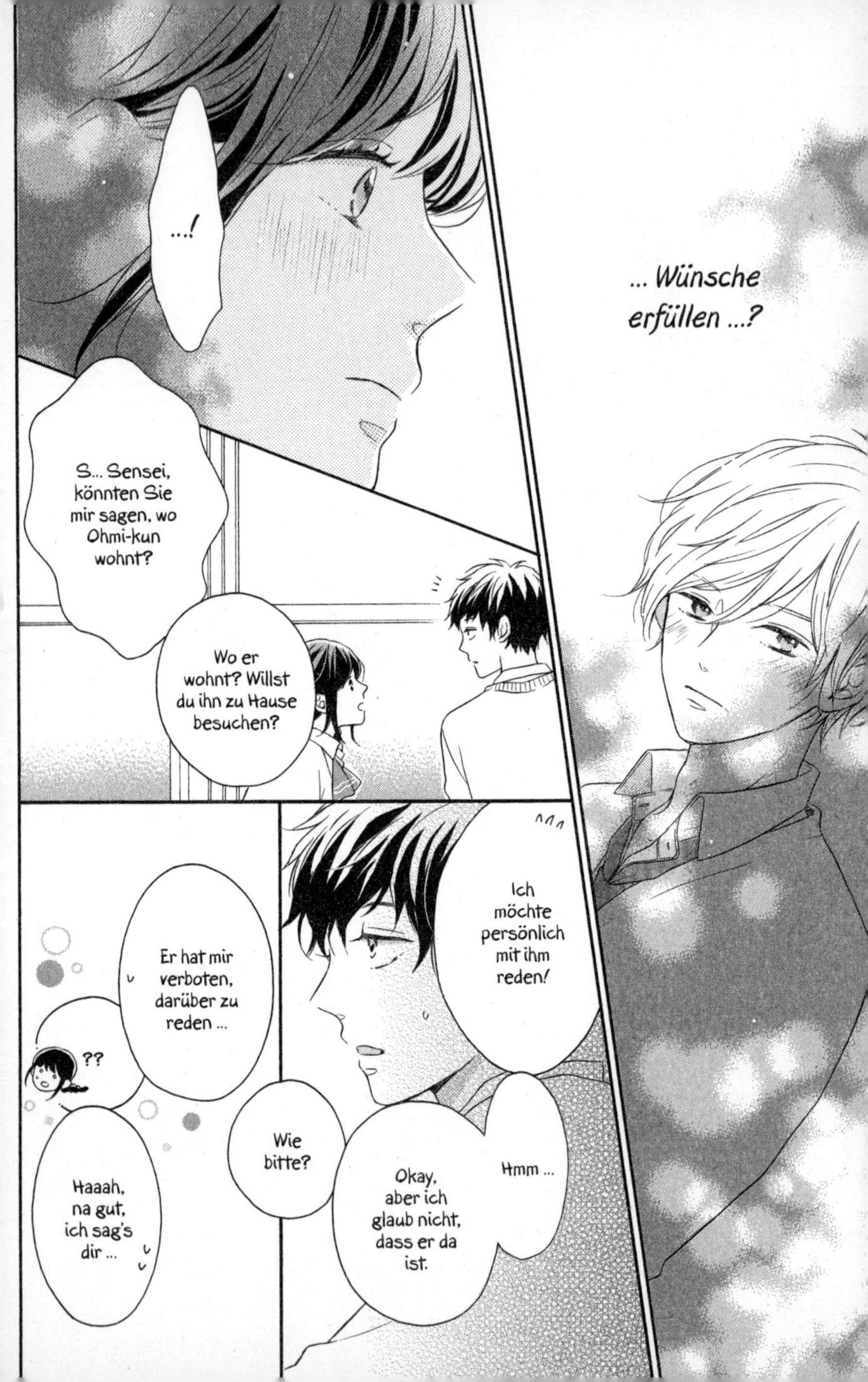
... Wünsche erfüllen ...?
...!
S... Sensei, könnten Sie mir sagen, wo Ohmi-kun wohnt?
Wo er wohnt? Willst du ihn zu Hause besuchen?
Ich möchte persönlich mit ihm reden!
Hmm ...
Okay, aber ich glaub nicht, dass er da ist.
Wie bitte?
Er hat mir verboten, darüber zu reden ...
??
Haaah, na gut, ich sag's dir ...

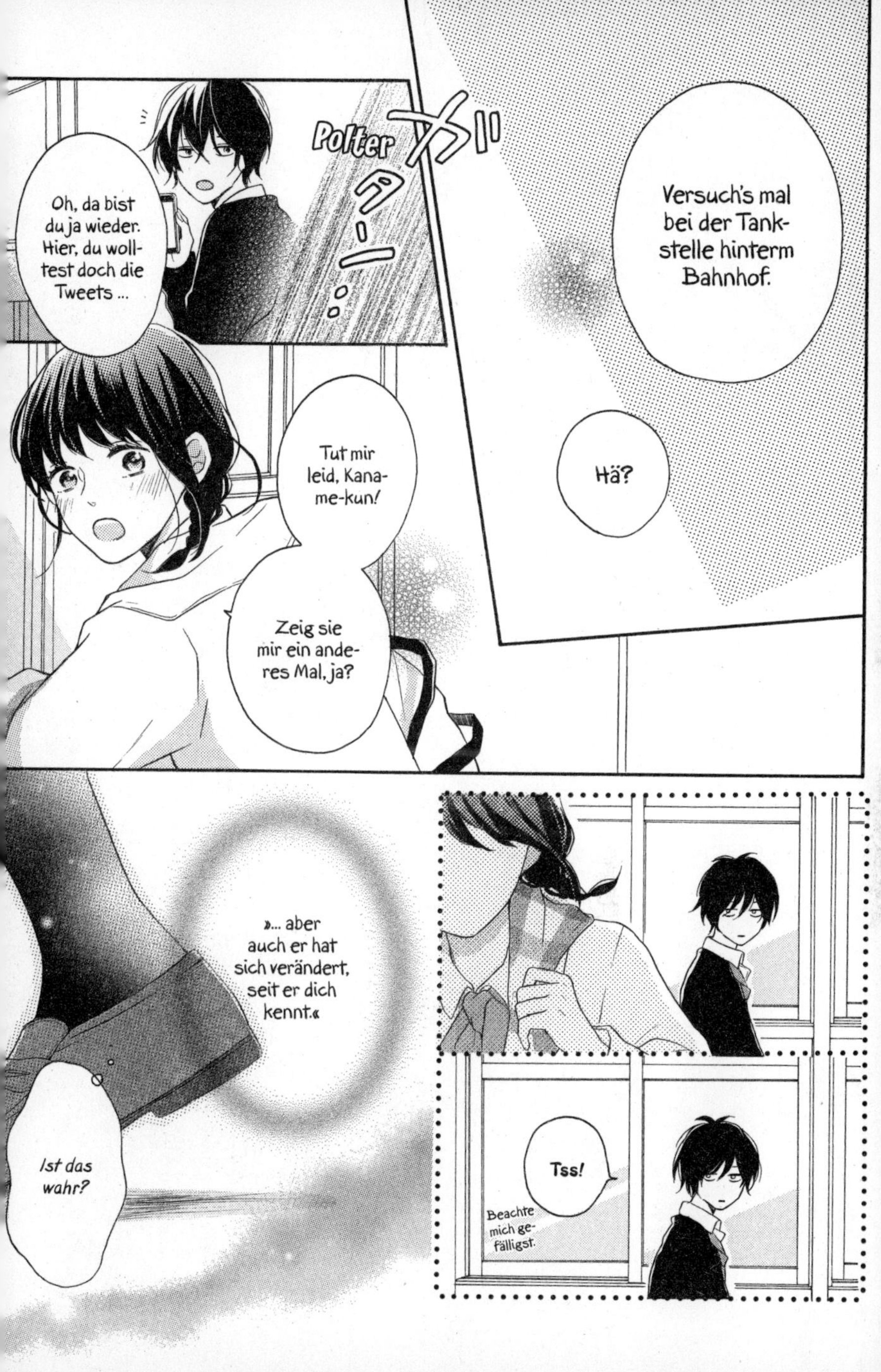
Versuch's mal bei der Tankstelle hinterm Bahnhof.
Hä?
Polter
Oh, da bist du ja wieder. Hier, du wolltest doch die Tweets ...
Tut mir leid, Kaname-kun!
Zeig sie mir ein anderes Mal, ja?
»... aber auch er hat sich verändert, seit er dich kennt.«
Ist das wahr?
Tss!
Beachte mich gefälligst.

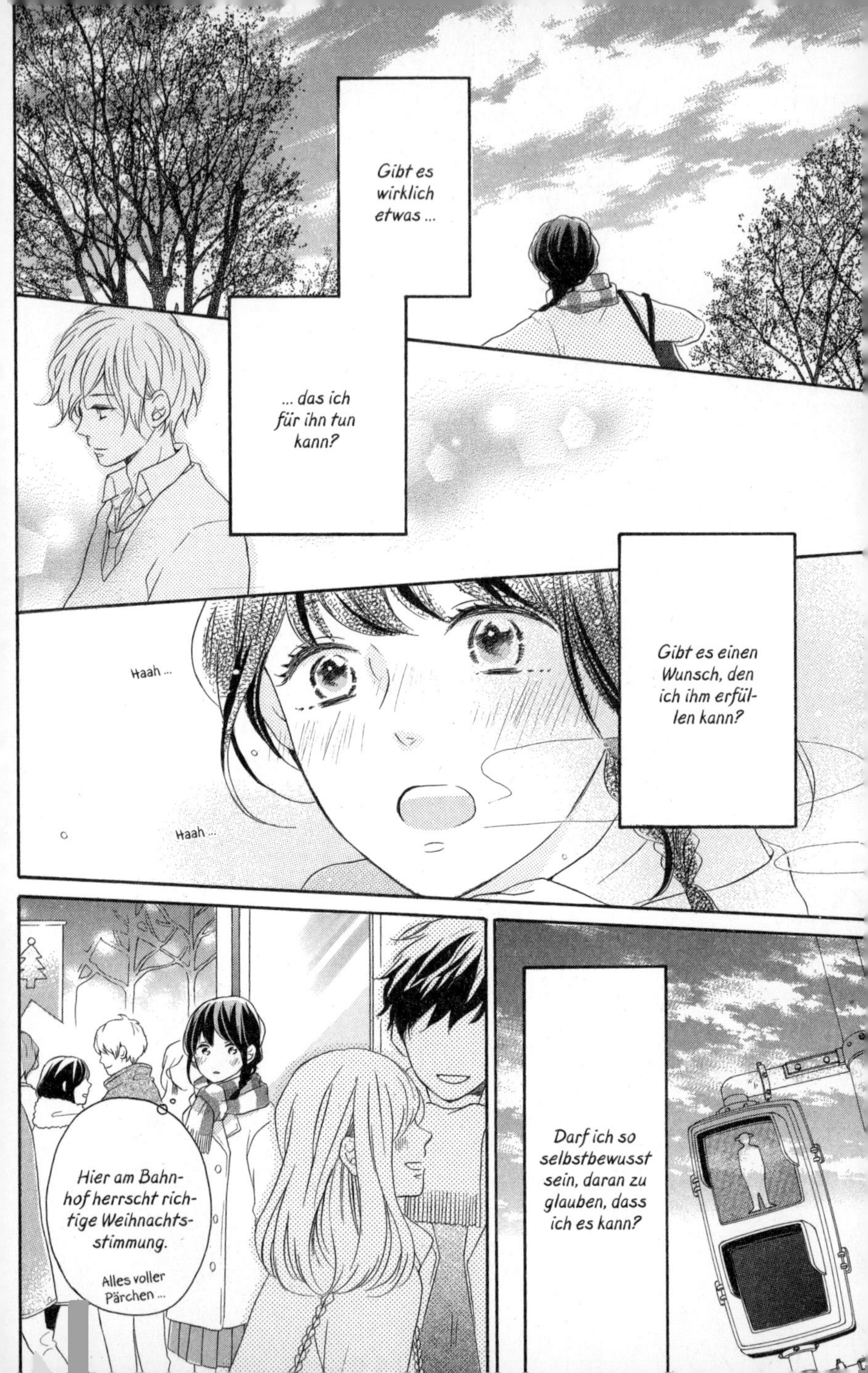
Gibt es wirklich etwas ...
... das ich für ihn tun kann?
Gibt es einen Wunsch, den ich ihm erfüllen kann?
Haah ...
Haah ...
Darf ich so selbstbewusst sein, daran zu glauben, dass ich es kann?
Hier am Bahnhof herrscht richtige Weihnachtsstimmung.
Alles voller Pärchen ...

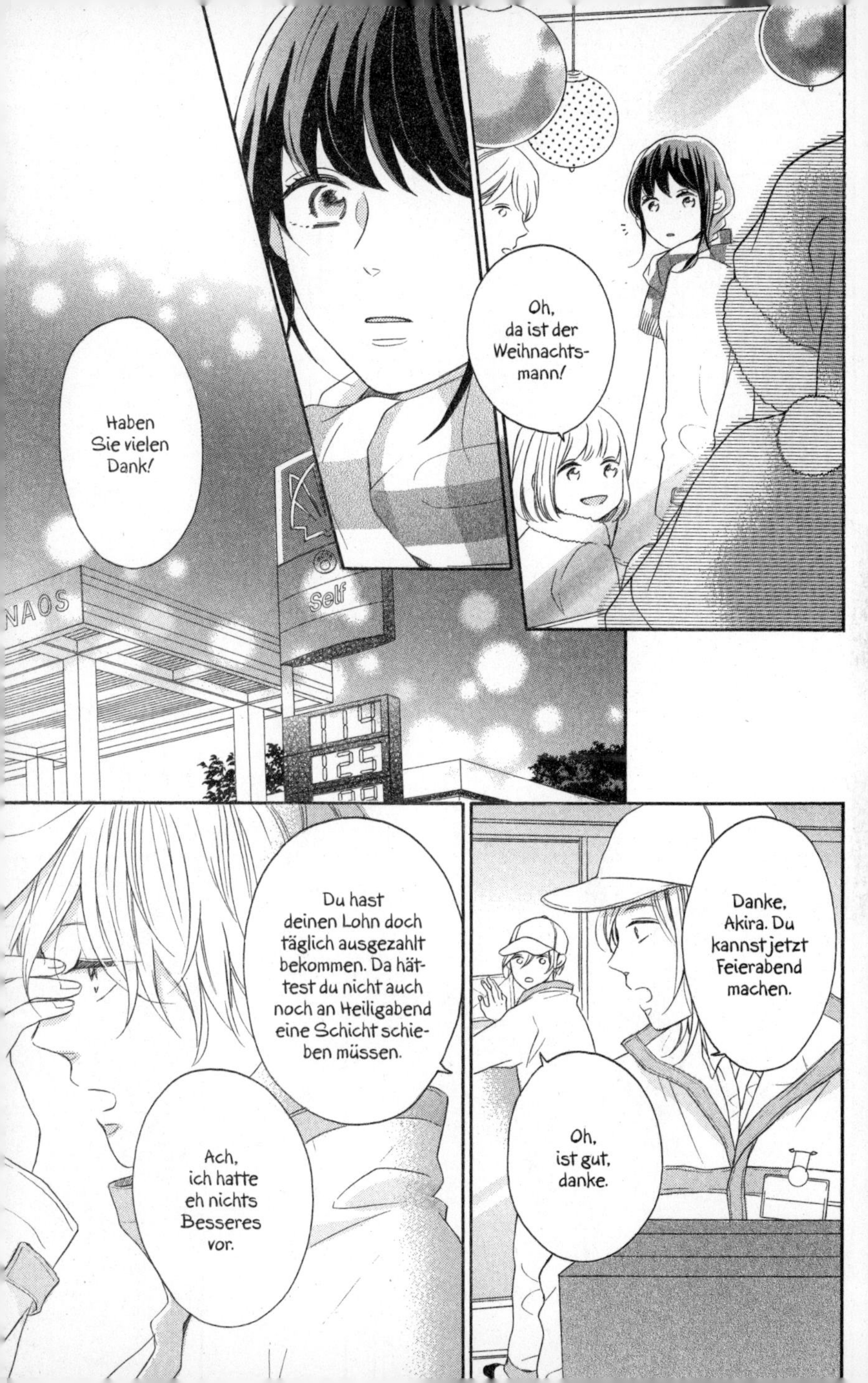
Oh, da ist der Weihnachtsmann!
Haben Sie vielen Dank!
NAOS
Self
Danke, Akira. Du kannst jetzt Feierabend machen.
Oh, ist gut, danke.
Du hast deinen Lohn doch täglich ausgezahlt bekommen. Da hättest du nicht auch noch an Heiligabend eine Schicht schieben müssen.
Ach, ich hatte eh nichts Besseres vor.

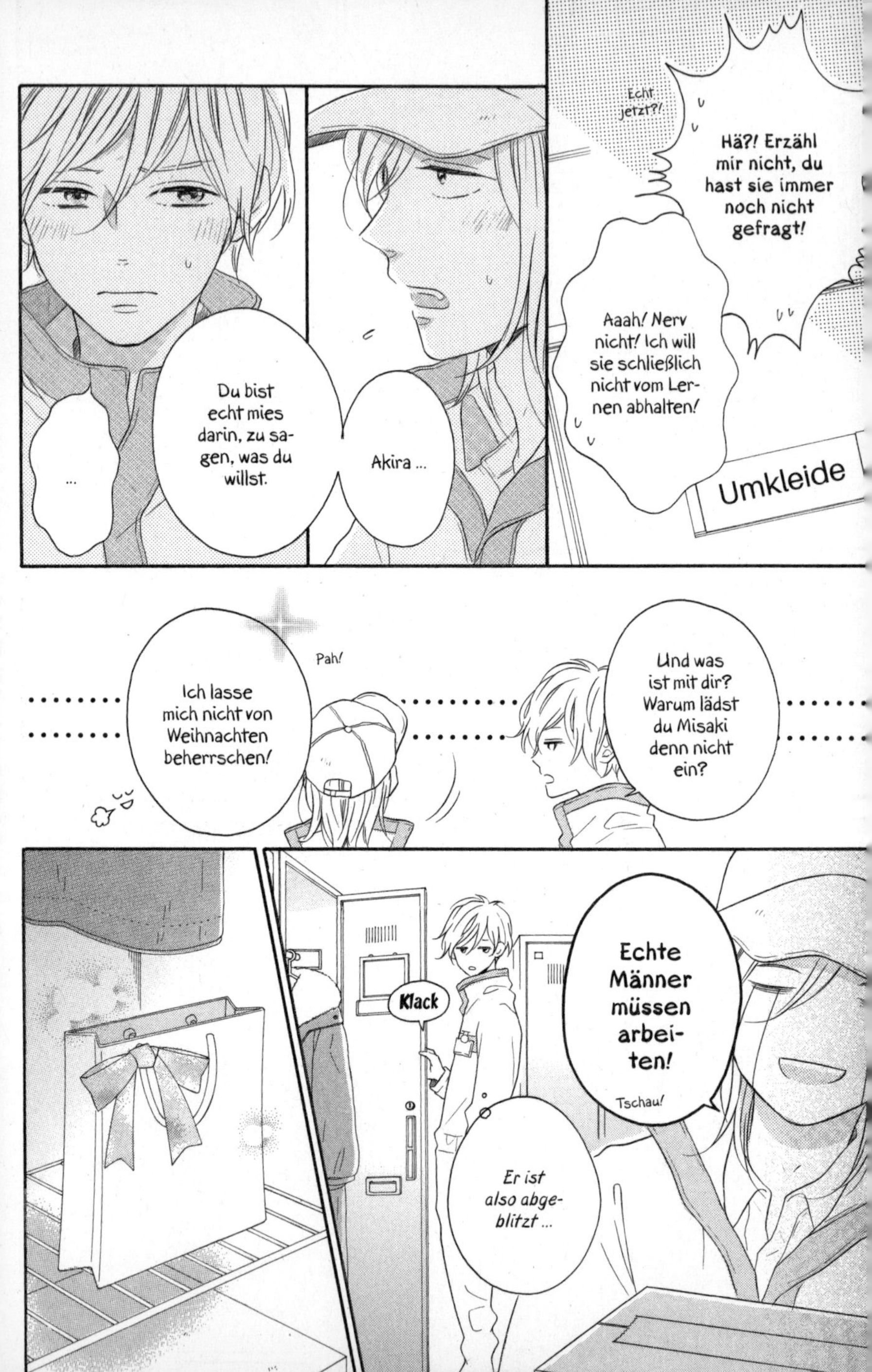
Echt jetzt?!
Hä?! Erzähl mir nicht, du hast sie immer noch nicht gefragt!
Aaah! Nerv nicht! Ich will sie schließlich nicht vom Lernen abhalten!
Umkleide
Akira ...
Du bist echt mies darin, zu sagen, was du willst.
...
Und was ist mit dir? Warum lädst du Misaki denn nicht ein?
Pah!
Ich lasse mich nicht von Weihnachten beherrschen!
Echte Männer müssen arbeiten!
Tschau!
Klack
Er ist also abgeblitzt ...

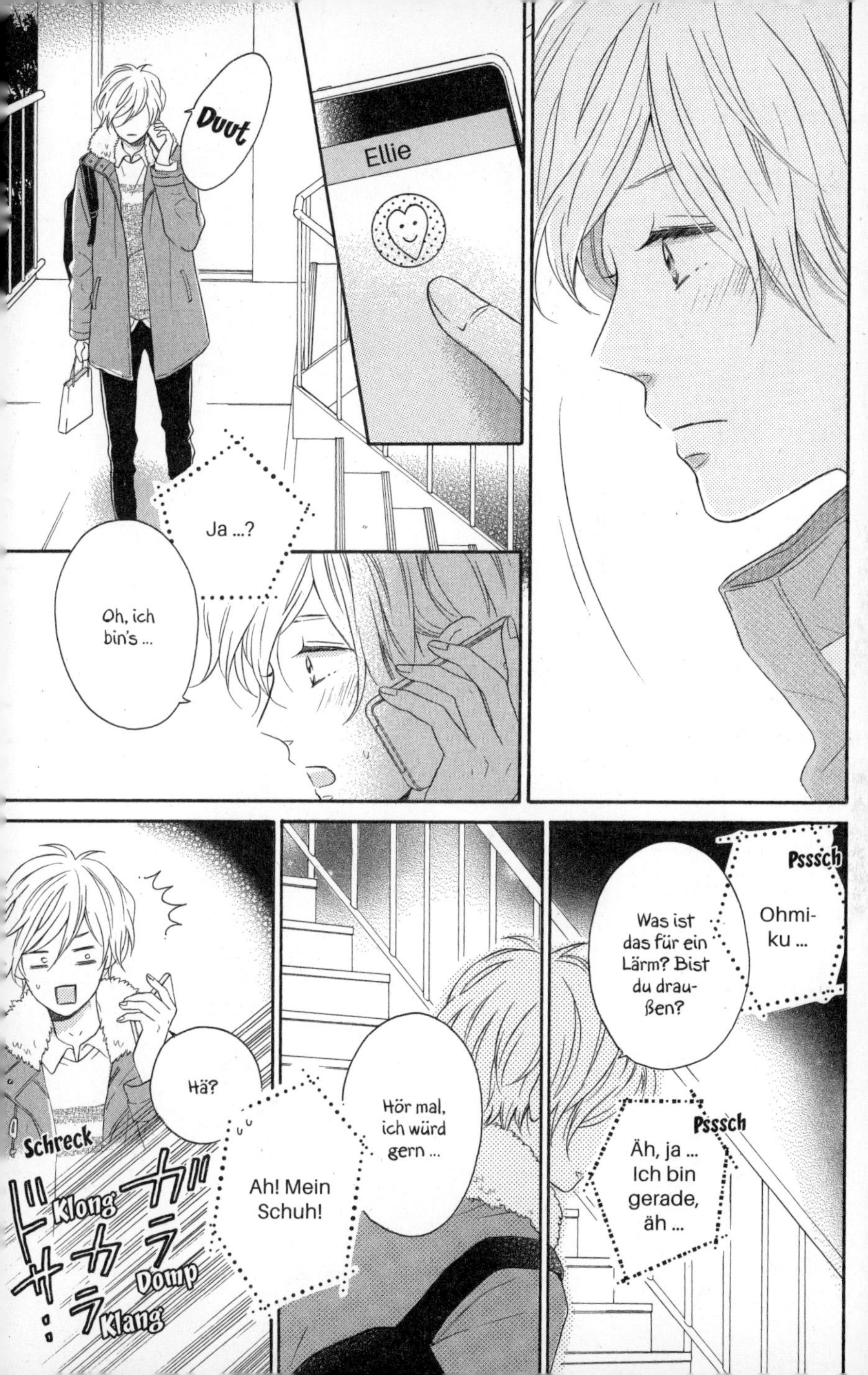
Ellie
Duut
Ja ...?
Oh, ich bin's ...
Psssch
Ohmiku ...
Was ist das für ein Lärm? Bist du draußen?
Psssch
Äh, ja ... Ich bin gerade, äh ...
Hör mal, ich würd gern ...
Hä?
Ah! Mein Schuh!
Schreck
Klong
Domp
Klang

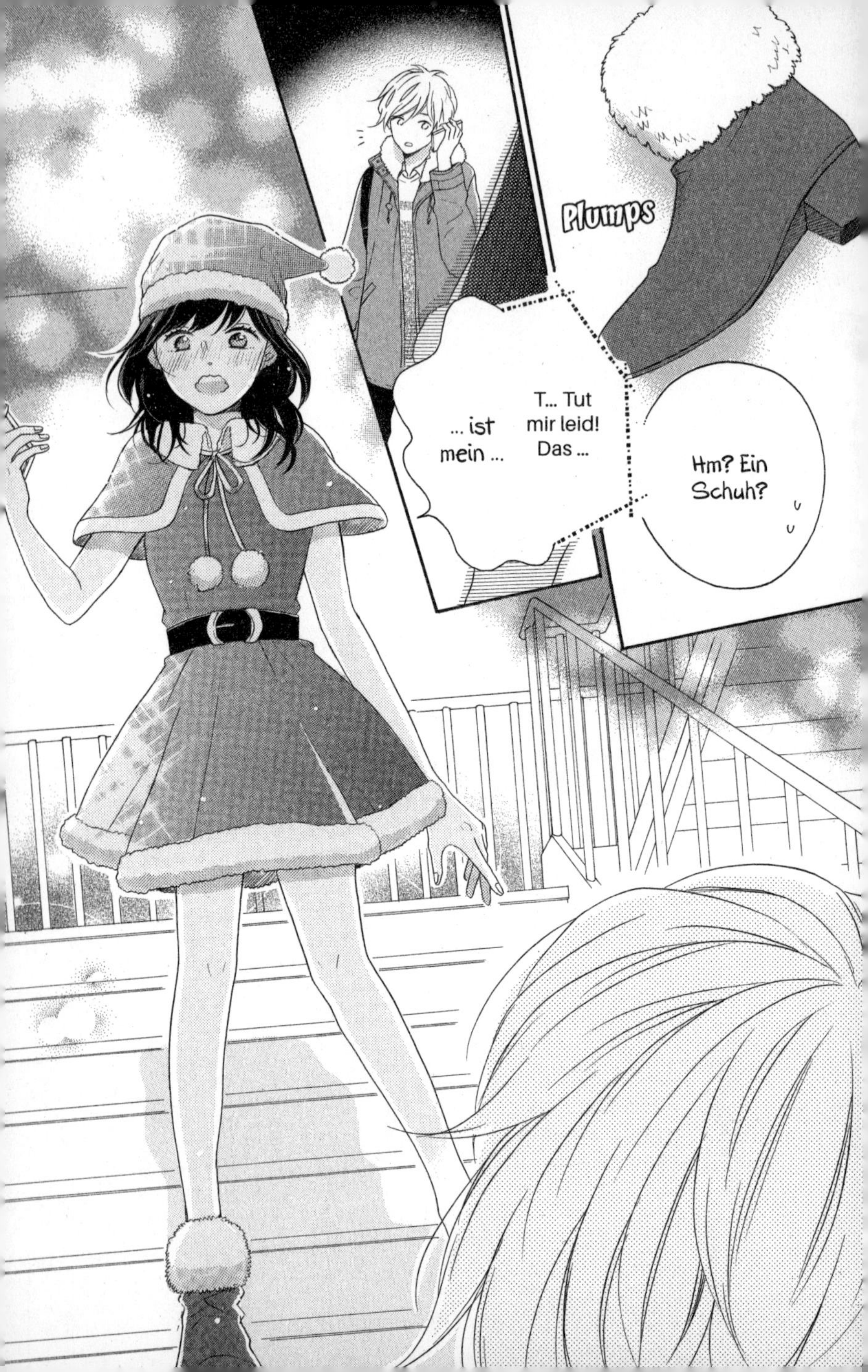
Plumps
Hm? Ein Schuh?
T... Tut mir leid! Das ...
... ist mein ...

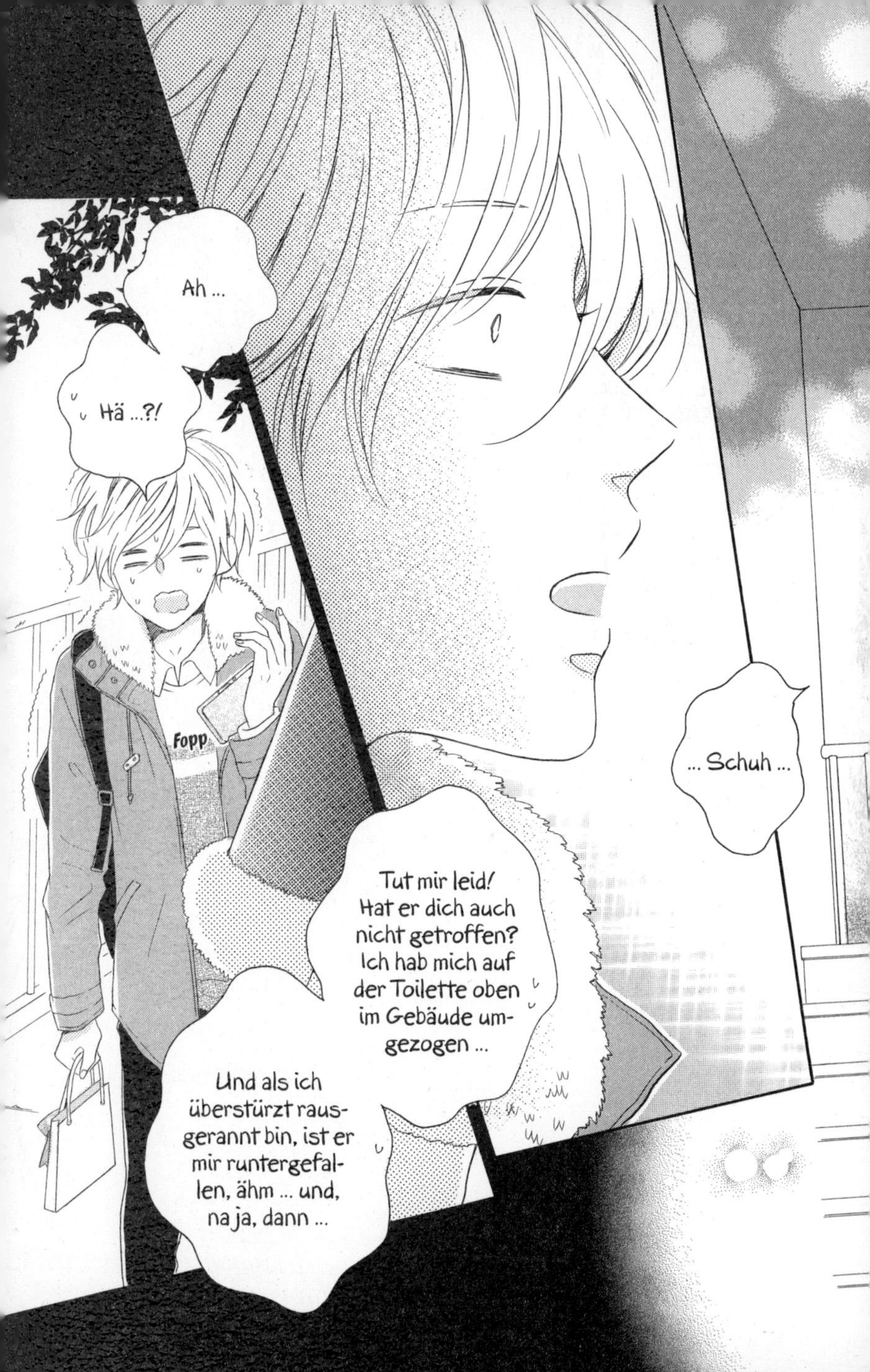
... Schuh ...
Ah ...
Hä ...?!
Fopp
Tut mir leid! Hat er dich auch nicht getroffen? Ich hab mich auf der Toilette oben im Gebäude umgezogen ...
Und als ich überstürzt rausgerannt bin, ist er mir runtergefallen, ähm ... und, na ja, dann ...

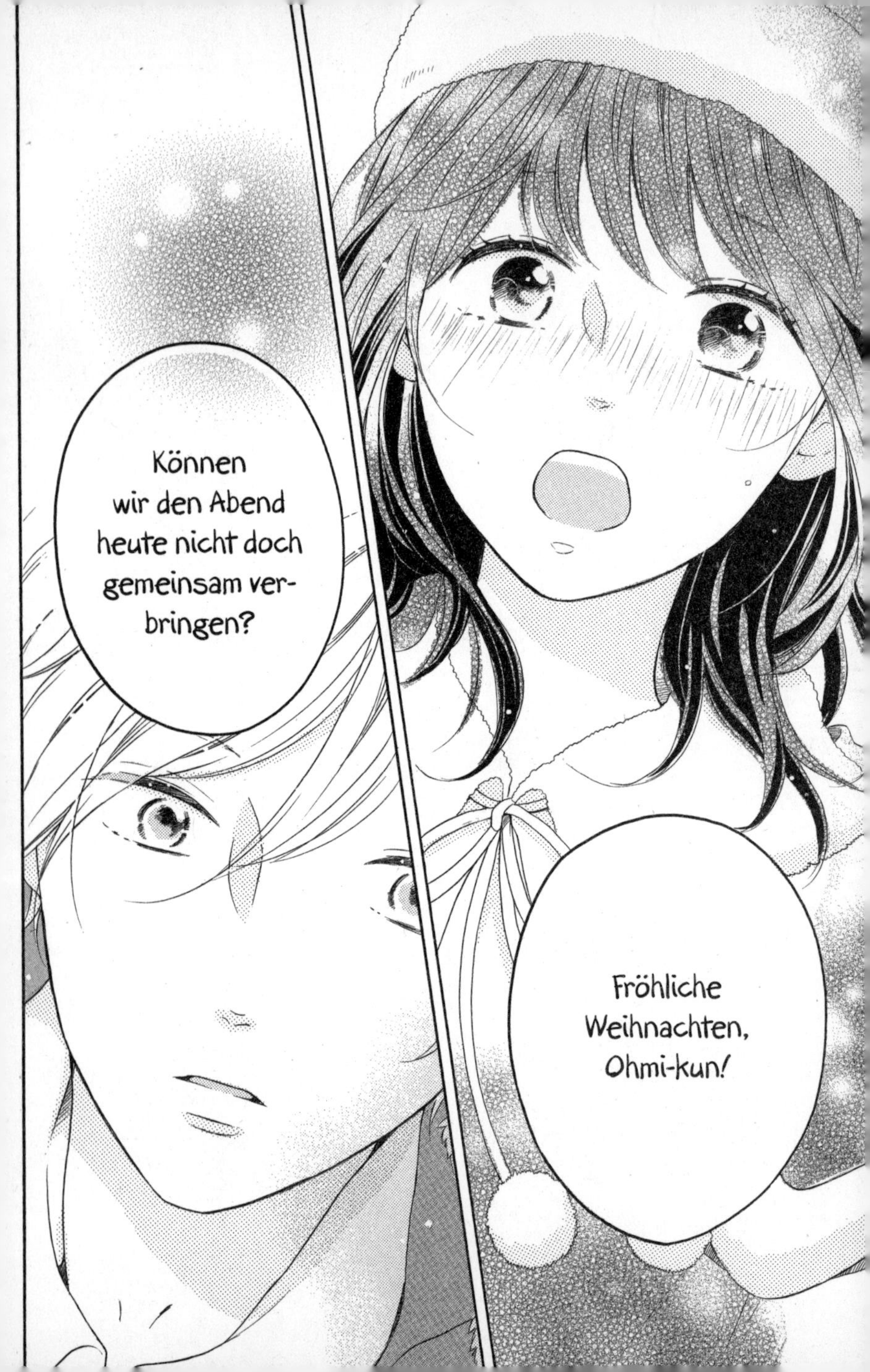
Fröhliche Weihnachten, Ohmi-kun!
Können wir den Abend heute nicht doch gemeinsam ver-bringen?

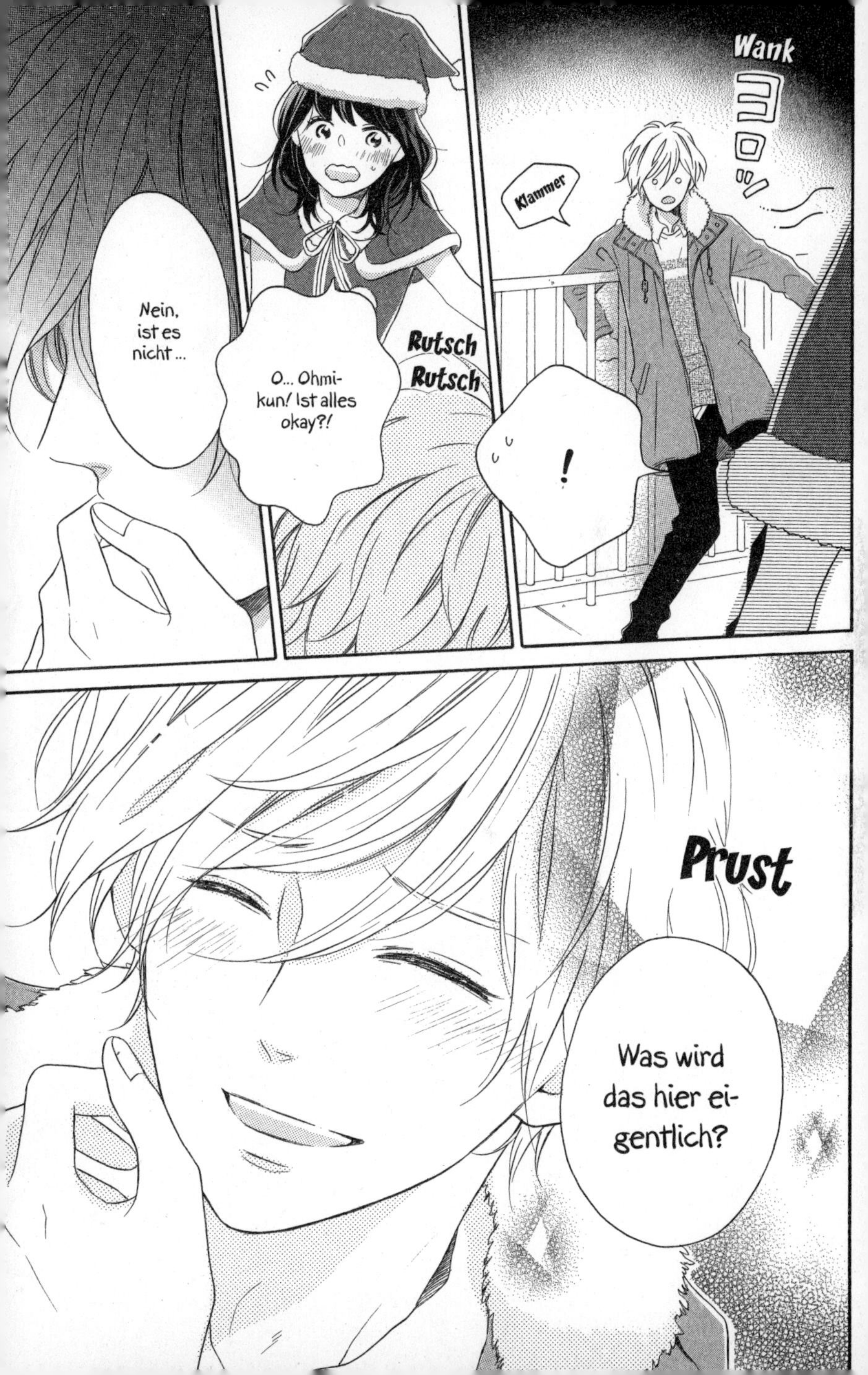
Wank
ヨロッ
Klammer
!
Rutsch
Rutsch
O... Ohmi-kun! Ist alles okay?!
Nein, ist es nicht ...
Prust
Was wird das hier ei-gentlich?

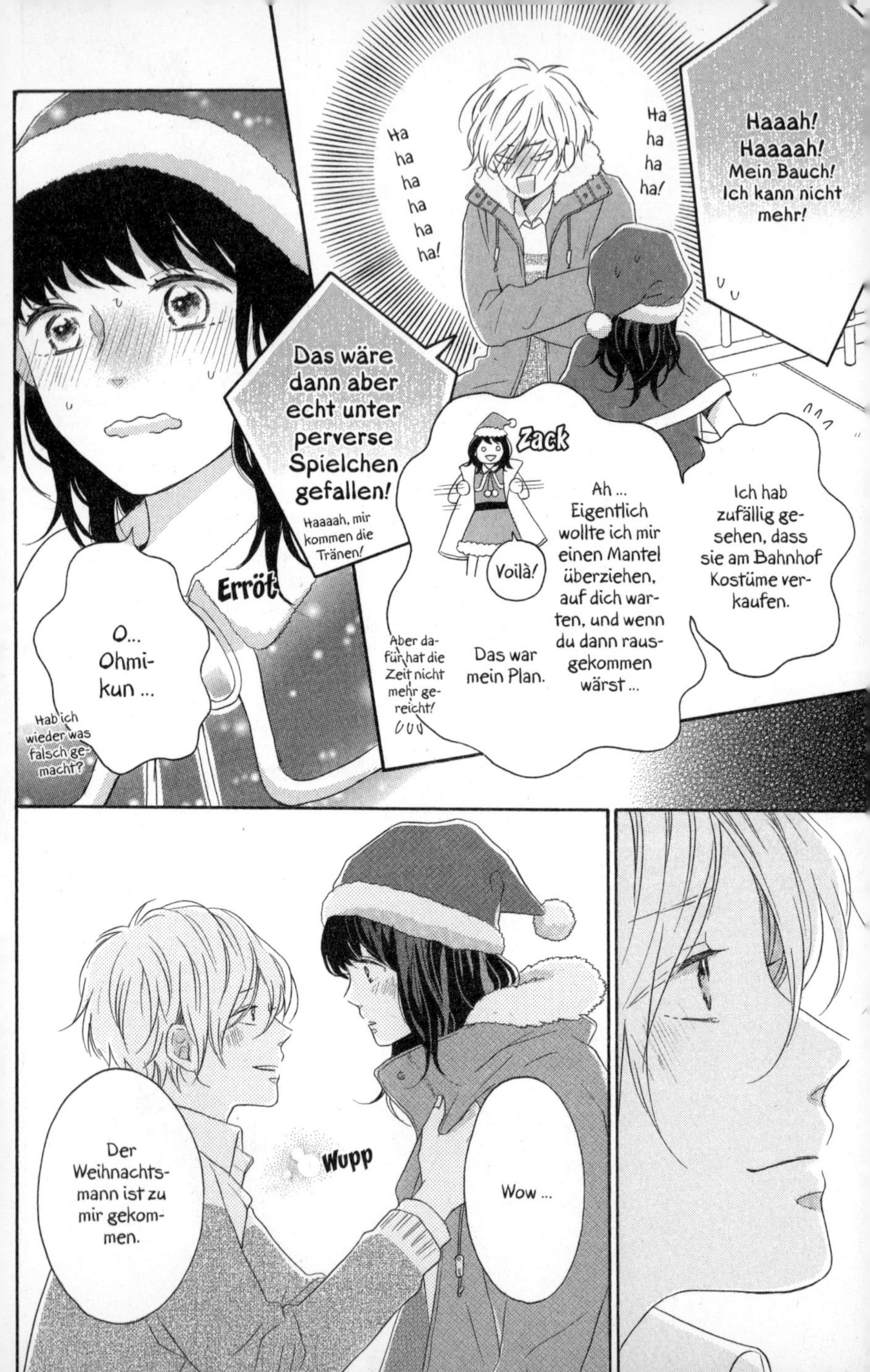
Haaah!
Haaaah!
Mein Bauch!
Ich kann nicht mehr!
Ha ha ha ha!
Ha ha ha ha ha ha!
Ich hab zufällig gesehen, dass sie am Bahnhof Kostüme verkaufen.
Ah ... Eigentlich wollte ich mir einen Mantel überziehen, auf dich warten, und wenn du dann rausgekommen wärst ...
Zack
Voilà!
Das war mein Plan.
Aber dafür hat die Zeit nicht mehr gereicht!
Das wäre dann aber echt unter perverse Spielchen gefallen!
Haaaah, mir kommen die Tränen!
Erröt
O... Ohmi-kun ...
Hab ich wieder was falsch gemacht?
Wow ...
Wupp
Der Weihnachtsmann ist zu mir gekommen.

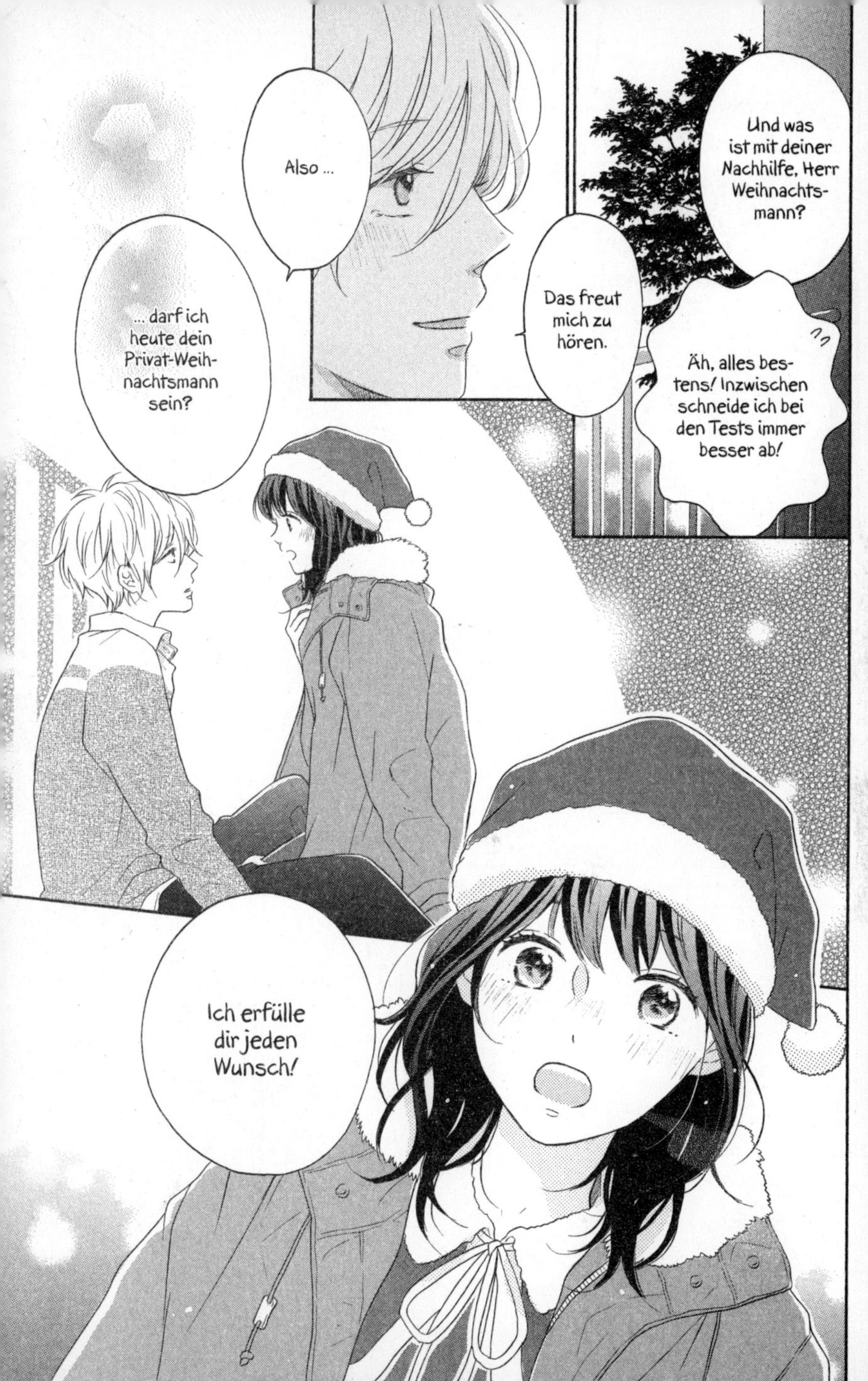
Und was ist mit deiner Nachhilfe, Herr Weihnachts-mann?
Äh, alles bes-tens! Inzwischen schneide ich bei den Tests immer besser ab!
Das freut mich zu hören.
Also ...
... darf ich heute dein Privat-Weih-nachtsmann sein?
Ich erfülle dir jeden Wunsch!

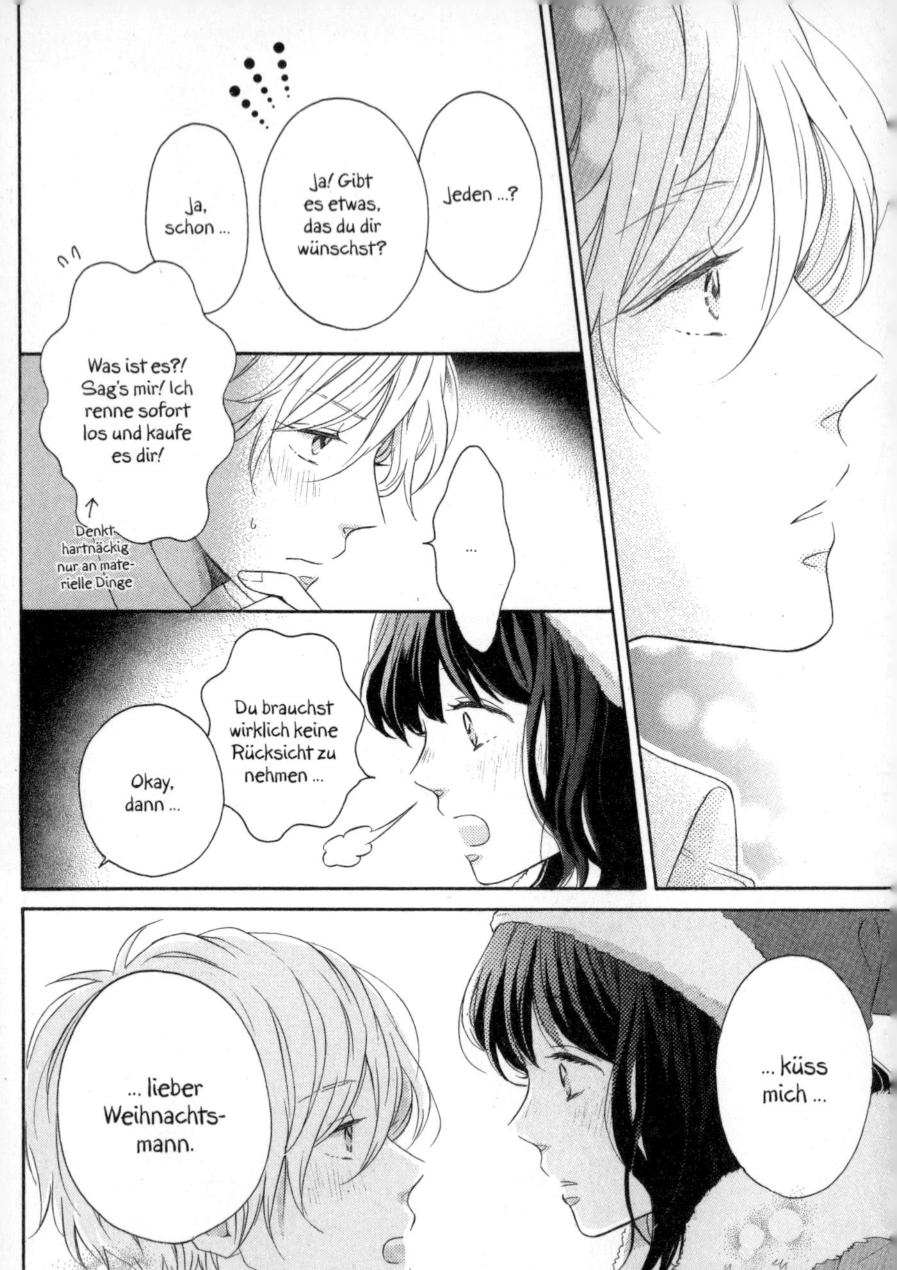
Jeden ...?
Ja! Gibt es etwas, das du dir wünschst?
Ja, schon ...
Was ist es?! Sag's mir! Ich renne sofort los und kaufe es dir!
Denkt hartnäckig nur an materielle Dinge
...
Du brauchst wirklich keine Rücksicht zu nehmen ...
Okay, dann ...
... küss mich ...
... lieber Weihnachtsmann.

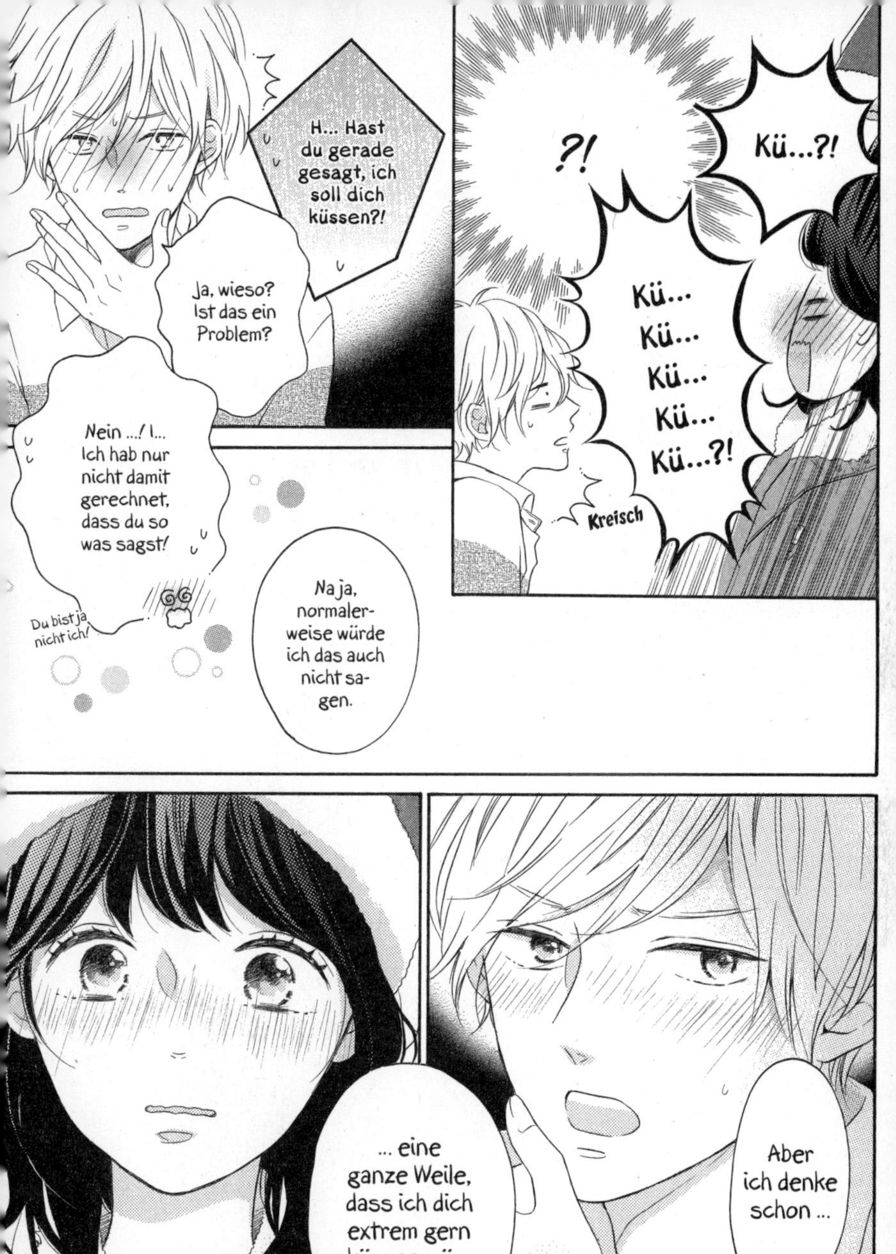
Kü...?!
?!
Kü...
Kü...
Kü...
Kü...
Kü...?!
Kreisch
H... Hast du gerade gesagt, ich soll dich küssen?!
Ja, wieso? Ist das ein Problem?
Nein ...! I... Ich hab nur nicht damit gerechnet, dass du so was sagst!
Du bist ja nicht ich!
Na ja, normalerweise würde ich das auch nicht sagen.
Aber ich denke schon ...
... eine ganze Weile, dass ich dich extrem gern küssen würde.

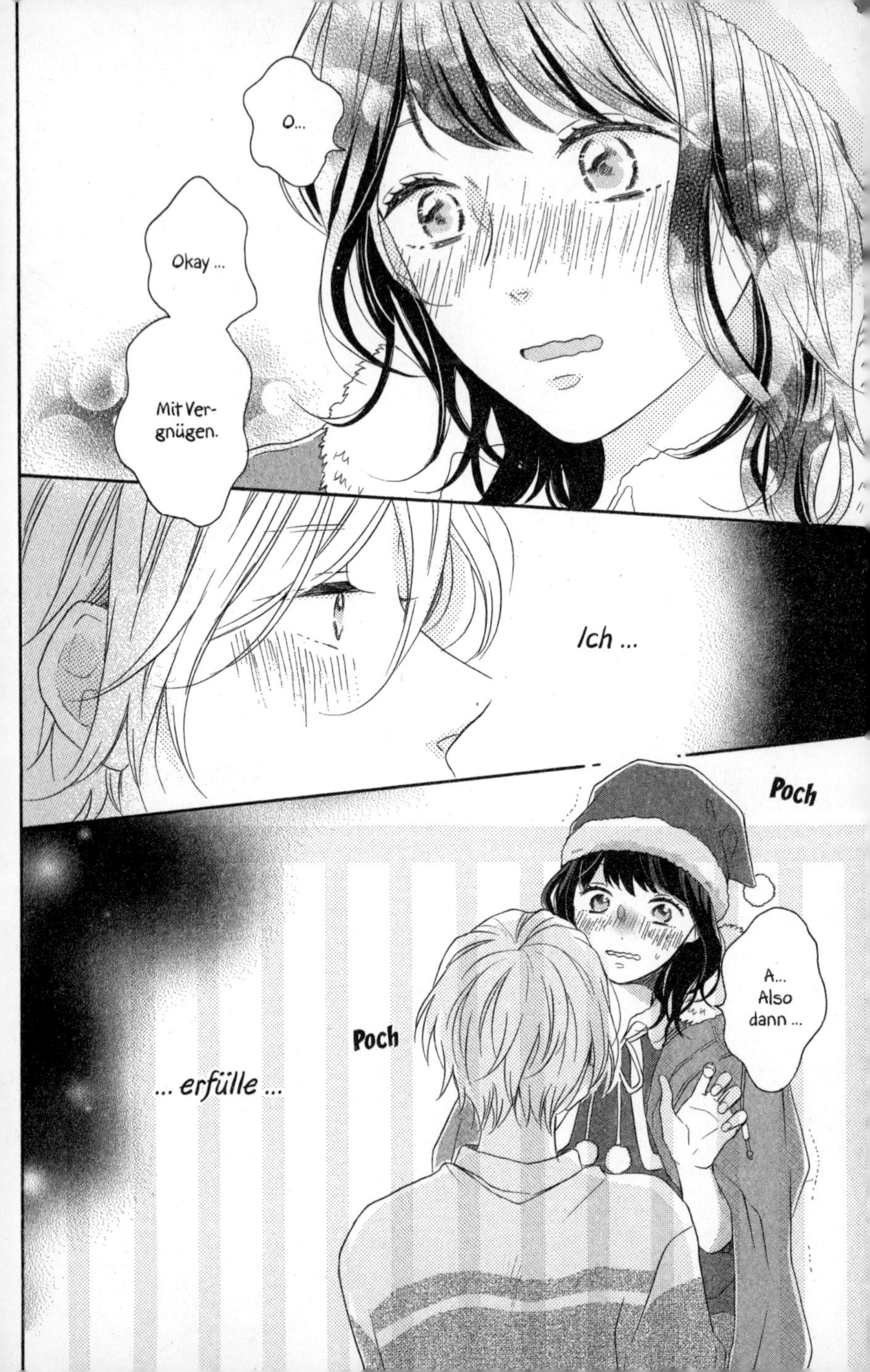
O...
Okay ...
Mit Ver-
gnügen.
Ich ...
Poch
A...
Also
dann ...
Poch
... erfülle ...

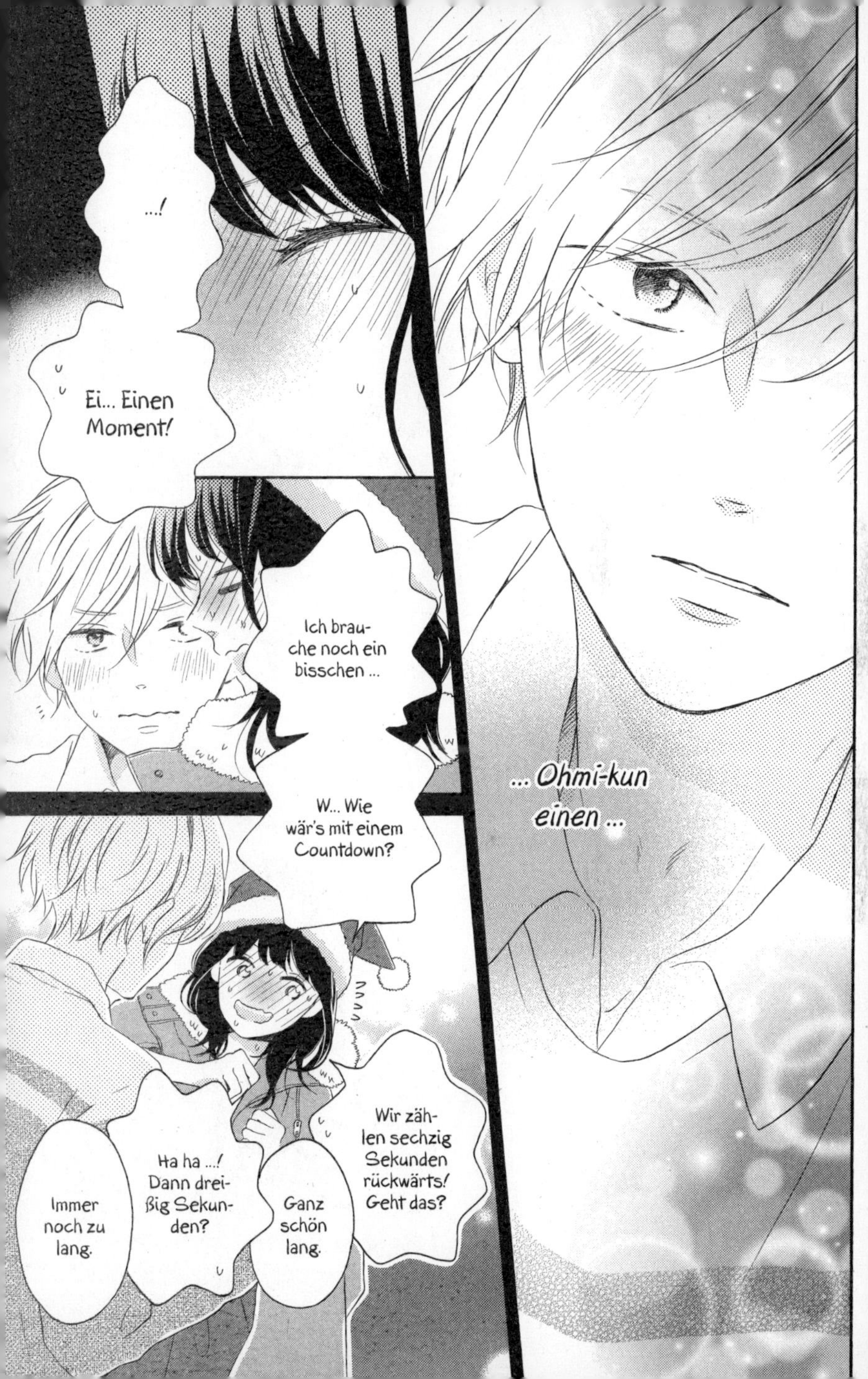
... Ohmi-kun einen ...
...!
Ei... Einen Moment!
Ich brauche noch ein bisschen ...
W... Wie wär's mit einem Countdown?
Wir zählen sechzig Sekunden rückwärts! Geht das?
Ganz schön lang.
Ha ha ...! Dann dreißig Sekunden?
Immer noch zu lang.

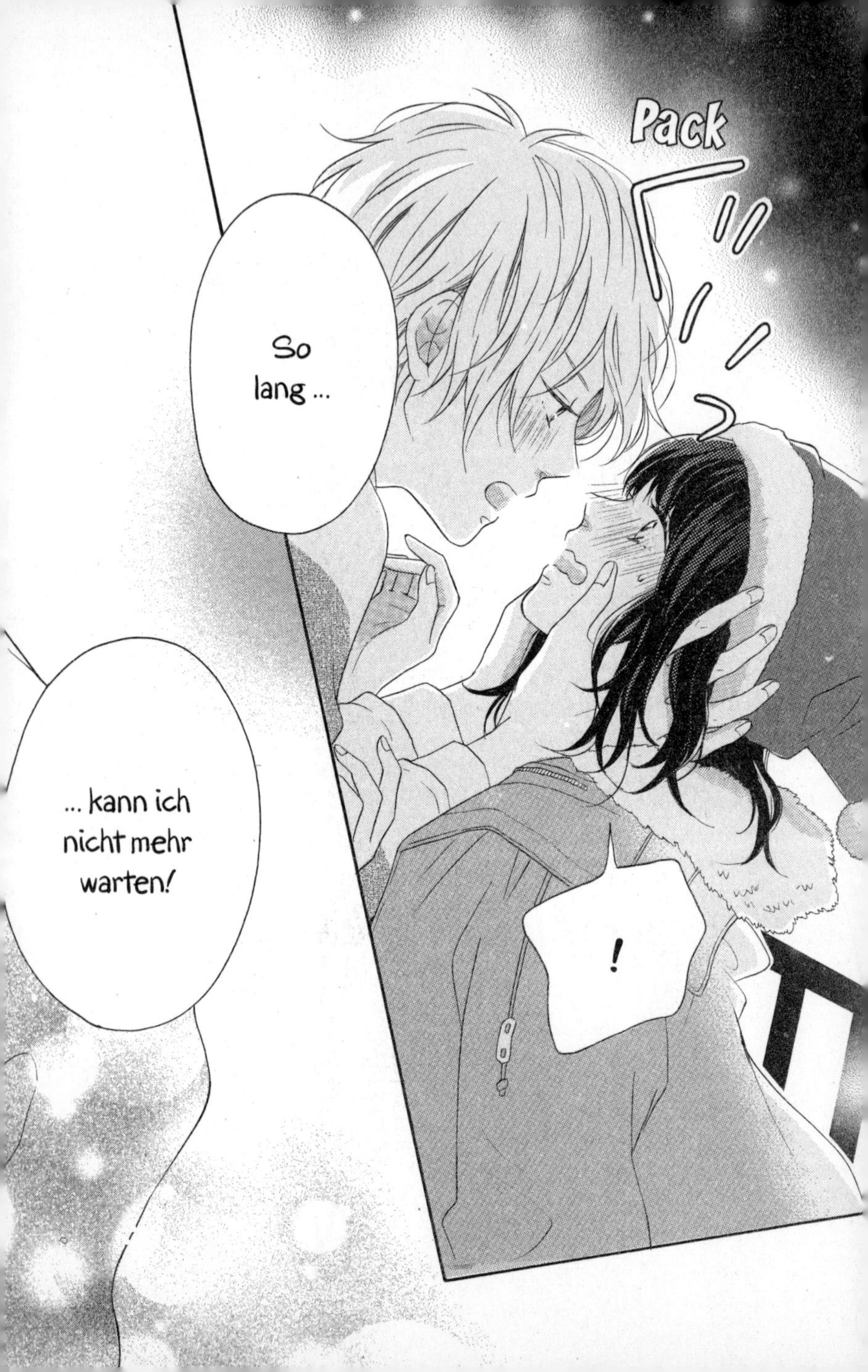
Pack
So lang ...
... kann ich nicht mehr warten!
!

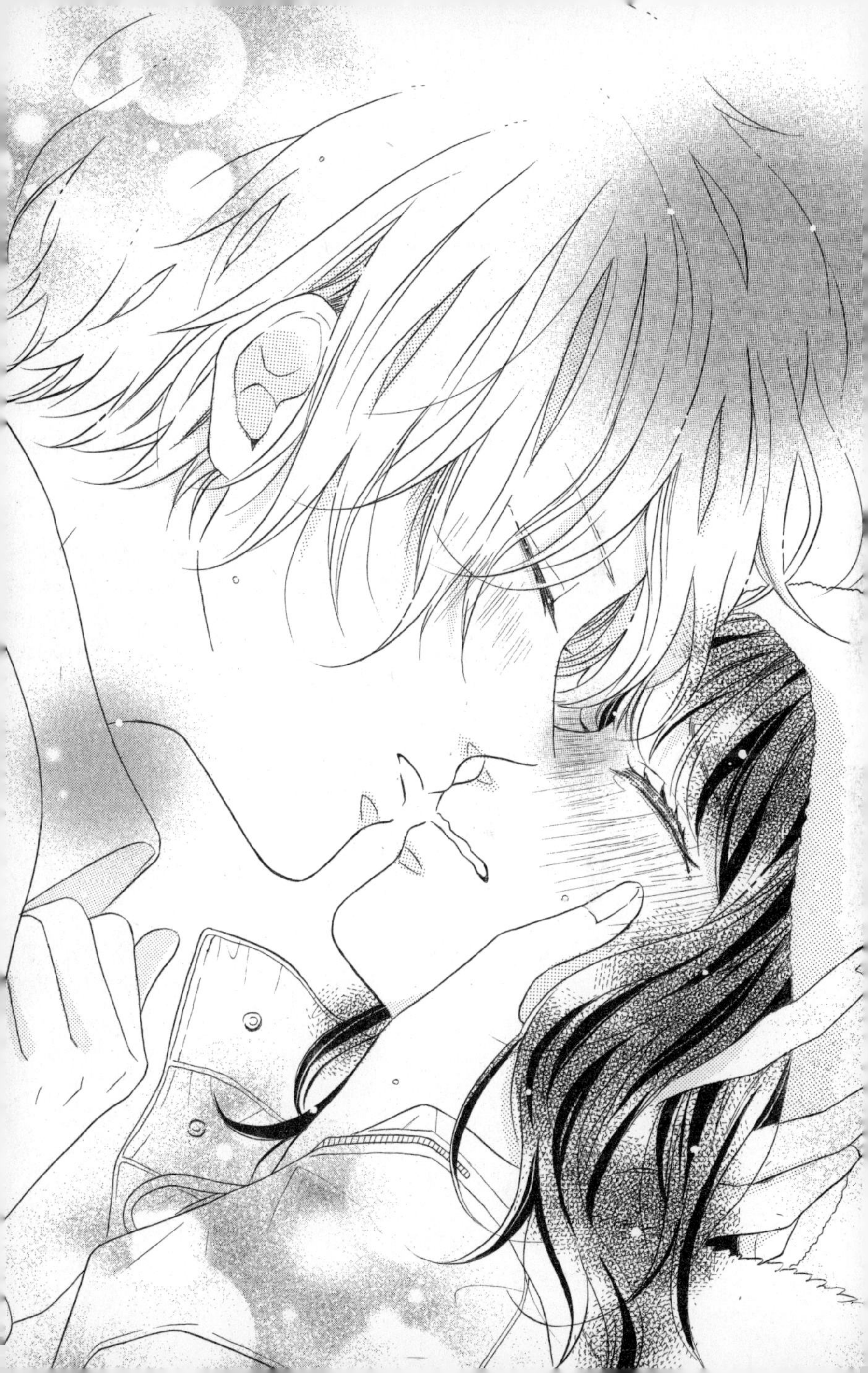

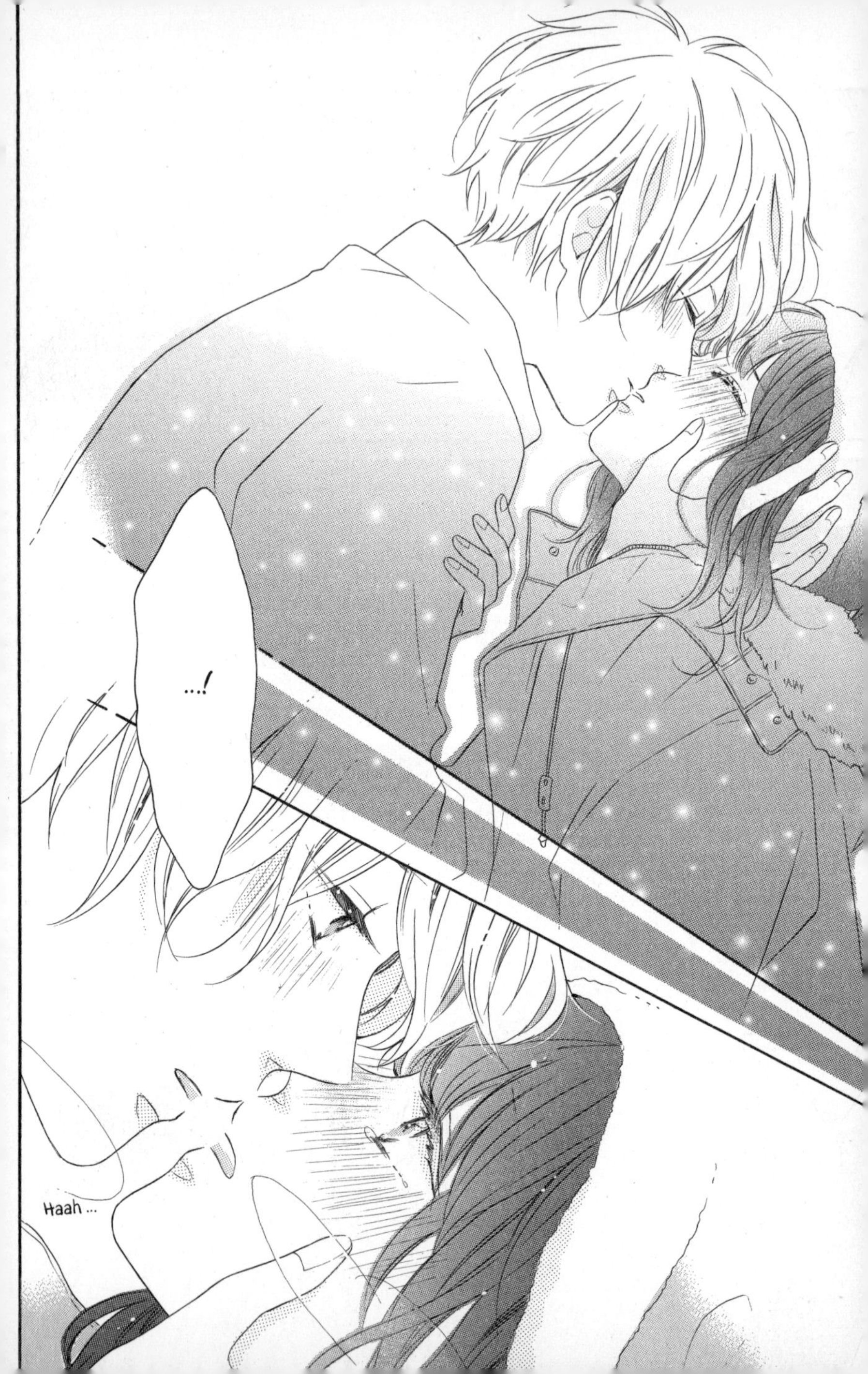
...!
Haah ...

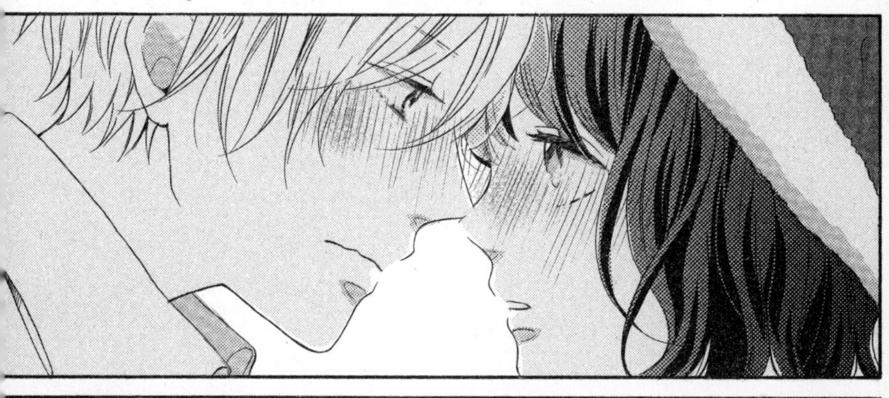

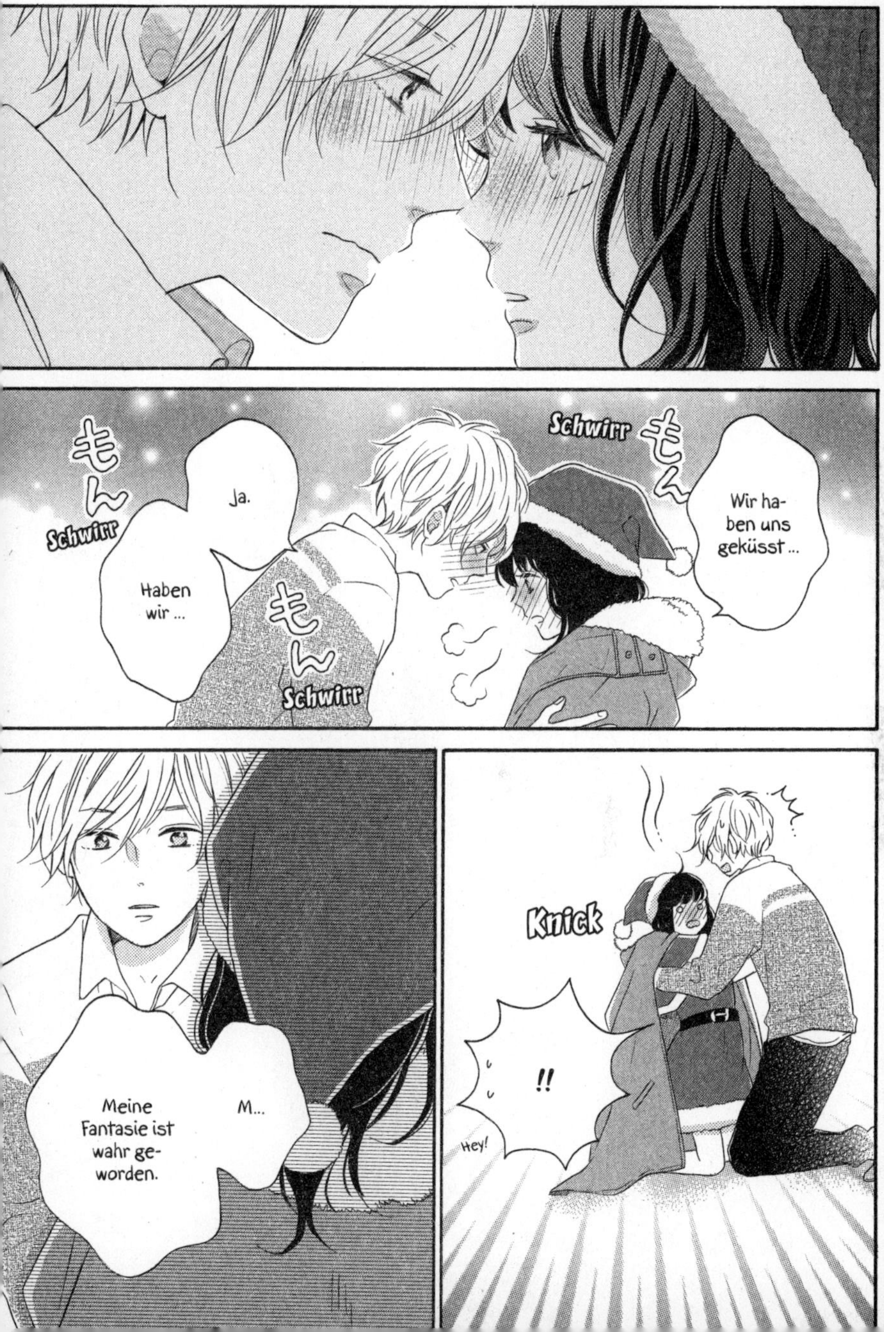

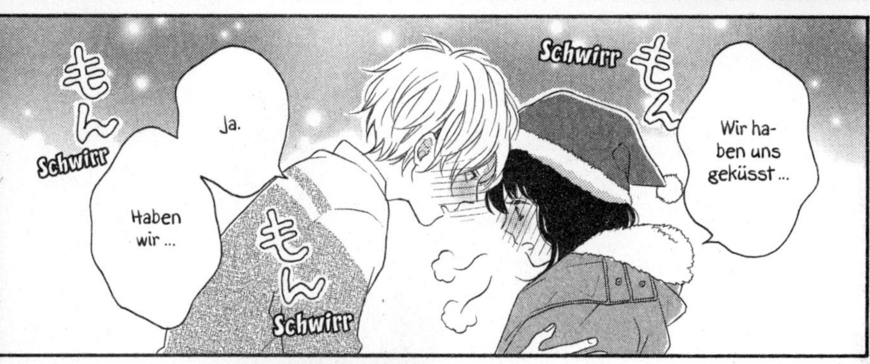

Knick

!!

Hey!

M...

Meine Fantasie ist wahr geworden.

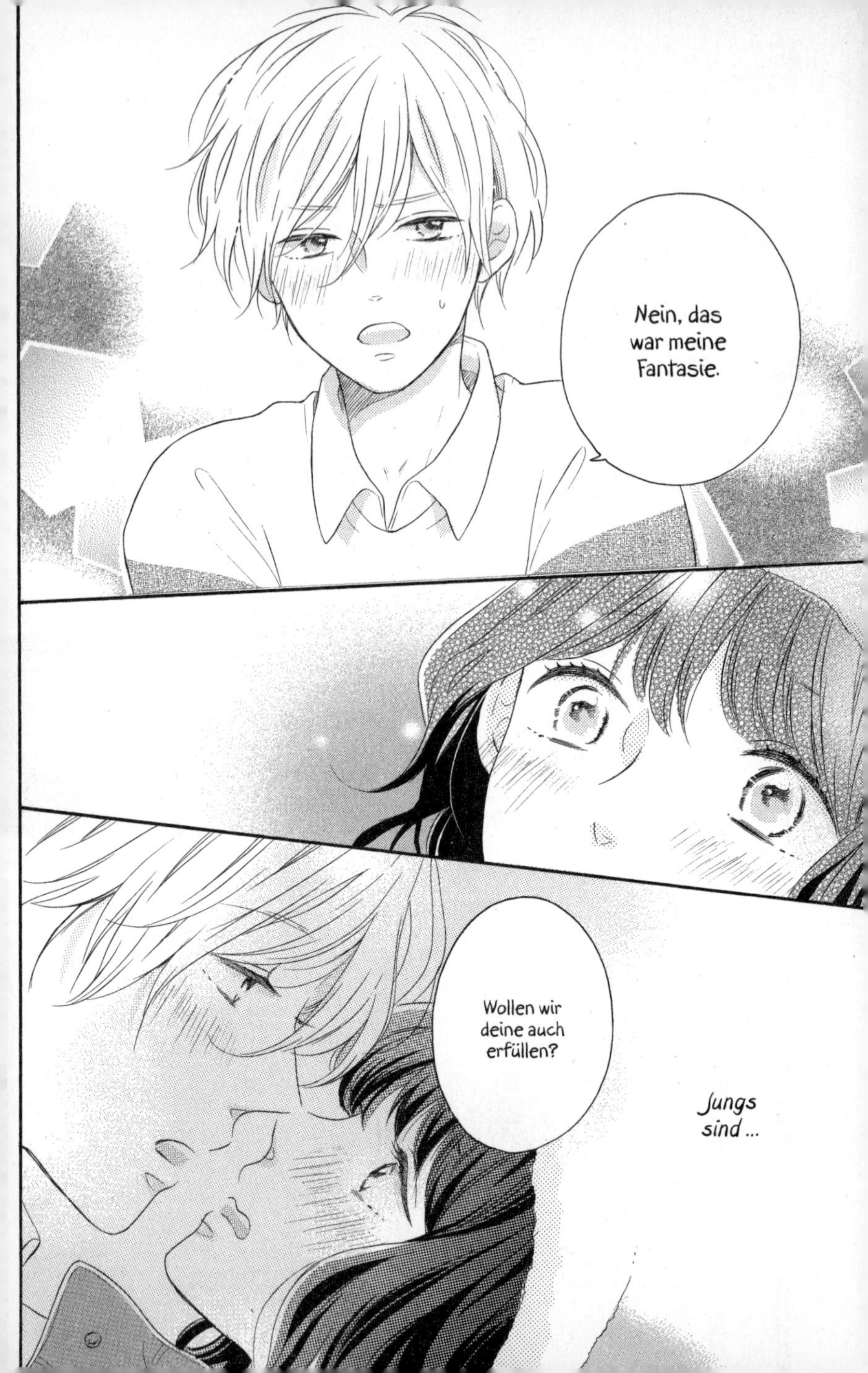
Nein, das war meine Fantasie.
Wollen wir deine auch erfüllen?
Jungs sind ...

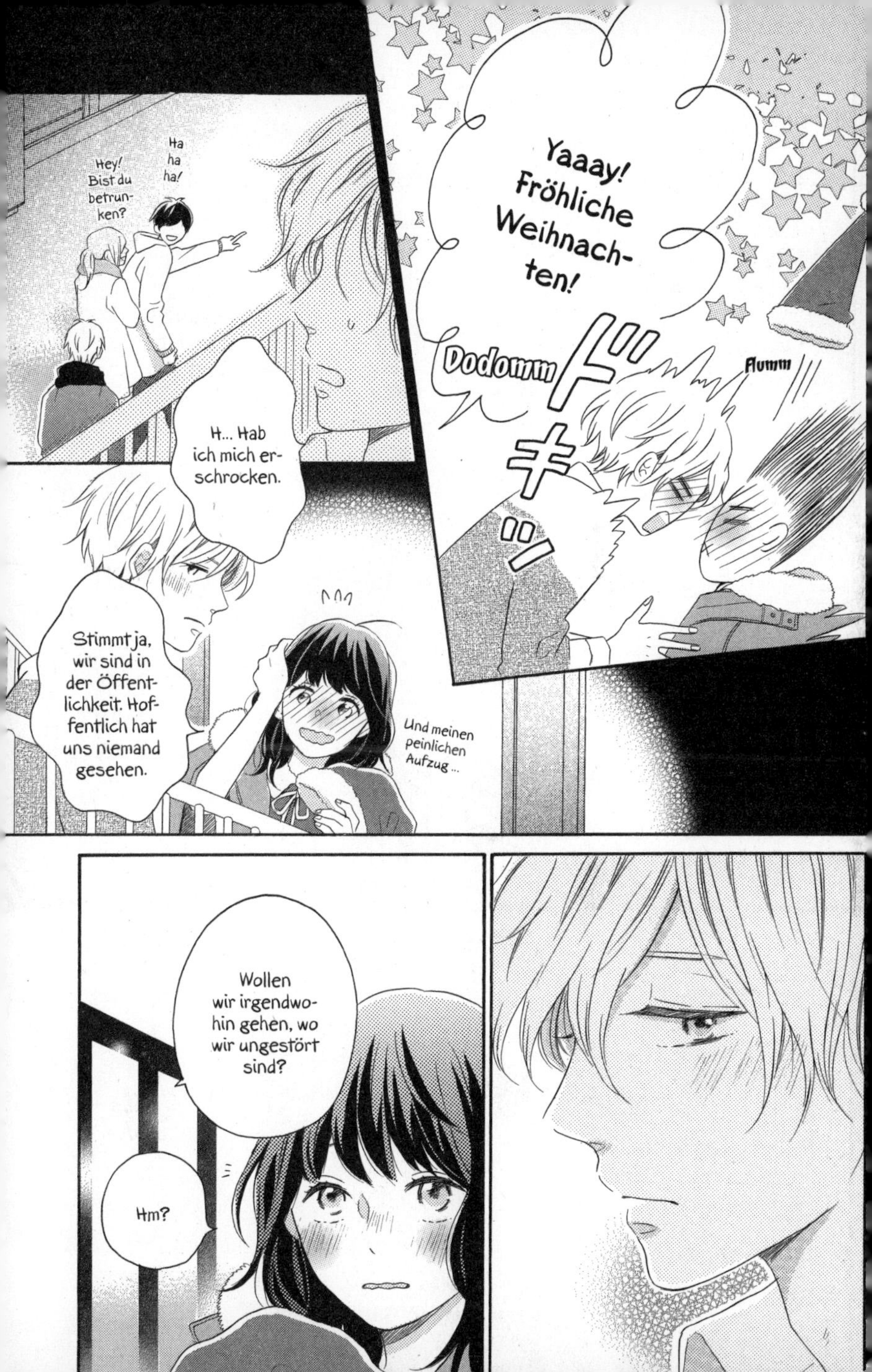
Yaaay! Fröhliche Weihnachten!
Dodomm
Flumm
Hey! Bist du betrunken?
Ha ha ha!
H... Hab ich mich erschrocken.
Stimmt ja, wir sind in der Öffentlichkeit. Hoffentlich hat uns niemand gesehen.
Und meinen peinlichen Aufzug ...
Wollen wir irgendwohin gehen, wo wir ungestört sind?
Hm?

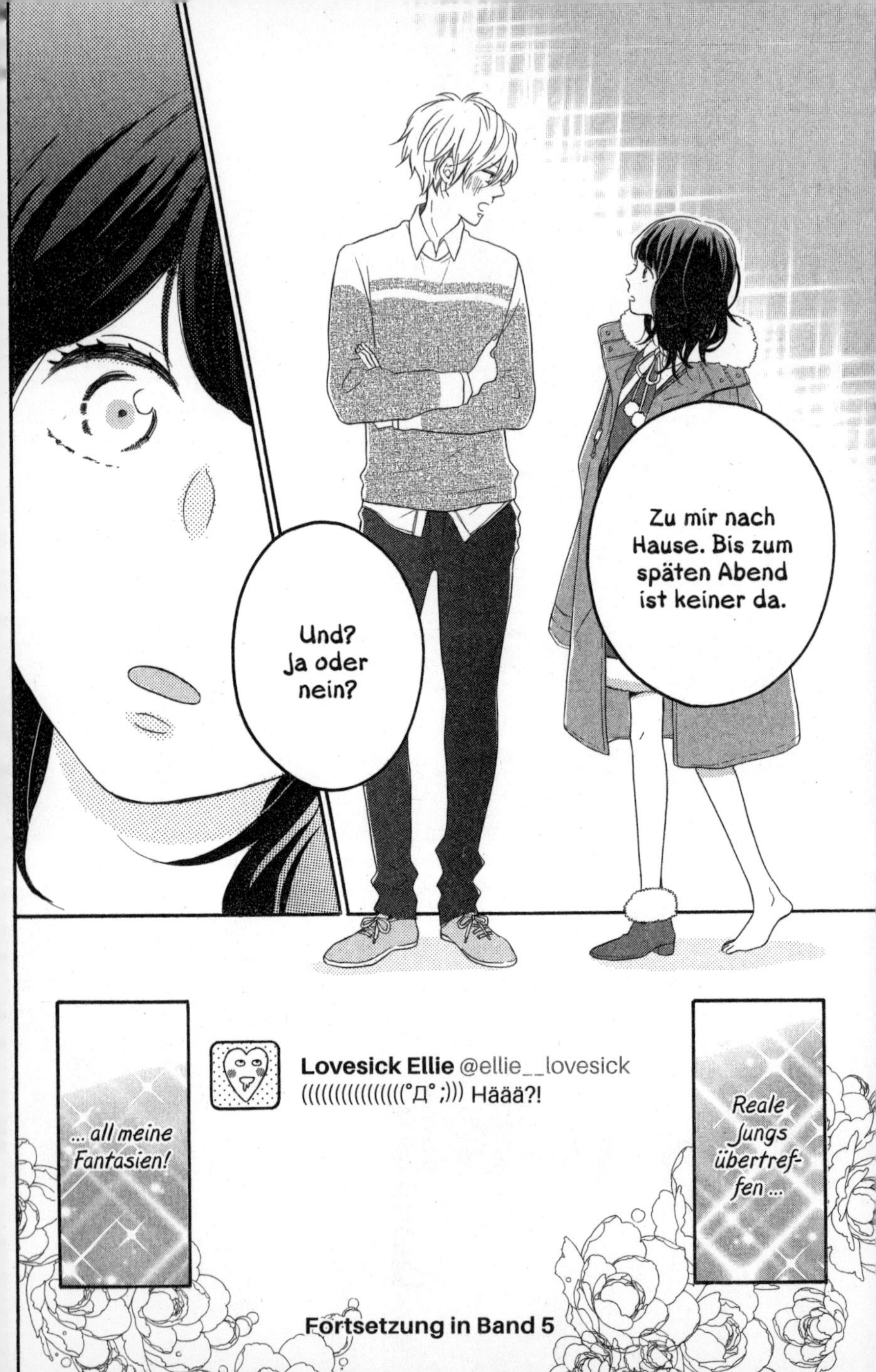
Zu mir nach Hause. Bis zum späten Abend ist keiner da.
Und? Ja oder nein?
Reale Jungs übertref-fen ...
Lovesick Ellie @ellie__lovesick
((((((((((((((((°Д°;))) Häää?!
... all meine Fantasien!
Fortsetzung in Band 5

Lovesick
@
Ellie

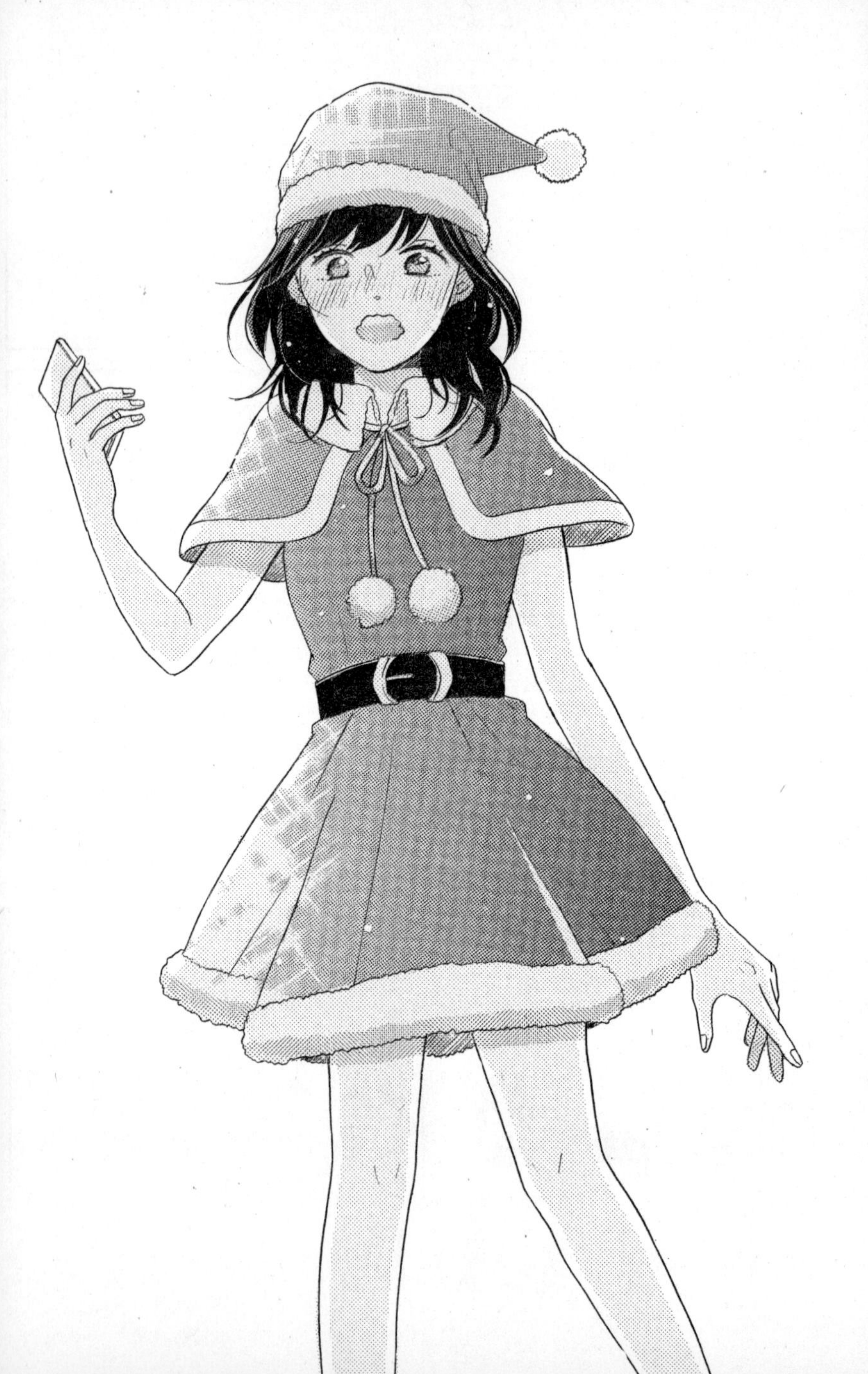

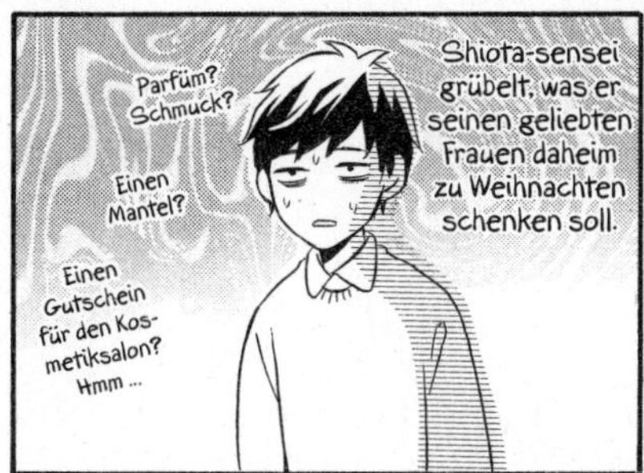
Shiota-sensei grübelt, was er seinen geliebten Frauen daheim zu Weihnachten schenken soll.
Parfüm? Schmuck?
Einen Mantel?
Einen Gutschein für den Kosmetiksalon? Hmm ...

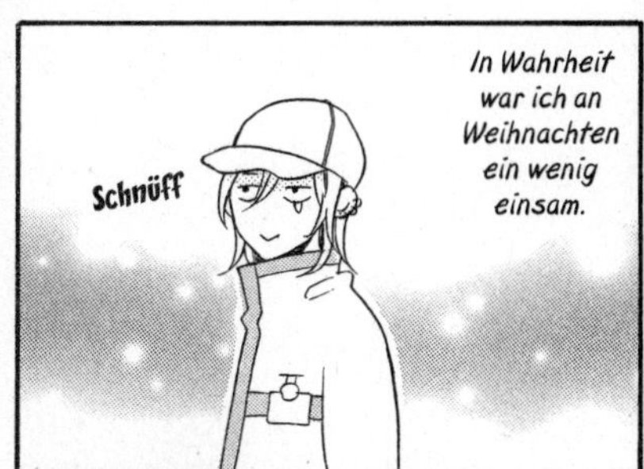
In Wahrheit war ich an Weihnachten ein wenig einsam.
Schnüff

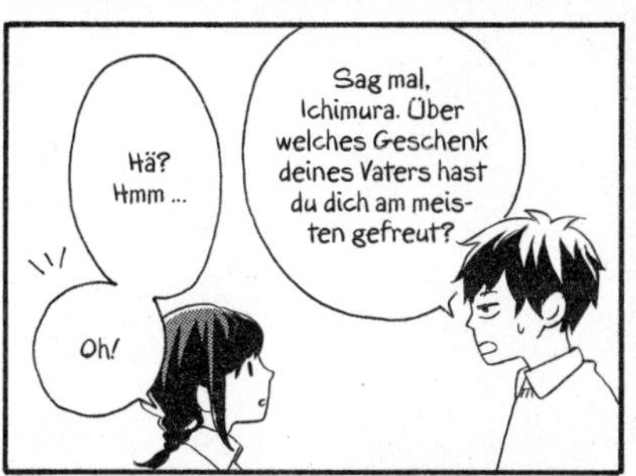
Sag mal, Ichimura. Über welches Geschenk deines Vaters hast du dich am meisten gefreut?
Hä? Hmm ...
Oh!

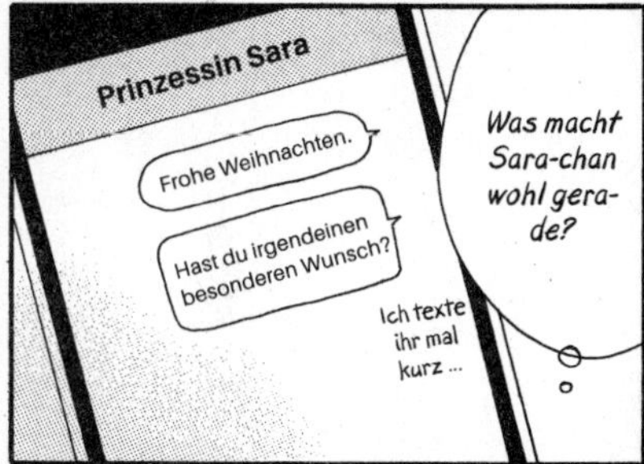
Was macht Sara-chan wohl gerade?
Prinzessin Sara
Frohe Weihnachten.
Hast du irgendeinen besonderen Wunsch?
Ich texte ihr mal kurz ...

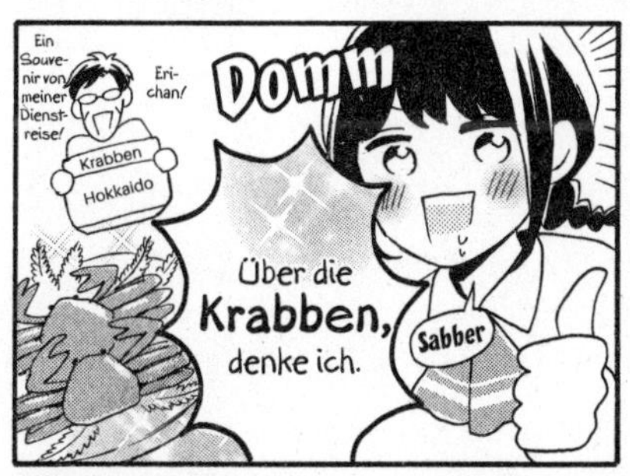
Domm
Ein Souvenir von meiner Dienstreise!
Eri-chan!
Krabben
Hokkaido
Über die Krabben, denke ich.
Sabber

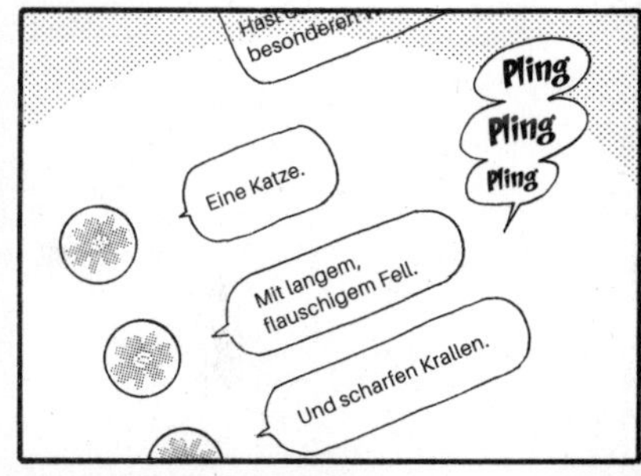
Pling
Pling
Pling
Eine Katze.
Mit langem, flauschigem Fell.
Und scharfen Krallen.

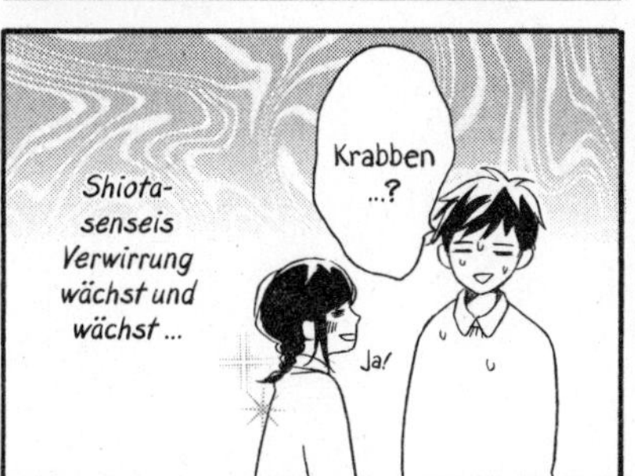
Shiota-senseis Verwirrung wächst und wächst ...
Krabben ...?
Ja!

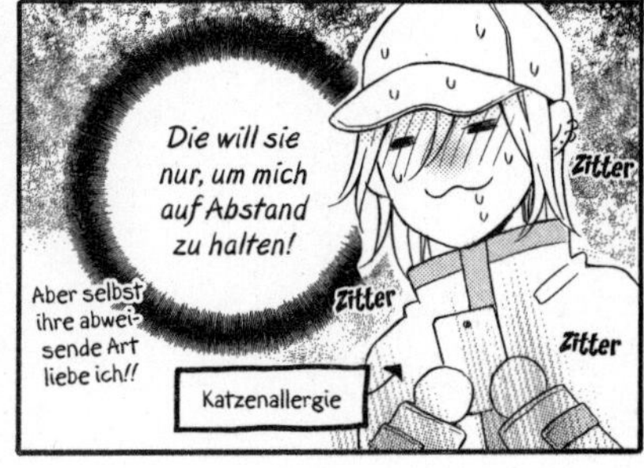
Die will sie nur, um mich auf Abstand zu halten!
Aber selbst ihre abweisende Art liebe ich!!
Zitter
Zitter
Zitter
Katzenallergie

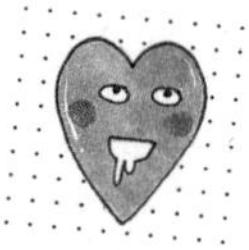

Ich möchte, dass euch mein Manga einheizt und gleichzeitig zum Schmachten bringt. Hot & Sweet im Doppelpack sozusagen.

Fujimomo

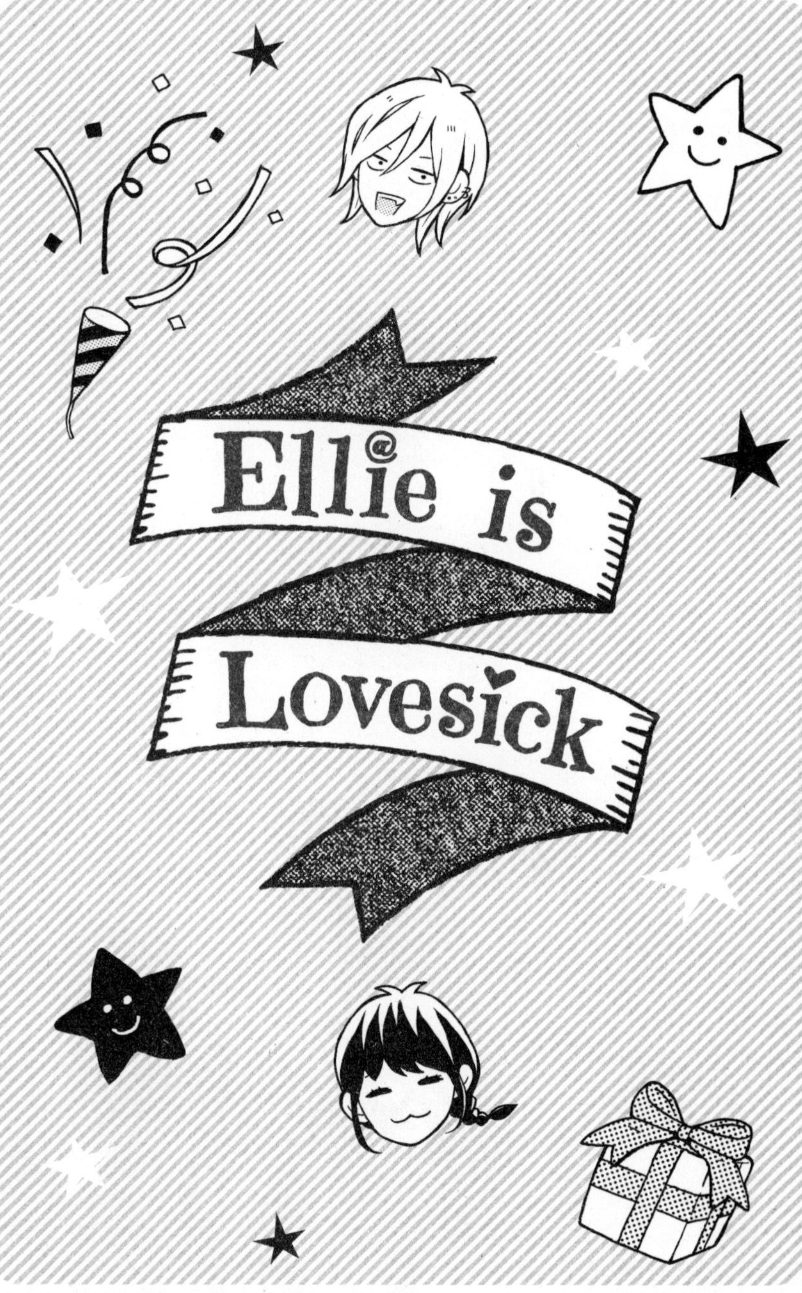
Ellie is
Lovesick

Lovesick
@
Ellie

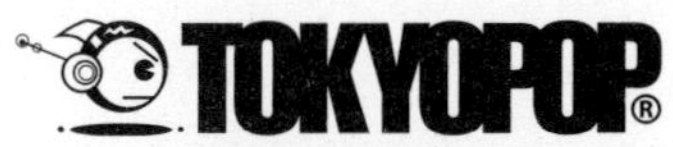

TOKYOPOP GmbH
Hamburg

TOKYOPOP
2. Auflage, 2023
Deutsche Ausgabe/German Edition

Aus dem Japanischen von Anne Klink

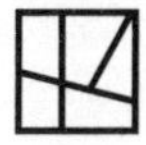 KODANSHA

Redaktion: Benjamin Spinrath
Lettering: Vibrant Publishing Studio
Herstellung: Alina Kronenberg, Ute Kleim
Druck und buchbinderische Verarbeitung:
CPI – Clausen & Bosse GmbH, Leck
Printed in Germany

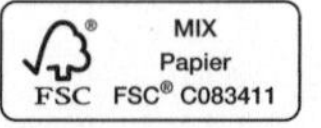

Wir achten auf die Umwelt.
Dieses Produkt besteht aus FSC®-zertifizierten und anderen kontrollierten Materialien.

ISBN 978-3-8420-6169-9

www.tokyopop.de

DO SOMETHING BAD WITH ME

Haru Aoi

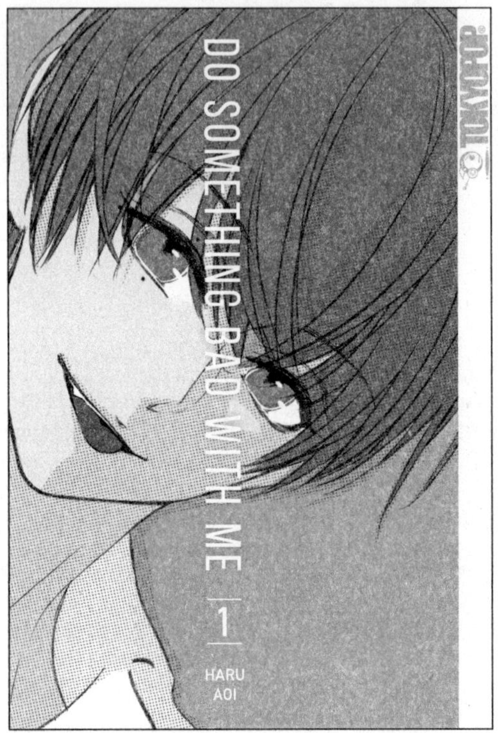

My Bucket List of Love

Wer Hilfe benötigt, ist bei Musterschülerin Towako bestens aufgehoben, denn sie ist freundlich, ordentlich und hilfsbereit. Vorausgesetzt man ist ein Mädchen, denn Towakos Hass auf Jungs ist schulbekannt! Gerade frisch an der Highschool, lernt auch der hübsche Yui ihre kühle Art kennen. Als ihm Towakos Notizen in die Hände fallen, erfährt er ihr Geheimnis: Nur zu gern würde sie mit einem Jungen unanständige Sachen machen ...

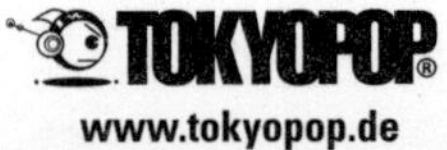

www.tokyopop.de

VERLIEBT IN PRINZ UND TEUFEL?

Makino

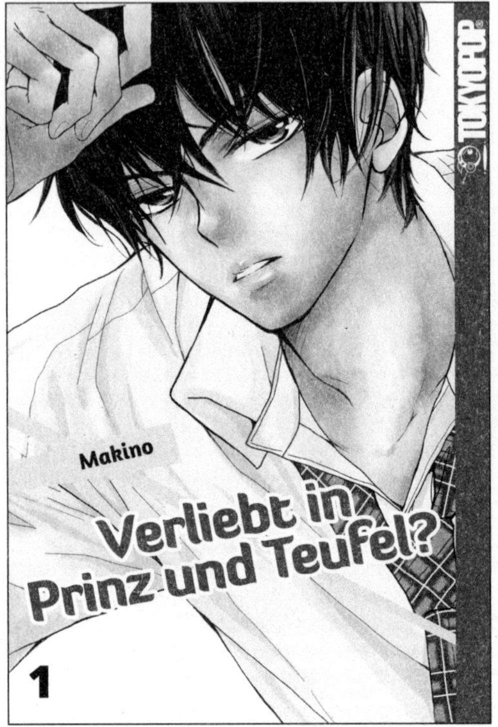

Traumprinz vs. heißer Bösewicht

Für die Highschool hat Yu es zu ihrem Ziel erklärt, mit dem Schwarm der Schule (bekannt als der »weiße Prinz«) zusammenzukommen. Doch dabei gerät sie immer wieder mit seinem düsteren, unfreundlichen Kumpel, schulbekannt als der »schwarze Teufel«, aneinander. Zwischen ihm und Yu entsteht eine Hassliebe, bei der keiner bereit ist, klein beizugeben. Und plötzlich ist Yu sich gar nicht mehr so sicher, in wen sie eigentlich verliebt ist ...

www.tokyopop.de

PRINCE NEVER-GIVE-UP

Nikki Asada

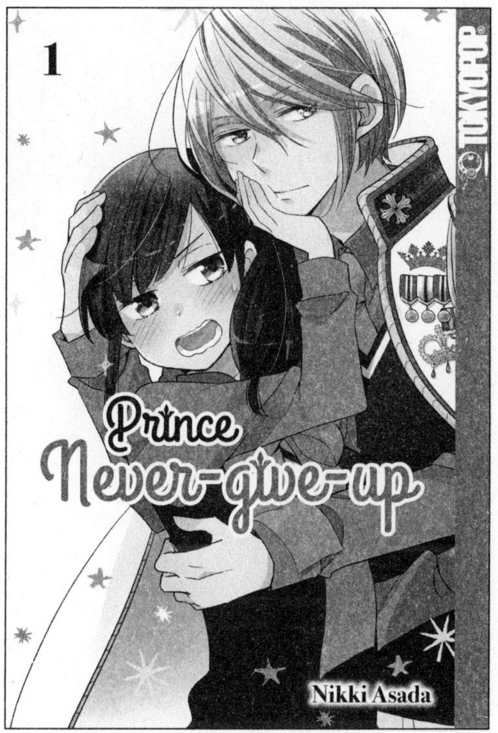

Wie wird man einen Prinzen los?

Koume hat ein Problem: Prinz Hatsuyuki Ichimonji! Schlimm genug, dass sie als »Normalsterbliche« auf der Kronakademie von berühmten und superreichen Schülern umgeben ist, aus irgendeinem Grund hat nun auch noch der Star unter den Sternchen einen Narren an ihr gefressen. Umhüllt von einer Aura der Schönheit und wehenden Blütenblättern lässt er keine Gelegenheit ungenutzt, sie – trotz etlicher Abfuhren – auf seine ganz eigene Art zu umwerben. Kann Koume sich gegen diesen stürmischen Angriff der Liebe wehren?

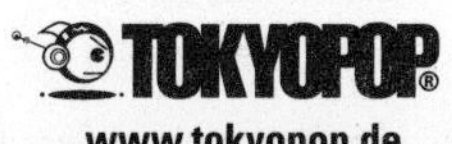

VERLIEBT IN DIE NACHT

Mio Nanao

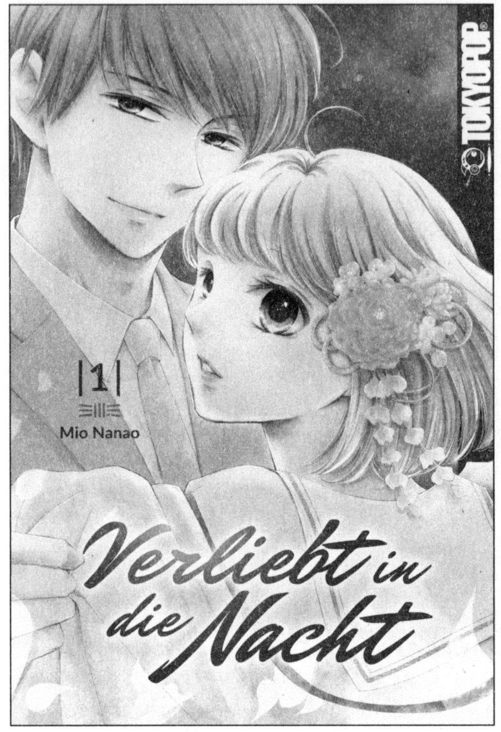

Verhängnisvolle Erbschaft

Obwohl Yoru erst 17 Jahre alt ist, trägt sie bereits viel Verantwortung: Nach dem Tod ihres Großvaters erbt sie das Familienanwesen, in dem sie nun mit Dienstmädchen Tomiko und Kater Tomo lebt. Eines Tages steht Akito vor ihrer Tür, den sie aus Kindertagen kennt und aus dem inzwischen ein attraktiver Anwalt geworden ist. Er schlägt ihr vor, sie zu ehelichen und in Rechtsfragen zu unterstützen, damit kein anderer Verwandter ihr das Anwesen streitig machen kann. Doch obwohl die Heirat mit Akito der letzte Wille des Großvaters ist, bezweifelt Yoru, dass sie ihm vertrauen kann ...

EIN FREUND FÜR NANOKA – NANOKANOKARE –

Miyoshi Tomori / Saro Tekkotsu

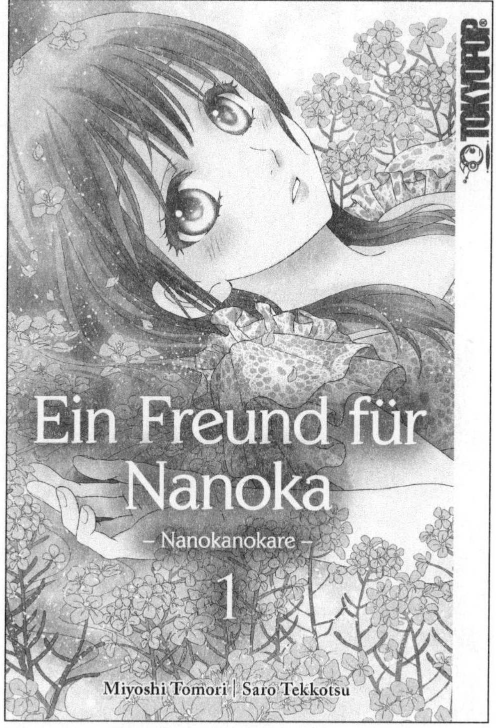

Eine Geschichte über die Macht der Liebe

Aufgrund einer schlechten Erfahrung kann Nanoka sich nur schwer verlieben. Doch als sie zufällig das Gespräch eines Jungen und seiner Freunde mit anhört, macht sie ihm, Hayata, spontan ein Liebesgeständnis, bevor sie überhaupt sein Gesicht gesehen hat! Obwohl sie zurückgewiesen wird, muss Nanoka unbedingt herausfinden, was sie so an Hayata fasziniert ...

SPICE & CUSTARD

Maki Usami

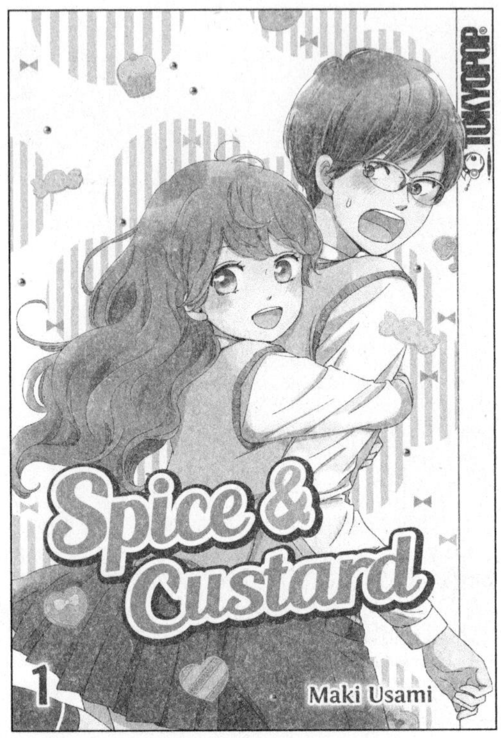

»Ob wir uns eines Tages wie ein Liebespaar verhalten können …?«

Tama träumt schon seit Jahren davon, ihren Schwarm Chika für sich zu gewinnen. Erst in der Mittelschule willigt dieser ein, ihr Freund zu sein, und Tama ist so glücklich, dass sie kaum von seiner Seite weicht. Doch die Sache hat einen Haken: Wenn Chikas Kendo-Klub herausbekommt, dass er in einer Liebesbeziehung ist, fliegt er raus! Daher gibt Chika seiner Freundin auf eine schroffe Art und Weise zu verstehen, dass er mit ihr Schluss macht, sobald ihre Beziehung auffliegt …

www.tokyopop.de

EVENING TWILIGHT

Maki Usami

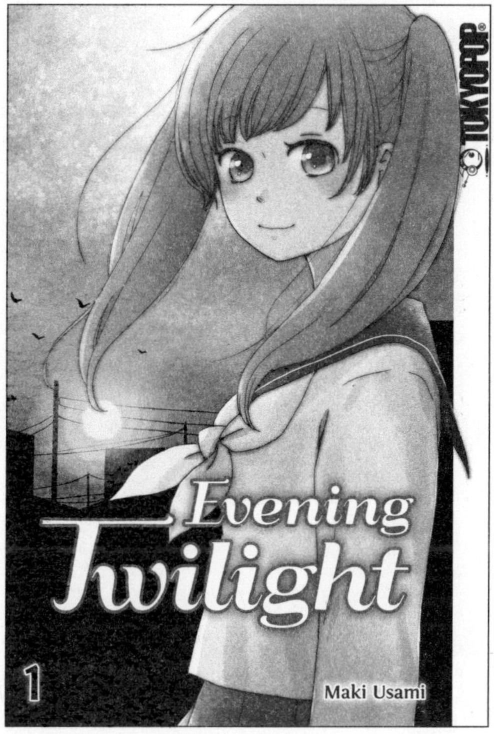

Wärmer als das Licht der Dämmerung leuchtet dein Zuhause

Chinami hat einen ausgeprägten Sinn für Gerechtigkeit und redet, bevor sie nachdenkt. Leider eckt sie mit ihrer schroffen Art immer wieder an, und es fällt ihr schwer, Freunde zu gewinnen. Als ihr Vater eine neue Frau kennenlernt, steht ein Umzug an, und Chinami muss nicht nur mit ihrer neuen Klasse, sondern auch mit ihrer zukünftigen Familie warm werden. Gemeinsam mit ihrer Stiefschwester und den Brüdern Kanata und Yudai erlebt sie die Sonnen- und Schattenseiten von Freundschaft, Erwachsenwerden und erster Liebe.

THE WORLD'S BEST BOYFRIEND

Umi Ayase

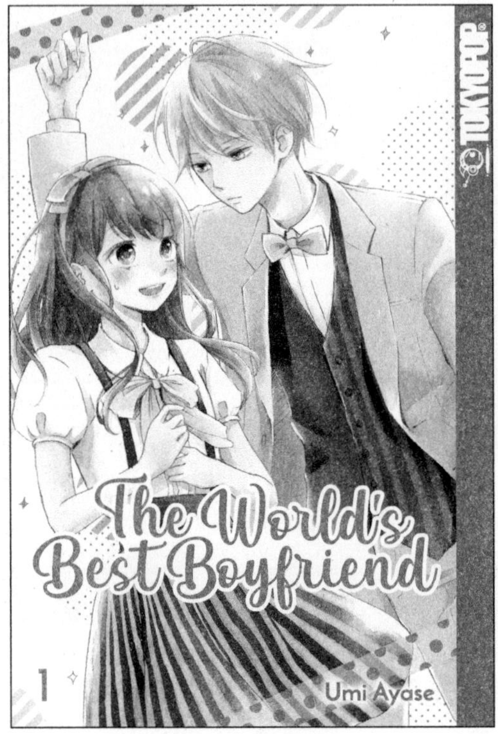

»Wenn ich irgendetwas für dich tun kann, musst du es mir nur sagen. Ich tu alles.«

Selbstverliebt und dominant – solchen Jungs kann Yusa nicht widerstehen! Dieser Idealvorstellung entspricht Nishizaki aus ihrer Schule, doch wie der Zufall es will, hat sich auch ihre beste Freundin Nanami in ihn verliebt. Um Nanami nicht im Weg zu stehen, lässt Yusa ihr den Vortritt und behauptet spontan, sie wäre bereits mit Kaede zusammen. Dieser hat alles mitbekommen und ehe Yusa sichs versieht, wird der gutmütige Mitschüler zu ihrem Scheinfreund. Dabei ist er eigentlich überhaupt nicht ihr Typ ...

ZUM GLÜCK BEI DIR

Rika Enoki

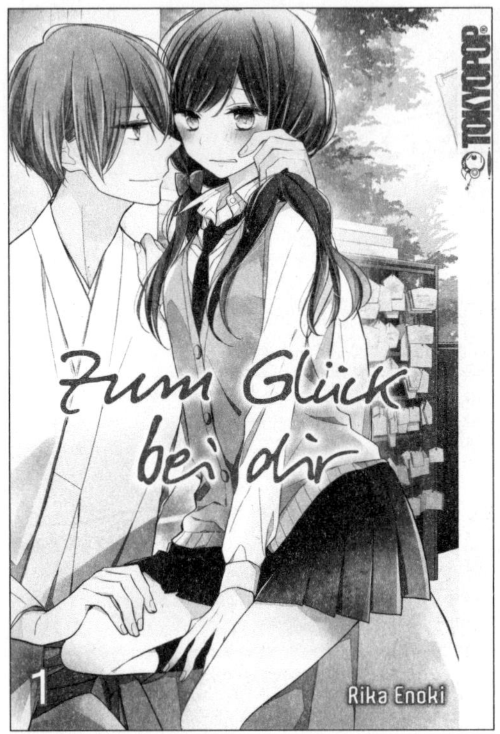

Priester, Nachbar, Herzensdieb!

Die 16-jährige Yae zieht für ein ganzes Jahr von Tokyo aufs Land. Schon am ersten Tag in ihrer neuen Heimat begegnet sie einem charmanten Mann namens Oda, der sich nicht nur als Priester des örtlichen Schreins, sondern auch als ihr Nachbar herausstellt! Um Yae den Einstieg in ihr neues Leben zu versüßen, bietet er ihr seine Hilfe und sogar einen Job als Schreinmädchen an. Yae ist Oda sehr dankbar, doch schnell wird ihr bewusst, dass er mehr von ihr will ...

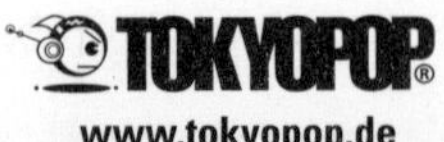

www.tokyopop.de

WO DIE LIEBE ANFÄNGT ...

Taamo

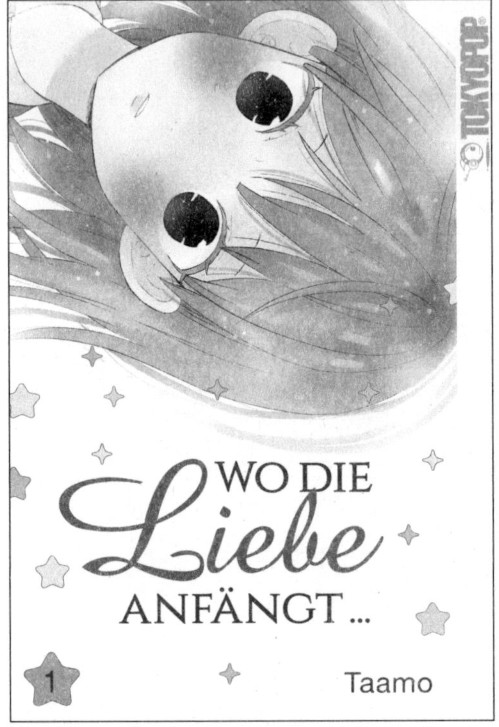

»Für ihn bin ich vielleicht wirklich etwas Besonderes«

Auf etwas Gutes folgt immer etwas Schlechtes – von dieser These ist Mahiru überzeugt und so versucht sie unentwegt, ihr Leben im Gleichgewicht zu halten. Doch als sie dem charmanten Aoi begegnet und dieser ihr später seine Gefühle offenbart, befürchtet Mahiru den Weltuntergang! Außerdem kann sie nicht begreifen, warum sich jemand wie er in ein Mädchen wie sie verliebt. Das kann nur Einbildung sein! Oder verwechselt er sie mit ihrer beliebten Zwillingsschwester Mayo ...?

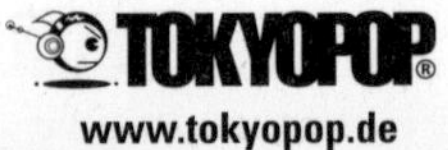

www.tokyopop.de

STARLIGHT DREAMS

Miwako Sugiyama

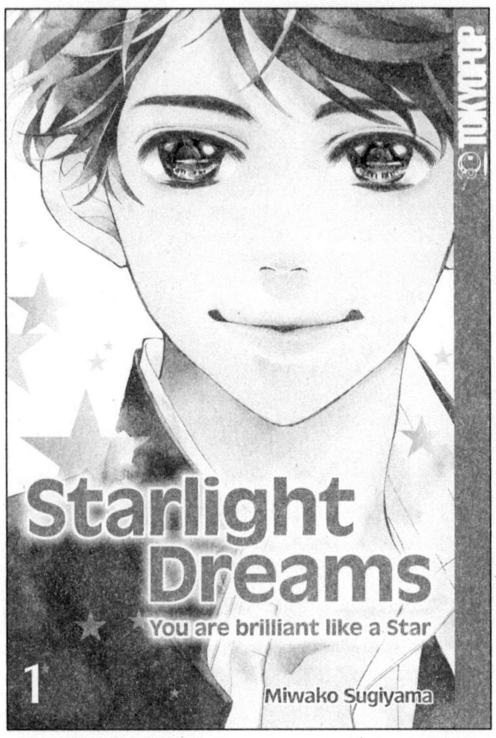

Wie ein leuchtender Stern am finsteren Himmelszelt

Nachdem Sei es auf die angesehene Nakano-Higashi-Highschool geschafft hat, sucht sie nach einer Möglichkeit, ihrem Schulleben eine positive Wendung zu geben. Beim Anblick der Sternwarte kommt sie auf die Idee, sich fortan der Astronomie zu widmen. Die sympathischen Jungs Taiyo und Mizuki heißen Sei im Astroklub willkommen und erklären ihr alles, was sie wissen muss. Doch Seis Blicke wandern zwischen den Sternschnuppen am Himmel und den Jungs an ihrer Seite immer hin und her ...

1/3 – AUF EINEM NENNER

Kozue Chiba

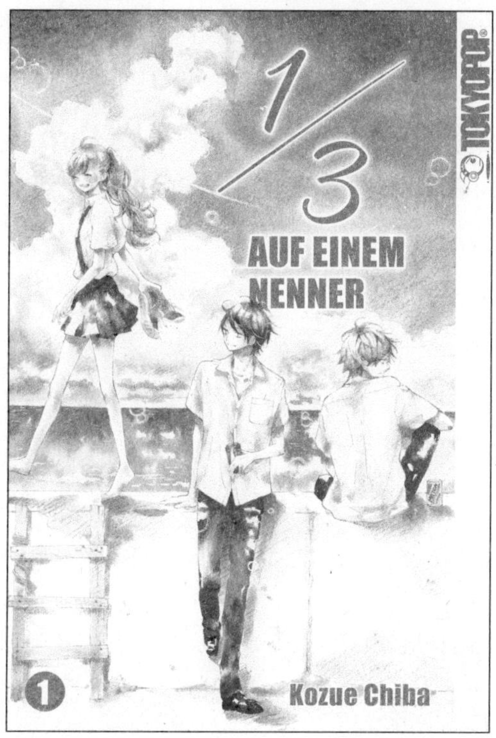

Zwei Cousins zum Verlieben!

Shiyuka wohnt auf der idyllischen Halbinsel Enoshima, die gern von Liebespaaren besucht wird. Sie selbst findet ihre Heimat jedoch total öde – besonders, weil sie noch Single ist. Als eines Tages die hübschen Cousins Shin und Yu in ihre Klasse kommen, macht ihr Herz vor Freude einen Sprung. Wird ihr abwechslungsloses Provinzleben nun endlich aufgemischt ...?

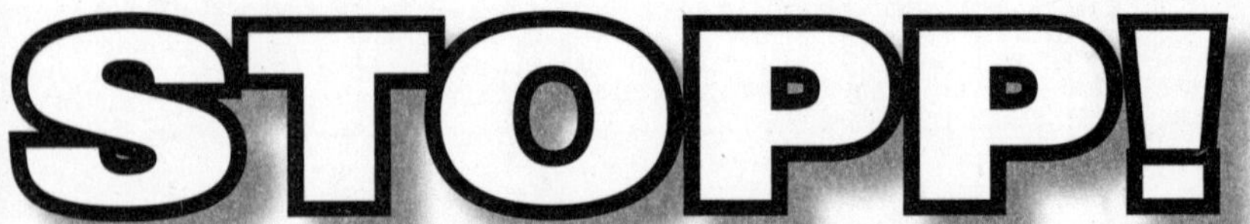

Dies ist die letzte Seite des Buches!
Du willst dir doch nicht den Spaß verderben
und das Ende zuerst lesen, oder?

Um die Geschichte unverfälscht und originalgetreu mitverfolgen zu können, musst du es wie die Japaner machen und von rechts nach links lesen. Deshalb schnell das Buch umdrehen und loslegen!

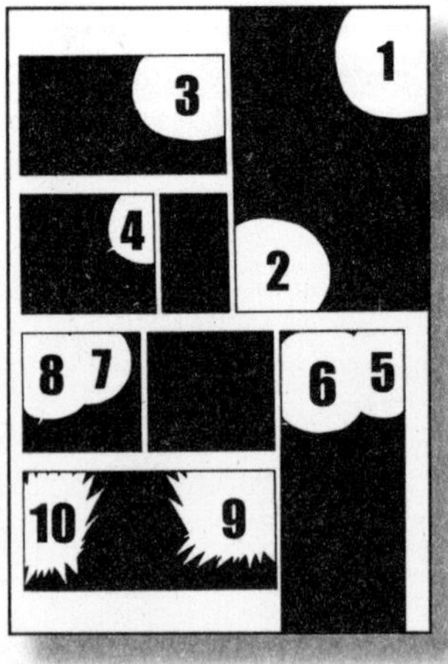

So geht's:

Wenn dies das erste Mal sein sollte, dass du einen Manga in den Händen hältst, kann dir die Grafik helfen, dich zurechtzufinden: Fang einfach oben rechts an zu lesen und arbeite dich nach unten links vor. Viel Spaß dabei wünscht dir TOKYOPOP®!